杜兴端 等 ◎ 著

社会投资主体参与农地经营的
政府管制研究

SHEHUI TOUZI ZHUTI CANYU NONGDI JINGYING DE
ZHENGFU GUANZHI YANJIU

中国农业出版社
北 京

国家社会科学基金项目"工商资本参与农地经营的政府管制研究"（16BJY095）

四川省科技计划项目"建设新时代更高水平'天府粮仓'研究"（2023JDR0111）

四川省农业科学院"1＋9"揭榜挂帅科技攻关项目"天府农科发展战略研究基础理论和支撑技术"（1＋9KJGG009）

四川省农业科学院省财政自主创新专项"科技支撑四川农业高质量发展研究"（2022ZZCX037）

本书作者名单

杜兴端　郭耀辉　汪　君　张海霞　李凤鸣

张　越　常　洁　况嘉欣　杨万宝　黄东南

杨晓荷　阙若仪　谢　蕾　张灵芝　王晓敏

序 言
PREFACE

　　推进乡村全面振兴、加快建设农业强国，是党中央着眼全面建成社会主义现代化强国作出的战略部署。社会资本是推进乡村全面振兴、加快农业农村现代化的重要支撑力量，要充分激发社会资本的动力和活力，加强对社会资本投入农业农村的引导、规范和服务，强化利益联结机制，规范投资行为，营造良好营商环境，引导好、保护好、发挥好社会资本投资农业农村的积极性、主动性，防范其侵害农民利益，切实发挥社会资本投资农业农村、服务农业强国建设的作用。

　　近年来，社会投资主体下乡参与农地经营呈现加快发展态势。据统计，截至2022年底，全国家庭承包耕地土地经营权流转面积达5.76亿亩，占家庭承包耕地面积的36.73%。2022年流入农民合作社、家庭农场、农业企业等社会投资主体的农户家庭承包耕地共计2.65亿亩，占全部流转面积的46.01%，其中流入企业的面积为0.59亿亩，占全部流转面积的10.24%。社会投资主体进入农业，其行为具有两面性，既可能为农业农村发展带来资金、技术、管理等要素，又可能因为其逐利性带来耕地利用"非粮化""非农化"、排挤农民、短期掠夺性经营等问题。

　　为有序引导社会投资主体下乡、规范社会投资主体流转土地行为、切实保护广大农民合法权益，中共中央办公厅、国务院办公厅印发了《关于引导农村土地经营权有序流转发展农业适度规模经营的意见》（中办发〔2014〕61号），明确要求加强对工商企业租赁农户承包地的监管和风险防范。2015年4月，《关于加强对工商资本租赁农地监管和风险防范的意见》（农经发〔2015〕3号）提出要对社会投资主体租赁农地进行严格管制，探索建立社会投资主体租赁农地资格审查、项目审核制度。《中华人民共和国农村土地承包法》和《农村土地经营权流转管理办法》也对工商企业等社会资本流转土地经营权作出了相关规定。习近平总书记2022年12月23日在中央农村工作会议上的讲话强调，要鼓励社会资本下乡成为农业经营主体，但必须守住经营农业、农民受益的基本要求，防止跑马圈地。2023年中央1号文件中明确要求，要"引导土地经营权有序流转，发展农业适度规模经营""完善社会资本投资农业农村指引，加强资本下乡引入、使用、退出的全过程监管""健全社会资本通过流转取得土地经营权的资格审查、项目审核和风险防范制度，切实保障农民利益"。2023年3月，农业农村部办公厅印发《关于做好工商企业等社会资本通过流转取得土地经营权审批相关工作的通知》（农办政改〔2023〕5号），明确各省（自治区、直辖市）要按照当地人民政府统一部署制定实施细则。随后，各地逐步出台工商企业等社会资本通过流转取得土地经营权审批实施办法。

对于社会投资主体参与农地经营，不是简单的管与不管的问题，而是要解决具体的"管什么""如何管"的问题。在实践中，既要鼓励社会投资主体下乡，又要对社会投资主体参与农地经营进行有效管制。尽管各级政府对社会投资主体通过流转取得土地经营权设置了一系列审批管理办法，但各种管制措施的落地问题和政策效果还有待进一步观察和研究，对于社会投资主体参与农地经营风险生成机理、社会投资主体以及相关主体的行为特征和管制制度体系的构建完善还有较多需要深入研究的地方。

《社会投资主体参与农地经营的政府管制研究》一书紧扣"对社会投资主体参与农地经营进行有效管制"的现实需求，聚焦"管制什么""如何管制"两大关键问题，系统搭建了以"风险生成——政府管制——防范风险"为逻辑主线的社会投资主体参与农地经营政府管制的理论分析框架，客观分析了社会投资主体参与农地经营政府管制的现实依据，深入解析了社会投资主体参与农地经营对农业生产结构、农民就业的影响机制，仿真推演了社会投资主体参与农地经营政府管制的博弈过程，凝练总结了社会投资主体参与农地经营政府管制政策变迁及实践经验，提出了以全过程风险管控为核心理念的社会投资主体参与农地经营政府管制制度框架和政策建议，具有理论创新性和实践指向性。该书丰富和拓展了社会投资主体参与农地经营政府管制相关研究，对在推进乡村全面振兴、加快建设农业强国进程中有效管制社会投资主体参与农地经营的行为具有重要的现实意义和政策启示价值，同时为管制理论在农业领域的应用提供了创新思路和科学证据，对深化相关研究具有一定的学术启示价值。

党的二十届三中全会指出，要"深化承包地所有权、承包权、经营权分置改革，发展农业适度规模经营"，要"健全保障耕地用于种植基本农作物管理体系"。我们要鼓励社会投资主体下乡成为农业经营主体，积极发展农业适度规模经营，推进农业农村现代化，又要规范好其农地经营行为，构建耕地种植用途管控长效机制，保障国家粮食安全，保护农民利益。希望本书的研究团队能继续深入开展相关研究，做出更多更好的研究成果，不负这个伟大的时代。

四川省政协农业和农村委员会副主任

四川省农业经济学会会长

吕火明　教授

2024 年 8 月

目 录
CONTENTS

1 | 绪　　论

1.1　研究背景与意义

1.1.1　研究背景

（1）社会投资主体参与农地经营是我国传统农业向现代农业转型和实现乡村振兴的现实需求。当前，我国正处于由传统农业向现代农业转轨的关键时期，农业现代化的核心战略是从资源农业向资本农业跨越。我国农业生产仍以小农户为主，第三次农业普查结果显示，在 20 743 万户农业经营户中，规模农业经营户 398 万户，仅占农户总数的 1.92%。即使我国的人口城镇化率达到 70% 以上，仍然会有几亿人在农村，人地矛盾不会得到根本缓解，小农经营仍然将在我国农业生产中占据主体地位①。小规模的家庭经营积累慢，难以满足对现代农业进行大规模投资的需求。对社会投资主体合理引导、扶持和监管有利于助推现代农业发展，可以缓解农村资金外流的压力，为乡村产业发展回流资金，发挥规模资金要素的潜能，促进小农户和现代农业发展有机衔接，为传统农业领域注入先进生产要素，加快农业现代化进程。社会投资主体进入农业克服卢卡斯悖论，带来了资金、技术和管理，对"三农"发展起到了促进作用。

实现乡村全面振兴，产业兴旺是基础，也是关键。农业生产环节利润低，要实现农业的增值就必须延长农业产业链，实现农业一二三产业融合发展。二、三产业的发展需要更多的资本投入，资金需求更大。由于农村

---

① 高晓燕，赵宏倩. 工商资本下乡"非粮化"现象的诱因及长效对策［J］. 经济问题，2021（3）：92-99.

内部的资金供给难以满足需求，引入社会投资主体下乡发展乡村产业，为实现乡村振兴构筑重要的资金、管理、技术、人才支撑，成为推进乡村全面振兴、实现农业农村现代化的现实选择。

（2）农村发展环境的日益变迁对管制社会投资主体参与农地经营的需求日益紧迫。 社会投资主体参与农地经营并非新鲜事物，在我国，早在20世纪20年代的乡村建设运动中就已经有社会投资主体的介入。在20世纪80年代，社会投资主体逐渐以农业产业化经营的方式参与农地经营。在农村土地改革不断深化的背景下，土地流转加速，社会投资主体进入农业的速度不断加快。2019年，农村家庭承包耕地流转进入企业的面积达到了384.15万公顷，占家庭承包耕地流转面积的10.38％。但社会投资主体参与农地经营过程中，暴露出"非农化""非粮化"经营、与民争利和盲目投资等诸多现实问题。因此，需要建立健全社会投资主体进入农业的监管和风险防范机制，重塑社会投资主体与农户之间的利益联结方式，完善社会投资主体进入农业的配套服务体系，规范社会投资主体参与农地经营的行为，引导社会投资主体以适宜的方式进入农业的适宜领域，发挥长处，规避风险，实现企业利益与农民利益、社会公共利益共赢。伴随着社会投资主体大规模参与农地经营，其中隐藏的风险逐步显现，对社会投资主体参与农地经营提出了迫切的管制需求。2015年4月《关于加强对工商资本租赁农地监管和风险防范的意见》提出要对社会投资主体（指工商业者投入的资本）租赁农地（指农户承包耕地）进行严格管制，探索建立社会投资主体租赁农地资格审查、项目审核制度。受到2020年席卷全球的新冠疫情影响，粮食安全问题再次引起学界广泛关注。2020年国家连续发文对耕地"非农化""非粮化"问题作出明确指示，要求严格监管社会投资主体流转农地的用途。因此，探索建立和完善社会投资主体参与农地经营政府管制制度，是基于进一步深化农业农村改革的需要，对于新形势、新环境下建立现代农业经营体系具有重要的理论和实践价值。

（3）深化农村发展改革对管制社会投资主体参与农地经营提出了新的挑战。 我国长期以来一直在持续不断地推进农村各项改革，释放农村活力。新的发展阶段，农村发展改革领域需要进一步向深水区迈进，社会投资主体参与农地经营政府管制将受到新的挑战。首先是农村土地制度改革仍处于过渡阶段，农村土地承包经营权流转是必然选择，但流转过程中的风险，伴随着土地制度改革不断变化，对风险的动态掌握和分析是进行社会投资主体参与农地经营风险管控的挑战。其次，粮食价格机制改革还有待完善，由此引发的农业补贴制度变迁，也对社会投资主体参与农地经营的行为及风险产生影响，对于管制社会投资主体参与农地经营提出挑战。最后，在走向共同富裕的道路上，在我国经济由高速增长向中高速增长转换的过程中，农村劳动力转移速度放慢，农民工工资增速放缓，工资性收入增长对农民收入增长的贡献能力减弱，依靠不断提高政府的政策性收储价格来增加农民经营性收入已经难以为继，农民自身资产有限，难以获得财产性收入，通过农村土地流转等方式获取财产性收入，则会减少经营性收入，农民增收面临瓶颈，社会投资主体参与农地经营要实现"为民增利"，对政策制定者的现实判断力就提出了更高的要求，也对社会投资主体参与农地经营精准管制提出了挑战。

1.1.2 研究意义

对在实施乡村振兴战略、推进农业农村现代化进程中有效管制社会投资主体参与农地经营具有重要的现实意义和政策启示价值。社会投资主体下乡的行为具有两面性，既可能为乡村振兴发展带来资金、技术、管理等要素，又可能因为资本的逐利性带来耕地利用"非粮化""非农化"、排挤农民、短期掠夺性经营等问题。对社会投资主体参与农地经营，不是简单的管与不管的问题，而是要解决具体的"管什么""如何管"的问题。在实践中，社会投资主体要下乡和要管制已属共识，但社会投资主体参与农地经营后，政府应该如何找准管制着力点，管社会投资主体的什么行为、哪个环节，采取什么措施，选择何种尺度，对于这些具体政策应用问题还有较多需要进一步深入研究的地方。本研究基于国家全面实施乡村振兴战略、努力实现农业农村现代化的时代背景，立足我国"三农"领域深化改革的具体实践，深入研究当前社会投资主体参与农地经营政府管制的现实依据，剖析社会投资主体参与农地经营中需要管制的风险的生成机制和多元主体之间的博弈行为，构建我国政府管制社会投资主体参与农地经营的制度体系，并对优化管制措施提出对策建议，提出具体的政府管制办法。本研究针对目前农业农村发展改革中的现实需求，对更好发挥社会投资主体建设乡村的作用和防范社会投资主体参与农地经营的风险具有十分重要的政策启示价值，能够为政府决策提供借鉴参考，对于我国在现代化进程中进一步厘清政府职能，合理处理政府与市场的关系，完善国家管制政策体系也具有重要的现实意义。

　　对进一步开展社会投资主体参与农地经营的政府管制研究具有一定的学术启示价值。在从"政府—市场"框架转向"政府—市场—社会"框架的过程中，政府管制的公共利益目标得以重新厘定。本研究从粮食安全、农业农村发展等社会公共利益目标的角度对社会投资主体参与农地经营中的政府管制进行研究，丰富了社会性管制理论在农业领域的应用。对社会投资主体参与农地经营进行管制，是为了防范风险。本研究分析了社会投资主体参与农地经营对农业生产结构产生影响进而影响粮食安全的风险的生成机制和影响农民农业就业的风险的生成机制，并运用动态博弈模型对管制中多元主体之间的行为策略和博弈均衡进行分析，进入风险形成和行为策略内部，探寻社会投资主体参与农地经营政府管制机制的建立过程，进而形成管制制度设计。这对于拓展管制经济学研究、深化对管制中博弈行为的研究具有一定的学术启示价值。

1.2　分析框架和研究内容

1.2.1　分析框架

　　本研究聚焦"对社会投资主体参与农地经营进行有效管制"的战略目标，基于社会投资主体参与农地经营对农民、农业、农村造成的影响，围绕"管制什么""如何管制"两大核心问题，遵循"理论研究—现状分析—实证分析—政策研究"和"宏观分析—微观考察—个案解析"的研究思路，深入分析社会投资主体参与农地经营管制的微观机制和实践模式，提出社会投资主体参与农地经营的政策建议。具体研究思路如图 1-1 所示。

1.2.2　研究内容

　　本研究在对社会投资主体参与农地经营政府管制相关理论和学术界既有研究进行梳理的基础上，分析了社会投资主体参与农地经营政府管制的现实依据，从社会投资主体参与农地经营影响农业生产结构进而影响国家粮食安全和农民农业就业两个方面探明了需要管制的风险的生成机制，运

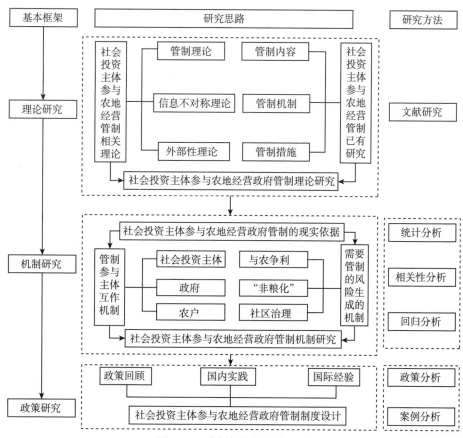

图 1-1 分析框架与研究思路

用演化博弈分析对管制过程中参与主体的互作机制进行了研究,通过政策文本分析法对我国管制社会投资主体参与农地经营的政策之变迁进行了剖析,结合国内东、中、西部 5 个典型农业省份的管制实践,总结经验,研判问题,对比剖析国外对社会投资主体参与农地经营进行管制的主要模式,提出了构建社会投资主体参与农地经营政府管制制度的基本原则、主要制度构成和对策建议。

(1)社会投资主体参与农地经营政府管制的理论借鉴。在对研究的核心概念进行清晰界定的基础上,总结了政府管制理论、社会性管制理论、外部性理论、信息不对称理论、公共利益理论的核心理论观点,从管制内容、管制机制、管制措施等方面对学术界既有研究进行了梳理。

(2)社会投资主体参与农地经营政府管制的现实依据。对当前社会投资主体参与农地经营的总体状况进行了分析，总结其驱动因素和特征，肯定了社会投资主体参与农地经营的积极意义，总结了其存在的主要问题，明确了对其进行管制的现实需求。

（3）社会投资主体参与农地经营需要管制的风险的生成机制。从社会投资主体参与农地经营影响农业生产结构进而影响国家粮食安全、影响农民农业就业两个角度对政府管制需要着力解决的风险的生成机制进行了理论和实证分析，找到政府进行管制的政策着力点。

（4）社会投资主体参与农地经营政府管制博弈分析。运用演化博弈分析，对耕地"非粮化"、社会投资主体套取补贴、破坏农业生态环境、"权力—资本"合谋问题进行了博弈均衡推演，分析了不同条件下博弈均衡的结果、博弈结果的影响因素等，对管制中各个参与主体的行为策略进行了系统分析。

（5）社会投资主体参与农地经营政府管制政策变迁与实践。首先以Nvivo 软件为分析工具对 2004 年以来的 18 个中央 1 号文件和其他 32 个重要涉农文件进行政策文本分析，对我国近年来对社会投资主体参与农地经营的管制政策之变迁进行了总结和梳理，分析了政策变迁过程和演变特征。分析和总结了四川、浙江、山东、河南、安徽 5 个典型农业区域的管制实践，判别实践中存在的管制能力不足、管制失灵、过度管制等问题。

（6）社会投资主体参与农地经营政府管制的国际经验借鉴。选取社会投资主体参与农地经营较为典型的美国、法国、巴西、日本，对这些国家社会投资主体参与农地经营政府管制的经验和特色进行总结，以期对我国社会投资主体参与农地经营政府管制的政策选择和优化提供借鉴。

（7）社会投资主体参与农地经营政府管制的制度构建。提出了构建适应我国国情的社会投资主体参与农地经营政府管制制度体系的 5 项基本原则，以准入审查制度、经营监管制度和风险救济制度为主体进行管制制度设计，从科学界定政府的管制职能、构建有效的管制机构体制、建立有效的公共治理结构、建立健全管制程序、建立完善的土地流转制度、充分协调各方的利益诉求 6 个方面提出优化社会投资主体参与农地经营政府管制的对策建议。

1.3　研究方法和数据来源

1.3.1　研究方法

(1) 规范分析法。通过广泛搜集已有相关研究文献，基于管制理论、信息不对称理论、外部性理论等相关理论，综述分析已有关于社会投资主体参与农地经营对农民、农业、农村的影响的研究，构建社会投资主体参与农地经营管制的分析框架。通过对国内外社会投资主体参与农地经营管制的实践和经验进行归纳、总结，构建我国社会投资主体参与农地经营管制的制度体系。

(2) 实证分析法。①田野工作法。通过访谈、专题调查等形式，深入了解我国社会投资主体参与农地经营存在的典型问题及其发生的内在机理，掌握一手的资料与数据。②计量分析法。利用田野调查所获得的一手数据、中国劳动力动态调查等公开数据库数据，一方面对我国社会投资主体参与农地经营的现状进行描述性统计分析，另一方面运用 Logit 模型、OLS 回归模型对社会投资主体参与农地经营对农业劳动力投入、农业产业变迁影响的内在生成机制进行分析验证。③案例分析法。通过典型案例，分析不同地区社会投资主体参与农地经营政府管制的典型模式和经验。

(3) 文献研究法。搜集社会投资主体参与农地经营以及政府管制的文献研究资料，对社会投资主体参与农地经营管制的相关研究成果和进展进行系统梳理和述评。运用政府管制理论、信息不对称理论、外部性理论、社会公共利益理论等，通过文献研究，分析我国社会投资主体参与农地经营管制的实践路径。

1.3.2　数据来源

(1) 各种公开数据。主要包括：《中国农村经营管理统计年报（2015 年）》《中国农村经营管理统计年报（2016 年）》《中国农村经营管理统计年报（2017 年）》《中国农村经营管理统计年报（2018 年）》《中国农村政策与改革统计年报》（2019—2022 年），历年《中国统计年鉴》《中国农村统计年鉴》《中国农业年鉴》《全国农产品成本收益资料汇编》，《中国农业统计资料（1949—2019）》，部分年份的省域统计年鉴。国家统

计局国家数据库（https：//data.stats.gov.cn）、农业农村部网站
（http：//zdscxx.moa.gov.cn：8080/nyb/pc/index.jsp）公开统计数据。
运用了 2016 年中国劳动力动态调查（China Labor-force Dynamic Survey，
CLDS）数据。

（2）课题组调研访谈数据。课题组成员从 2017 年 2 月至 2020 年 12
月，分赴四川省成都、德阳、眉山、雅安、巴中等地和贵州、重庆进行专
题调研和访谈，调研和访谈的内容主要包括社会投资主体参与农地经营的
基本情况、存在的问题、政府采取的管制措施、制度实施的难点和成效、
相关各方对管制措施的认知等。

1.4　主要创新与不足

1.4.1　主要创新点

**（1）系统进行了社会投资主体参与农地经营政府管制的理论研究，以
防范风险为政府管制目标，以"风险生成—政府管制—防范风险"为逻辑
主线，构建了社会投资主体参与农地经营管制的理论分析框架，研究思路
具有创新性。**一是以社会性管制理论为指导，从社会公共利益目标的角度
审视对社会投资主体参与农地经营进行政府管制的必要性和正当性，探索
对社会投资主体参与农地经营进行政府管制的基本原则、制度构成和对策
措施，丰富社会性管制理论在农业领域的运用。二是以社会投资主体参与
农地经营对农民、农业、农村的影响为突破口，以"风险生成—政府管
制—防范风险"为主线构建了社会投资主体参与农地经营政府管制的分析
框架，以化解社会投资主体参与农地经营带来的风险作为管制重点，以解
析管制重点的生成机制为突破口，寻求社会投资主体参与农地经营中政府
管制所需要遵循的内在逻辑，进而刻画社会投资主体参与农地经营管制的
内在机制分析框架。

**（2）创新性地开展了社会投资主体参与农地经营政府管制的博弈分
析，对社会投资主体与政府博弈均衡的均衡解进行了理论推演，研究结论
具有工具指向性。**社会投资主体参与农地经营政府管制的难点在于管制参
与主体博弈均衡的不稳定性和复杂性，基于此，本研究针对耕地"非粮
化"、社会投资主体套取补贴、社会投资主体破坏农业生态环境、"权力—

资本"合谋问题进行了具体的博弈均衡推演，并深入分析了不同条件下博弈均衡的结果、结果的影响因素等。本研究结论不仅可以帮助地方政府结合具体条件进行推算演绎，进而对政策执行效果进行科学预判，提升政策的可行性与科学性，同时，还可以用于基层政府和工商企业进行具体的行为决策，可为政府管制参与主体采取理性行为提供参考工具和借鉴，研究范式具有创新性，研究结论具有工具指向性。

（3）深入总结了国内外社会投资主体参与农地经营政府管制的典型经验和模式，具有实践指向性。本研究系统梳理了国内四川、浙江、山东、河南、安徽的社会投资主体参与农地经营的管制实践，总结分析了美国、法国、巴西、日本的已有经验，得出完善土地流转制度、规范社会投资主体参与农地经营的行为，积极发挥合作社的纽带作用、提升社会投资主体参与农地经营的效率，加强政府行政干预和过程监管等经验启示。对国内外社会投资主体参与农地经营的管制实践和经验进行归纳、总结，对于构建我国社会投资主体参与农地经营管制的制度体系具有实践指向性。

1.4.2　研究的不足之处

社会投资主体参与农地经营的政府管制中，工商企业是重要的参与主体，但由于涉及商业秘密等，工商企业的调查访谈数据获取难度大。加之受新冠疫情影响，一些计划中的实地访谈未得以开展，对研究形成一定约束。目前我国已有的关于社会投资主体参与农地经营政府管制的相关统计资料还比较缺乏，公开数据库对此领域的数据涉及较少，限制了学者们通过更全面的数据进行深入的研究。对此，笔者将在后续工作中继续跟进研究。

2 | 社会投资主体参与农地经营管制的理论借鉴

2.1 概念界定

2.1.1 社会投资

社会投资，泛指第二、第三产业范围内的生产经营资本，主要包括制造业、建筑业、采矿业、商贸流通、房地产、金融等领域内的资金；从来源上，也可分为城市社会投资和农村自有社会投资[①]。也就是说，社会投资主要指非农业领域的生产经营资本。

马克思认为："资本价值是按照它的价值总量全部作为货币资本，或作为生产资本，或作为商品资本出现的。"在整个产业资本循环中，需要经历"货币资本—生产资本—商品资本"三个"空间并存、时间继起"的阶段。社会投资是以货币资本为载体的生产资本，而不包含其他形式的财物或者资源。马克思认为："货币资本作为最先进、最发达的生产要素，成为发动整个社会再生产的第一推动力和持续推动力，成为推动社会形式发展的条件和发展一切生产力即物质生产力和精神生产力的主动轮。"[②] 在市场经济条件下，货币资本的高流动性，很容易让其转化为产业资本循环中的生产资本、商品资本等其他形式。社会投资主体投资农业后，将以生产资本的形式融入农业发展，融入农村产业体系的有机体中。

---

① 任晓娜，孟庆国. 工商资本进入农村土地市场的机制和问题研究：安徽省大岗村土地流转模式的调查 [J]. 河南大学学报（社会科学版），2015，55（5）：53-60.
② 张尊帅，马泽伟. 工商资本投资农业：理论综述与改革思考 [J]. 当代经济管理，2017，39（5）：24-29.

2.1.2 农地经营

农业土地经营是以土地为劳动手段和劳动对象的生产活动，是土地经营的基本内容。我国农村土地政策的变迁围绕着以所有权和经营权为核心的产权制度展开，农村土地政策变迁相应经历了"土地私人所有，农民自主经营""土地集体所有，集体统一经营""土地集体所有，农户承包经营"三个阶段。改革开放以来，我国农村逐步形成了以家庭联产承包为基础、统分结合的双层经济体制，这种崭新的经营体制曾经极大地解放和发展了农村生产力。但随着改革的深入，这种经营体制为农村经济发展提供的推动力正逐步弱化[①]。

从农地的角度来说，村庄的农地经营对应的是自耕经营方式和规模经营方式。对于农民处理农地经营权的行为而言，转入则采用规模经营方式和自耕经营方式，转出则采用出租经营方式，不变则采用自耕经营方式。

2.1.3 社会投资主体参与农地经营

何为社会投资主体参与农地经营？这首先得从社会投资主体下乡说起。社会投资主体进入农业是指把城镇工商业积累的巨量的科技、人力、物力、财力等资源吸引到农村去，以解决农村面临的资金、技术短缺问题，带动农村社会经济的全面发展（高娟，2012[②]；刘慧，2016[③]）。社会投资主体下乡有两种形式：一是社会投资主体参与以"农民上楼"为主的土地综合整治项目，作为投资方获得节余建设用地指标出让的收益；二是社会投资主体大规模转入农地，帮助基层政府推进土地规模化经营，大力发展现代农业（周飞舟、王绍琛，2015[④]）。也就是说，社会投资主体下乡，一是通过土地流转参与农地经营，二是参与农村土地资源开发。但我们认为，这个对社会投资主体下乡的界定还是显得狭窄了一点。《社会资本投资农业农村指引（2021 年)》里提出了十三个鼓励投资的重点产业和

① 胡穗. 农业用地经营机制的创新 [J]. 湖南师范大学社会科学学报，2005（6）：84 - 88.
② 高娟. 保障农民利益 引领资本下乡 [J]. 合作经济与科技，2012（9）：34 - 35.
③ 刘慧. "资本下乡"对农民收益的影响 [D]. 乌鲁木齐：新疆师范大学，2016.
④ 周飞舟，王绍琛. 农民上楼与资本下乡：城镇化的社会学研究 [J]. 中国社会科学，2015（1）：66 - 83，203.

领域，包括现代种养业、现代种业、乡村富民产业、农产品加工流通业、乡村新型服务业、生态循环农业、农业科技创新、农业农村人才培养、农业农村基础设施建设、智慧农业建设、农村创业创新、农村人居环境整治和农业对外合作。从这十三个重点产业和领域来看，社会投资主体下乡范围更大，泛指社会投资主体参与乡村各项产业发展，既包括第一产业，也就是农业生产经营，也包括乡村二、三产业。

社会投资主体参与农地经营是社会投资主体下乡的一种形式，是社会投资主体下乡选择以农地为基本载体，开展农业生产经营和服务。在农村土地承包经营"三权分置"的背景下，以土地经营权为核心，社会投资主体参与农地经营可以表现为两种形式：一种是社会投资主体通过从农户、农村集体经济组织处以土地流转的方式获取农地的经营权，直接进行农业生产，其主要特点是社会投资主体直接拥有了农地的经营权；另一种是社会投资主体通过社会化服务等方式，为其他经营主体提供农业生产经营管理服务，间接地参与农业生产，其主要特点是社会投资主体不拥有农地的经营权。也就是说，社会投资主体可以以直接和间接两种方式参与到农地经营中去，这也是本研究对社会投资主体参与农地经营的界定。

2.2 相关理论

2.2.1 政府管制理论

"管制"一词来源于英文单词"Regulation"或"Regulatory Constraight"，其含义为有规定的管理，或有法规条例的制约，是管制经济学的一个重要概念。在不同西方学者的论述与著作中，管制概念的内涵与意义存在一定的差异。

著名经济学家萨缪尔森（1992）认为，管制是指政府直接以政策、法规、命令等方式，通过制定价格、销售、进入或退出机制，对企业决策、生产经营活动产生影响[①]；Viscusi（1995）等学者认为，管制就是政府通过行政手段，以限制个人或企业组织的决策为目的，制定的各种影响经济

---

① 保罗·萨缪尔森，威廉·诺德豪斯. 经济学：12 版［M］. 高鸿业，译. 北京：中国发展出版社，1992：864 - 865.

主体自由决策的强制性规章①；Geroge A. Steiner 和 John F. Steiner（1997）认为，罗斯福新政是政治制度革新的产物，通过研究美国大萧条时期政府与市场之间的关系，指出市场价格机制并不是市场有效的唯一保障，自由竞争市场的效率虽然很高，但依然会出现"市场失灵"的状况，他们认为政府的管制在一定程度上可以帮助市场促进资源有效配置②；丹尼尔·F. 史普博（1999）认为，管制是行政机构制定并执行的直接干预市场机制或间接改变企业和消费者供需决策的一般规则或特殊行为③；日本学者金泽良雄认为，管制是政府以解决市场失灵为目的，对经济主体，特别是企业组织经营活动进行干预的行为；日本经济学家植草益进一步提出更为广义的"规制"：社会公共机构或行政机关依据一定的规则，对构成特定经济行为的企业组织活动进行规范和限制的行为④。

从我国学者的著作和文章来看，目前我国学界对使用"规制"一词还是"管制"一词，尚未达成共识。在一些翻译著作中，"Regulation"被译为"管制"，如《新帕尔格雷夫经济学大词典》，台湾学者翻译的卡恩的《管制经济学》，余晖翻译的丹尼尔·F. 史普博的《管制与市场》，冯金华翻译的小贾尔斯·伯吉斯的《管制和反垄断经济学》；也有一些学者使用"规制"，如朱绍文翻译的植草益的《微观规制经济学》；还有的学者提出应该译为"监管"，如金融监管、电力监管、公用事业监管等。尽管国内学者对于单词"Regulation"的翻译存在一定的分歧，但对于管制的定义基本上延续西方学者的表述，认为管制侧重于采用行政方式管理，而规制侧重以法律法规进行管理。在我国，无论是管制、规制还是监管都来源于英文中的"Regulation"一词，翻译不同可能是基于学者们对于我国政府职能的特殊理解。这样，同样表达的是单词"Regulation"的意思，非要将管制、规制和监管进行区分，容易引起概念和理解上的混乱，为了避免不必要的理论混乱，书中将尽量使用"管制"一词。严格地说，中国在计

---

① Viseusi W. K. , J. M. Vernon, J. E. Harrington. Economics of Regulation and Antitrust［M］. Cambridge：The MIT Press，1995：295.

② Geroge A. Steiner，John F. Steiner. Business，Government，and Society［R］. McGruw-Hill Inc. 1997.

③ 丹尼尔·F. 史普博. 管制与市场［M］. 余晖，等，译. 上海：上海三联书店，上海人民出版社，1999：45.

④ 植草益. 微观管制经济学［M］. 北京：中国发展出版社，1992：1-2.

划经济体制时期，不存在现代管制经济学中所讲的管制问题，不能把计划理解为管制、把计划经济体制理解为传统管制体制①。政府管制是具有法律地位的、相对独立的政府管制者（机构），依照一定的法规对被管制者（主要是企业）所采取的一系列行政管理与监督行为②，一般可以分类为经济性管制和社会性管制。

2.2.2 社会性管制理论

日本经济学家植草益将社会性管制定义为以保障劳动者和消费者的安全、健康、卫生以及保护环境和防止灾害为目的，对产品和服务的质量和伴随着提供它们而产生的各种活动制定一定的标准，并禁止、限制特定行为的管制③。社会性管制的理由之一就是信息具有不对称性，有信息优势的交易方有条件和机会通过损害另一交易方的利益而牟取利益，史普博将这种市场失灵的情况概括为内部性，与外部性一样均是由产权界定不清而引起的权力的伤害或溢出，二者区别仅是该种权力的伤害或溢出是否发生于交易活动内，交易之外的是外部性问题，交易之内的则为内部性问题。这种观念为社会性管制提供了理论基础，有利于正确界定政府的社会管制职能和边界。针对由信息不对称引起的市场经济失灵的状况，政府社会性管制要建立必要的信息披露机制或直接提供信息，或建立产品和服务的质量标准等降低信息不对称水平④。

政府是公共利益的受托者，社会性管制的核心就是对环境、安全和健康问题进行管制，符合政府维护社会公共利益的职能要求，强有力的社会性管制措施对于建立和坚持保护资源、保护生态的可持续经济发展模式具有重要意义。同时，政府社会性管制能够协调社会各阶层之间的利益分配⑤，维护社会安定。

2.2.3 外部性理论

"外部经济"和"内部经济"的概念由马歇尔在1890年发表的《经济

---

① 王俊豪. 管制经济学在中国的发展前景 [N]. 光明日报, 2007 - 07 - 31 (10).
② 王俊豪. 政府管制经济学导论 [M]. 北京：商务印书馆, 2017：1.
③ 植草益. 微观规制经济学 [M]. 北京：中国发展出版社, 1992：22.
④⑤ 张秉福. 政府社会性管制与和谐社会构建 [J]. 财经科学, 2008 (9)：63 - 70.

学原理》中首次提出，以有赖于工业的一般发达的经济和有赖于从事这种工业的个别企业的资源、组织和效率的经济分别对外部经济和内部经济做出界定。

庭古在其老师马歇尔的理论基础上提出外部性理论。庭古从社会资源最优配置的角度出发，应用边际分析方法，将外部性分为正外部性和负外部性两类，其中正外部性又称外部经济，指边际私人收益小于边际社会收益、边际私人成本大于边际社会成本的情况，负外部性又称外部不经济，指边际私人收益大于边际社会收益、边际私人成本小于边际社会成本的情况。换言之，正外部性指的是经济行为主体的生产和消费行为使他人获益，又未获得补偿；负外部性指的是经济行为主体的生产和消费行为给他人带来损失，又未支付抵偿损失的成本。庭古提出"庭古税"政策建议，即政府应采取在存在外部不经济效应时向企业征税，在存在外部经济效应时给企业补贴的经济政策[①]。

科斯认为庭古研究外部性问题的思路是错误的，应先把外部性问题转变为产权问题，再讨论什么样的产权配置最有效率。他认为当交易成本等于零时，理性的经济活动主体在分析成本和收益的问题时会考虑到溢出的成本和收益，不存在社会成本问题，此时不管怎样界定产权，社会资源都会得到最充分的利用，达到帕累托最优状态。科斯提出"科斯定理"，即政府干预在交易成本为零的经济活动中是没有必要的，当交易费用为正时，政府通过比较政府行政成本与市场交易成本的大小决定采取市场化解决方案还是进行政府干预[②]。

经济活动的负外部性是政府管制的主要目标。外部性理论是主要诠释政府社会性管制的理论[③]。当然，这也表明政府干预不是解决市场失灵的唯一办法。

2.2.4 信息不对称理论

在西方经济学的假设中，市场处于信息完全透明的情况中，此时资源实现了最优配置，这种情况在西方经济学中被称为瓦尔拉斯一般均衡。但

① 徐桂华，杨定华. 外部性理论的演变与发展 [J]. 社会科学，2004 (3)：26-30.
② 王淑贞. 外部性理论综述 [J]. 经济视角（下），2012 (9)：52-53, 8.
③ 茅铭晨. 政府管制理论研究综述 [J]. 管理世界，2007 (2)：137-150.

是在现实生活中，市场并不能处于完全透明状况，因此信息不对称成为经济市场中的常态。在古典经济学流行的时代，市场并没有表现出更多的失灵或缺陷，"看不见的手"主导了当时的市场经济，所以自由市场经济理论学者坚持市场出清原则，支持市场自我调节，认为无须对市场进行干预，保持市场运行的绝对自由。但是在经济的实际运行过程中，信息不对称才是常态，且造成了"看不见的手"调配失灵，具有信息优势的一方能获取较多的剩余，而导致利益分配结构严重失衡。

信息不对称是指交易活动中的双方对交易对象、环境、状态等信息的掌握存在一定的差别，其中一方拥有的交易信息比另一方拥有的交易信息更为全面，从而使另一方交易者处于信息劣势中，进而影响交易过程的"绝对正确性"。信息不对称影响了经济社会运行的效率，使之无法达到帕累托最优，进而影响到社会福利的分配。

信息不对称理论产生于 20 世纪 70 年代，其理论基础为处于信息不对称状态下的市场参与者之间的经济关系，信息不对称状态指交易一方无法观测和监督另一方的行为或无法获知另一方行动的完全信息或观测监督成本高昂造成交易双方所得信息存在差别。该理论的主要内容是掌握信息较少的一方如何利用激励手段来缓解或消除另一方信息优势对自己造成的影响[①]。

信息不对称的存在，通常会导致以下典型问题：

委托—代理问题。信息不对称导致交易关系变成了委托—代理关系。交易中拥有更多信息的优势一方成为代理人，拥有较少信息的劣势一方成为委托人。信息不对称使得委托人和代理人目标并不一致，委托人希望自己得到更多的利益，净剩余极大化，而代理人则希望自身的效用最大化。为了尽可能地实现委托人的目标，必须通过激励或者约束机制规范代理人的行为，这种激励或者约束机制实质上是交易双方在进行信息博弈。占有更多信息的一方获得的优势其实是一种信息租金，信息租金是各交易环节相互联系的纽带。Laffont 和 Martimort 在 2002 年提出信息租金模型，即通过信息租金的切割来达到对代理人的有效激励与约束。信息租金模型刻画了委托人在租金抽取和效率权衡中如何确定产品均衡产量、质量或标准

---

① 辛琳. 信息不对称理论研究 [J]. 嘉兴学院学报，2001 (3)：38 - 42.

等，从而做到在信息不对称条件下实现次优规划。

逆向选择问题。逆向选择问题由 Arrow（1963）[1] 提出，逆向选择也被称作反向选择、不合乎经济学常规的选择。1970 年乔治·阿克洛夫在《柠檬市场：质量不确定性和市场机制》中首次对逆向选择的信息问题作出正式分析，提出经济主体有强烈的动机去抵消信息问题对市场效率的不利影响。此后 Spence（1973）和 Stiglitz（1976）对由信息不对称带来的劳动力市场和保险市场资源配置非效率进行规制，信号传递和信号甄别理论由此产生。逆向选择指的是交易中的一方利用自己占有更多信息的优势，使自己获益、对方受损，信息劣势的另一方则难以作出买卖决策，价格随之扭曲，无法达到调配市场供求平衡、促成交易的作用，进而导致市场效率的降低。由于信息不完全和人的机会主义的天性，即使降低价格，也不会增加购买需求，同时提高价格，消费者不会增加购买需求，生产商也不会增加供给，此为逆向选择。逆向选择中最出名的案例为"二手车市场"，由于买卖双方信息不对称导致二手车的平均价格越来越低，"劣币"驱逐了市场上的"良币"，该种极端情况导致整个市场的"良币"退市，整个市场的产品的质量随之下降。Akerlof[2] 在 1971 年提出基于经济学视角阐述的市场现实：存在卖方向买方推销劣质商品等现象是由同一交易市场中双方掌握的信息不对称造成的；Spence 则在 1973 年的研究中提出如何利用所掌握的更多信息来谋取更多利益，变帕累托次优为帕累托改进，其研究中以劳动力市场的教育文凭信号作为研究案例；Stiglitz 在 1976 年以保险市场为例，研究了如何利用相关信号甄别不同类型的投保者，以达到信号的分离均衡。以上研究都旨在解决因为信息不对称而产生的逆向选择问题。

道德风险问题。逆向选择问题的产生是由于交易合同签订时存在信息博弈，道德风险问题则是涉及代理人签订合同后采用的隐藏行为，即签约一方不完全承担风险后果时所采取的自身效用最大化的自利行为，所以道德风险问题属于信用契约的执行问题。从委托—代理理论出发，信息不对

---

① Arrow K. J. Uncertainty and the welfare economics of medical care [J]. The American Economic Review，1963，53（5）：941–973.

② Akerlof G. A. The Market for "Lemons"：Qualitative Uncertainly and the Mark Mechanism [J]. Quarterly Journal of Economics，1970，84（3）：488–500.

称使得委托—代理关系中的信息优势方可以采取信息劣势方无法观测到的监督和隐藏行动，从而获得更多利益。以保险市场为例，保险人行为在某种程度上改变时，会导致保险公司成本提高；再例如股东委托经理人管理企业，股东无法观察到的经理人不作为可能会导致股东净收益的损失。道德风险首次被提及可以追溯到 1776 年亚当·斯密的《国富论》，里面谈到了经理人与股东之间的关系：当经理人对以股东利益为决策出发点表示怀疑的时候，必定会发生经理人的败坏行为。Arrow 于 1963 年在《不确定性和医疗保健福利经济学》一文中提出了道德风险的概念，随后学界掀起了研究道德风险的热潮。在新制度经济学的研究中，有学者提出了基于改进古典理论的假设：存在机会主义和有限理性，使得道德风险的存在更具备主观动因。到了 20 世纪 50 年代，以 Wilson（1969）[①]、Ross（1973）[②] 和 Holmstrom（1979）[③] 为代表的对不完全契约的研究，从逻辑上推理证实了，信息不对称导致了交易双方在经济行为中都不可能完全执行合同。Stiglitz 在 1976 年发现了由道德风险导致的次优合同的产生。

2.2.5 公共利益理论

学界对公共利益的概念尚无明确界定，其区别于国家利益、社会利益、集体利益，也不是个人利益的简单相加。可以概述为：与私人和个人利益相对的社会大多数公众主体的利益，通过法定程序制定，以"公共产品""公共服务"和"公共价值"为内容，表示公众主体对国家客体的主动关系和客体给主体带来的某种好处和意义，当这种关系和好处无法得到实现和满足时，主体可以得到补偿，客体在提供这种关系和好处时也会受到限制[④]。

公共利益理论产生的直接基础为市场失灵和福利经济学。政府是公共利益的保护者，当市场经济出现失灵状况时，政府实行管制帮助资源有效

① Willmson O. The New Institutional Economics: Taking Stock, Looking Ahead [J]. Journal of Economic Literature，2000，38（6）：595－613.

② Ross S. The Economic Theory of a Geney: The Prineipal's Problem [J]. Ameriean Economie Review，1973，63（2）：134－139.

③ Holmstrom B. Moral Hazard and Observability [J]. Bell Journal of Economies，1979，31（10）：74－91.

④ 宋永宜. 公共利益研究的文献综述 [J]. 中外企业家，2009（24）：38－39.

配置，可能会带来社会福利的提高。理查德·波斯纳将自由放任的市场运行特别脆弱且运作无效率和政府规制不花费成本作为管制公共利益的前提条件。欧文和布劳第根把管制看作是为满足公众需要而提供的一种减小市场运作风险的方式①。自由竞争条件下过多企业从事生产、价格超过最优水平，管制对市场经济活动中存在的价格歧视、企业因生产条件改变而获得意外利润等行为将产生福利收益，可更好地满足公众的需求。因此政府管制的目的就是实现社会公共利益的最大化。

维斯库兹、维纳和哈瑞顿提出公共利益理论的修正理论即公共利益批判理论，认为管制趋向于提高产业利润，政府管制政策的制定偏重于组织性较好的利益集团，最终未必使得社会福利最大化。

土地经营过程中因农户与工商企业存在知识技能的差异，双方所拥有的信息不对称，为防止企业通过损害农户利益牟取更多收益，政府有必要构建管制制度维护公平正义、保障经济平稳运行。与此同时，企业追求短期利益最大化，会对土地造成不可修复的伤害、严重破坏生态环境，与经济长期持续增长的现实需要相违背，政府强有力的管制措施对于建立和坚持保护资源、保护生态的可持续经济发展模式具有重要意义。社会投资主体参与农地经营具有理论上的充分必要性和适用性，在实践中却问题重重，企业的准入资格不明、沟通障碍、信息差异、投机行为、生态破坏等问题频出，唯有政府出台适当且有效的政策制度和强有力的管制措施对工商企业加以引导、管制和激励才能促使其发挥预期的积极作用。

2.3 社会投资主体参与农地经营政府管制的既有研究

2.3.1 社会投资主体参与农地经营管制内容研究

对社会投资主体参与农地经营进行管制的基础，是社会投资主体参与农地经营对农民、农业、农村带来的实际影响，与政策制定初衷、农村可持续发展目标有差异。尤其是社会投资主体参与农地经营对农民、农业、农村带来的一系列不利影响，是社会投资主体参与农地经营政府管制的重要内容。

---

① 于立，肖兴志. 规制理论发展综述 ［J］. 财经问题研究，2001 (1)：17-24.

2.3.1.1 社会投资主体参与农地经营对农民的影响

在正向影响方面，一是能够有效促进农民增收。高娟（2012）[1] 认为，社会投资主体下乡开发乡村休闲旅游，催生了农村的内部活力，在实现资本获益的同时，还促进了农民增收，满足了农民休闲需求，改善了农民生活水平。向俊、陈晓（2013）[2] 指出，社会投资主体下乡，农民把土地流转给企业，获取流转费用的同时，或是给流转企业打工，或是外出务工，加快了农民增收致富。龚梦君等（2014）[3] 认为，资本租用农地，使得农民收入来源多元化，家庭工资性收入增长，农民收入增加。潘长胜等（2015）[4] 认为社会投资主体下乡加快了土地流转进程，实现了土地规模化经营，提高了农民技能，增加了农民收入。吴国强（2014）[5] 认为，社会投资主体下乡带来的经营模式、现代农业科技和经营体系，提高了土地产出率，带动了农民增收。二是促进农民收入多元化。吴学娟（2016）[6] 认为，社会投资主体进入农业，解决了农业缺资金技术、现代管理的问题，实现了分工合理、共享共赢，农民分享了更多的产业增值收益。宁夏平罗农村合作经济经营管理站课题组（2017）[7] 认为，社会投资主体在资金、技术、市场开发、经营理念、经营规模方面具有优势，有效促进了农业增效、农民增收和农村繁荣。刘成玉、熊红军（2015）[8] 指出，先进农业生产要素的投入，促进了传统农业向现代农业的转化，促进了农民增收，提高了农产品竞争力。章新国等（2015）[9] 指出，先进的生产要素提

[1] 高娟. 保障农民利益 引领资本下乡 [J]. 合作经济与科技，2012（9）：34-35.
[2] 向俊，陈晓. 城市工商资本下乡问题研究 [J]. 中国市场监管研究，2013（10）：25-29.
[3] 龚梦君，刘袁，宁天敕，等. 工商资本经营农业对农村发展的影响：以益阳沅江市草尾镇为例 [J]. 新疆农垦经济，2014（4）：18-23.
[4] 潘长胜，唐国强，殷明，等. 工商资本：现代种养业的新动力 [J]. 江苏农村经济，2015（1）：17-21.
[5] 吴国强. 关于工商资本从事大田种植业的调研与思考 [J]. 农产品市场周刊，2014（9）：26-29.
[6] 吴学娟. 建立工商资本租赁农地监管和风险防范机制 [J]. 河南农业，2016（11）：8.
[7] 宁夏平罗农村合作经济经营管理站课题组. 农村土地流转中工商资本风险防范机制研究：以宁夏平罗县为例 [J]. 当代农村财经，2017（4）：2-10.
[8] 刘成玉，熊红军. 我国工商资本下乡研究：文献梳理与问题讨论 [J]. 西部论坛，2015（6）：1-9.
[9] 章新国，宋伟，许海涛. 引导和规范好工商资本进入农业：基于湖北省的调查与思考 [J]. 农村工作通讯，2015（1）：60-62.

高了农业规模经济效益，促进了农民增收和农村劳动力转移。

在负向影响方面，部分研究认为，社会投资主体参与农地经营也会使农民群体面临风险。**一是农民主体作用难以发挥。**基于农民合作意愿容易被忽视的现实，石敏、李大胜、吴圣金（2021）对社会投资主体下乡中农户的合作行为、合作意愿及契约选择意愿进行了研究[①]。袁威（2020）[②]对社会投资主体参与下农民主体作用的发挥情况进行了深入研究。李中（2013）[③]指出，社会投资主体进入农业，租赁或侵占土地，破坏"依法、自愿、有偿"的土地流转原则，农民权益受到侵害，影响社会稳定。**二是影响农民就业。**张尊帅（2013）[④]、涂圣伟（2013）[⑤]指出，社会投资主体进入农业对农民产生"挤出效应"，导致农民失业，对农民生计与社会稳定带来挑战。杨帆等（2016）[⑥]认为，土地流转过程不严谨、涉农企业和不良利益集团勾结、社会投资主体投资目的不纯都会损害农民的利益，威胁农民生计和社会稳定。李欣怡等（2017）[⑦]认为，土地流转后农民再就业困难，会威胁社会稳定。**三是对失地农民产生挤出效应、弱化农户收入的稳定性**[⑧]。宋雅杰（2014）[⑨]认为，工商企业流转土地，使得流转土地的农民工失业后无法返乡务农，威胁农民生计，造成严重的社会问题。吴国强（2014）[⑩]认为资本进入农业、租赁农地，解决了一部分劳动力就业问题，但是剩余劳动力无法得到充分利用，影响农民生产生活，其次，被雇佣的农民无法获得利润分红，积极性不高，资本对农民的带动效应不

---

① 石敏，李大胜，吴圣金．资本下乡中农户的合作行为、合作意愿及契约选择意愿研究［J］．贵州财经大学学报，2021（2）：100－110.

② 袁威．工商资本参与下农民主体作用的困境与破解思路：基于 S 省 20 个乡镇 59 个村庄的调查［J］．行政管理改革，2020（11）：78－85.

③ 李中．工商资本进入现代农业应注意的几个问题［J］．农业展望，2013，9（11）：35－37.

④ 张尊帅．工商资本投资农业的风险及其防范［J］．现代经济探讨，2013（8）：33－37.

⑤ 涂圣伟．工商资本进入农业领域的影响与挑战［J］．黑龙江粮食，2013（12）：10－12.

⑥ 杨帆，曾雄旺，张哲昊．工商资本投资农业背景下农民利益提升策略：以湖南省为例［J］．经济师，2016（10）：197－198.

⑦ 李欣怡，曾雄旺，李艺璇．工商资本投资农业的效应分析与发展策略［J］．农业经济，2017（12）：58－60.

⑧ 望超凡．资本下乡与小农户农业收入稳定性研究：兼论农村产业振兴的路径选择［J］．南京农业大学学报（社会科学版），2021，21（1）：11－21.

⑨ 宋雅杰．河南省工商资本投入农业领域问题研究［J］．商业经济研究，2014（22）.

⑩ 吴国强．关于工商资本从事大田种植业的调研与思考［J］．农产品市场周刊，2014（9）：26－29.

强。田欧南（2012）[①] 认为，工商企业参与农地经营后，信息的不对称、政策执行的漏洞等都会威胁农民的生产地位，由于法律不健全，农民使用法律维权有风险，流转土地的农民得不到保障，影响社会安定。吴学娟（2016）[②] 认为，社会投资主体租赁农地的时间长、面积大，挤占了农民的发展空间，对企业和农民都带来了风险。刘成玉、熊红军（2015）[③] 指出，社会投资主体下乡排挤与盘剥了小农户，使其丧失就业机会、土地甚至房产。陈锡文（2010）[④] 认为，社会投资主体下乡租赁土地后，农民职业、主体地位的变化会对农民心理、农村社会结构产生深刻的影响。资本参与农业的一个意外后果是使农民成为土地收益的局外人（柴鹏，2011）[⑤]。曹俊杰（2018）[⑥] 指出，社会投资主体会带来先进的管理技术和理念，而农民文化、技术素质偏低，难以适应，社会投资主体下乡会对失地农民产生挤出效应，难以调和农户与企业的矛盾，易引起农村社会阶层分化。

2.3.1.2 社会投资主体参与农地经营对农业的影响

在正向影响方面，一是社会投资主体参与农地经营带来了农业所需的生产要素、先进科学技术和经营管理模式，优化了农业生产要素关系。社会投资主体在为农业发展带来资金的同时，也带来了先进科学技术和经营管理模式，有利于推进农业现代化建设（张尊帅，2013[⑦]；邵爽，2016[⑧]；刘铮、赵志浩，2016[⑨]；刘成玉、熊红军，2015[⑩]）。社会投资主体进入农

---

① 田欧南. 工商企业介入农地经营的风险研究：基于省际面板数据的实证分析 [J]. 社会科学战线，2012（9）：245-247.
② 吴学娟. 建立工商资本租赁农地监管和风险防范机制 [J]. 河南农业，2016（11）：8-8.
③ 刘成玉，熊红军. 我国工商资本下乡研究：文献梳理与问题讨论 [J]. 西部论坛，2015（6）：1-9.
④ 陈锡文. 工商资本下乡后农民从业主蜕变成雇工 [N/OL].（2010-08-08）[2015-08-03]. http://news.sina.c；om.c；n/n/2010-08-08/105217931639s.shtml.
⑤ 柴鹏. 资本下乡、土地规模流转与企业家精神培育：鲁西南Y村个案 [J]. 社科纵横（新理论版），2011（3）：66-68.
⑥ 曹俊杰. 资本下乡的双重效应及对负面影响的矫正路径 [J]. 中州学刊，2018（4）.
⑦ 张尊帅. 工商资本投资农业的风险及其防范 [J]. 现代经济探讨，2013（8）：33-37.
⑧ 邵爽，肖家建，刘亚男. 工商资本与构建新型农业经营体系的关系研究 [J]. 井冈山大学学报（社会科学版），2016，37（1）：85-91.
⑨ 刘铮，赵志浩. 对工商资本租赁农地的冷思考 [J]. 黑龙江社会科学，2016（3）：52-56.
⑩ 刘成玉，熊红军. 我国工商资本下乡研究：文献梳理与问题讨论 [J]. 西部论坛，2015（6）：1-9.

业，加快了农业规模化、集约化发展，也为农业引入了许多新的理念、新的管理方式、新的营销模式、新的技术应用等（田明津、上官彩霞，2017①）。社会投资主体下乡促进了生产要素向农业农村集聚，优化了农业生产要素关系，带动了技术、管理等先进生产要素向农村配置（鹿梅，2012②；朱俊峰、苗海民，2017③；章新国等，2015④）。社会投资主体在带来先进生产要素的同时，也带来了现代农业组织方式（向俊、陈晓，2013)⑤，带来了"公司＋农户""公司＋基地""公司＋专业合作社＋农户"等现代农业发展模式。**二是提升了农业基础设施水平。**龚梦君等（2014)⑥、李欣怡等（2017)⑦、贝燕威（2016)⑧、潘长胜等（2015)⑨、罗亚轩（2015)⑩ 通过对具体的地方实践进行分析得出，社会投资主体强化了农田基础设施建设，引入了工商业经营理念，带动了当地其他产业的发展。**三是能够延长农业产业链条，提升农业产业价值。**社会投资主体参与农地经营，可以通过建立一体化产业链（石霞，2013)⑪，进一步细化农业专业化分工（邵爽等，2016)⑫，把传统的第一产业拓展延伸到二产、三产（董越君，2016)⑬，使得我国农业由单一的种植、销售模式变为集

---

① 田明津，上官彩霞.工商资本进入农业的动机与政策启示［J］.农业科技管理，2017，36（4）：12-15.

② 鹿梅.完善社会资本参与农村土地流转的机制研究：以湖北省为例［J］.农村经济与科技，2012，23（4）：96-98.

③ 朱俊峰，苗海民.新常态下的工商资本下乡［J］.中国发展观察，2017（15）：33-35.

④ 章新国，宋伟，许海涛.引导和规范好工商资本进入农业：基于湖北省的调查与思考［J］.农村工作通讯，2015（1）：60-62.

⑤ 向俊，陈晓.城市工商资本下乡问题研究［J］.中国市场监管研究，2013（10）：25-29.

⑥ 龚梦君，刘袁，宁天赦，等.工商资本经营农业对农村发展的影响：以益阳沅江市草尾镇为例［J］.新疆农垦经济，2014（4）：18-23.

⑦ 李欣怡，曾雄旺，李艺璇.工商资本投资农业的效应分析与发展策略［J］.农业经济，2017（12）：58-60.

⑧ 贝燕威.利弊交织下的挑战与出路：关于工商资本进入现代农业的案例调研报告［J］.发展改革理论与实践，2016（3）：20-22.

⑨ 潘长胜，唐国强，殷明，等.工商资本投资种养业的江苏观察［J］.农村经营管理，2015（2）：30-32.

⑩ 罗亚轩.工商资本下乡对农村的影响［J］.农村经济与科技，2015（2）：175-176.

⑪ 石霞.工商资本下乡要扬长避短［N］.农民日报，2013-07-13（3）.

⑫ 邵爽，肖家建，刘亚男.工商资本与构建新型农业经营体系的关系研究［J］.井冈山大学学报（社会科学版），2016，37（1）：85-91.

⑬ 董越君.工商资本参与农地流转的研究［D］.长沙：湖南农业大学，2016.

种植、生产、加工、销售为一体的模式（李欣怡等，2017）①，延长农业产业链条。社会投资主体进入农业，实现了产业链、价值链、供应链的有机结合，促进了一二三产业的融合发展（吴学娟，2016）②。

在负向影响方面，一是加剧耕地"非粮化""非农化"倾向。许娇娇（2016）③、韩庆霞（2017）④认为，社会投资主体租赁农地，多数用于蔬菜、水果、花卉苗木种植，不再种植粮食，存在耕地"非粮化"和"非农化"倾向。李会利（2016）⑤认为，部分工商企业通过流转农民土地，改变土地用途，造成耕地"非粮化""非农化"问题，社会投资主体的盲目投资，更造成了土地闲置或荒芜。陈默语、郭平（2015）⑥指出，在政府"招商引资"的政策目标下，村集体会实行整村"强制流转"，社会投资主体为获得最大利益，会改变土地用途，造成耕地"非粮化""非农化"。二是破坏生态环境和造成"圈地"风气。如田欧南（2016）⑦认为，一些企业为了追求利益最大化，把流入的土地用作其他行业，导致农地产出率不增反降，耕地"非农化"现象加剧；一些企业对化肥农药的不合理使用，还会严重破坏生态环境。曹俊杰（2018）⑧指出，有的社会投资主体下乡热衷于利润高的非农生产经营项目，耕地"非农化""非粮化"倾向可能威胁我国农业稳定发展和粮食安全，如果政府放任企业大规模流转土地，还会助长商业资本的"圈地"风气。

2.3.1.3 社会投资主体参与农地经营对农村的影响

相较于社会投资主体参与农地经营对农民、农业造成的影响，学界对

① 李欣怡，曾雄旺，李艺璇. 工商资本投资农业的效应分析与发展策略 [J]. 农业经济，2017（12）：58-60.
② 吴学娟. 建立工商资本租赁农地监管和风险防范机制 [J]. 河南农业，2016（11）：8.
③ 许娇娇. 工商资本下乡经营农地法律规制探析 [J]. 山东农业工程学院学报，2016，33（10）：119-120.
④ 韩庆霞. 对工商资本进入农业产业运行管理的调查分析 [J]. 河南农业，2017（34）：61-62.
⑤ 李会利. 对工商资本投资农业占用耕地问题的调查与思考 [J]. 乡村科技，2016（5）：87-88.
⑥ 陈默语，郭平. 工商资本进入农地流转对现代农业发展的作用 [J]. 商丘师范学院学报，2015（10）：111-115.
⑦ 田欧南. 基于工商企业参与农地经营的风险与防范策略分析 [J]. 企业技术开发，2016，35（17）：113-114.
⑧ 曹俊杰. 资本下乡的双重效应及对负面影响的矫正路径 [J]. 中州学刊，2018（4）.

社会投资主体参与农地经营对农村造成的影响关注还比较少。王敬尧、王承禹（2018）[①] 研究发现，在农地规模经营背景下，内生型社会投资主体对村庄治理的影响具有多样性，而外来资本对村庄治理结构的冲击，使得村庄经历了治理主体的非对等性进出、治理资源的非均衡性流动和治理方式的非规范性建构。研究发现，村组织、地方政府和国家政策是影响现阶段村庄治理结构的重要变量。赵晓峰、任雨薇、杨轩宇（2021）[②] 分析了社会投资主体下乡对农地流转秩序的影响，发现在社会投资主体下乡的不同阶段，农地流转秩序从具有经济秩序和社会秩序两方面特征，演化为"新地权秩序瓦解—地权秩序再调整—新地权秩序确立"。

2.3.2 社会投资主体参与农地经营管制机制研究

社会投资主体参与农地经营对农民、农业、农村产生的负向影响是政府管制的重要内容，深入分析社会投资主体参与农地经营负向影响的生成机制，是准确把握社会投资主体参与农地经营风险发生规律的基础，也是社会投资主体参与农地经营管制机制建立的重要依据。目前已有的研究主要针对社会投资主体参与农地经营导致耕地"非粮化""非农化"问题，分析了其内在发生机制。高晓燕、赵宏倩（2021）[③] 从政策、市场两方面系统分析了耕地"非粮化"现象出现的原因。江光辉、胡浩（2021）[④] 构建了"社会投资主体下乡—农地流转/机械替代—农户粮食生产"的理论分析框架，研究发现社会投资主体下乡租赁农地促使农户转出农地，不利于农户维持粮食生产，而社会投资主体下乡提供生产性服务则促进了农户转入农地以及增加机械要素投入，有利于农户扩大粮食生产；村庄地形条件和经济区位在其中发挥了调节作用。匡远配、刘洋（2018）[⑤] 基于政府

---

① 王敬尧，王承禹. 农地制度改革中的村治结构变迁 [J]. 中国农业大学学报（社会科学版），2018，35（1）：35-46.

② 赵晓峰，任雨薇，杨轩宇. 资本下乡与农地流转秩序的再造 [J]. 北京工业大学学报（社会科学版），2021，21（5）：30-38.

③ 高晓燕，赵宏倩. 工商资本下乡"非粮化"现象的诱因及长效对策 [J]. 经济问题，2021（3）：92-99.

④ 江光辉，胡浩. 工商资本下乡会导致农户农地利用"非粮化"吗?：来自CLDS的经验证据 [J]. 财贸研究，2021，32（3）：41-51.

⑤ 匡远配，刘洋. 农地流转过程中的"非农化"、"非粮化"辨析 [J]. 农村经济，2018（4）：1-6.

和农业经营主体利益动机差异，深入分析了耕地"非粮化""非农化"背后的行为逻辑。此外，一些学者对社会投资主体参与农地经营过程中的土地流转风险及其形成机制进行了分析。陈振等（2018）[①] 将社会投资主体下乡过程中农户农地流转风险分为土地权益风险、社会保障风险和土地利用风险 3 个方面，风险内在的生成机制为：各类风险源通过"聚合反应"释放"产权公共领域""行为空间""合谋""选择行为"及"负外部性"等逆境胁迫因子作用于风险受体，引发各类流转风险。

2.3.3 社会投资主体参与农地经营管制措施研究

针对如何对社会投资主体参与农地经营进行管制，已有研究主要是结合地方实践进行定性研究。主要的管制措施为：**一是加强对社会投资主体投资农业的合理引导。**李会利（2016）[②] 认为，社会投资主体投资农业，政府要引导社会投资主体投资适合企业化、集约化、规模化经营的农业产业领域，提高农业资源利用效率。杨传峰等（2014）[③] 指出，现代农业产前、产后发展空间广阔，应积极引导企业合理定位，投资现代农业。贺军伟等（2013）[④] 指出，政府要引导社会投资主体与各类现代农业园区建设结合起来，鼓励工商企业进入农业产前、产中、产后的加工、营销和技术服务等环节，鼓励企业进入农业尽可能多地创造就业岗位和机会，促进农民增收、生活提质。龚梦君等（2014）[⑤] 认为，应该鼓励社会投资主体进入加工销售环节，促进农业产业化发展。谢天成等（2015）[⑥] 认为，目前我国农业还处于发展壮大时期，政府可通过贴息、补助、奖励等形式，对

① 陈振，郭杰，欧名豪，等. 资本下乡过程中农地流转风险识别、形成机理与管控策略 [J]. 长江流域资源与环境，2018，27（5）：988-995.

② 李会利. 对工商资本投资农业占用耕地问题的调查与思考 [J]. 乡村科技，2016（5）：87-88.

③ 杨传峰，梁亮，霍秀娜，等. 工商资本进入农村发展情况的调研与思考：以济南市为例 [J]. 安徽农学通报，2014（15）：5-7.

④ 贺军伟，王忠海，张锦林. 工商资本进入农业要"引"更要"导"：关于工商资本进入农业的思考和建议 [J]. 农村经营管理，2013（7）：14-17.

⑤ 龚梦君，刘衷，宁天赦，等. 工商资本经营农业对农村发展的影响：以益阳沅江市草尾镇为例 [J]. 新疆农垦经济，2014（4）：18-23.

⑥ 谢天成，刘盾，施祖麟. 工商资本投资农业问题与对策研究：基于对嘉兴、开封两市的调研 [J]. 当代经济管理，2015，37（8）：30-34.

社会投资主体进入农业进行引导。潘长胜等（2015）[①] 认为，政府要正面宣传和引导社会投资主体进入现代农业服务业和适合企业经营、具有工厂化特点的设施种植业。**二是建立严格的企业准入制度。** 张晓山（2015）[②] 认为，要防止社会投资主体进入农业产生"非农化""非粮化"倾向，需要建立严格的准入制度。具体应该加强从农资格审查和工商监管（王静、殷海善，2015）[③]，审核参与的各类涉农主体的资格，明确准入门槛，建立和完善审核批准制度、法律约束机制和解除机制（丁关良，2013）[④]，筑牢社会投资主体下乡的制度门槛（李长健、胡月明，2016[⑤]；潘长胜等，2015[⑥]；姜长云、席凯悦，2014[⑦]；李家祥，2016[⑧]）。**三是建立动态的监督检查机制。** 规避社会投资主体投资农业的风险，要建立社会投资主体投资农业全流程动态监管体系（蒋永穆等，2015）[⑨]，鼓励人民群众、大众媒体对工商企业对农地的用途进行监管（李欣，2014）[⑩]，加强事中、事后监管，监督租赁耕地的质量保护情况和租赁耕地的用途。应该重点监管是否"非农化"流转农业用地、是否强迫农民流转土地、社会投资主体的资金状况和履约能力，以及土地流转期满后，对农地的恢复和提高程度（吴国强，2014）[⑪]。应强调对资本的动态监管（侯江华，2015）[⑫]。**四是规范**

---

① 潘长胜，唐国强，殷明，等. 工商资本：现代种养业的新动力 [J]. 江苏农村经济，2015 (1)：17 - 21.

② 张晓山. 辩证地看待工商资本进入农业问题 [J]. 江苏农村经济，2015 (1)：21.

③ 王静，殷海善. 对工商资本进入农村土地经营的探讨 [J]. 华北国土资源，2015 (1)：120 - 122.

④ 丁关良. 工商企业租赁与使用农户"家庭承包地"的法律对策研究 [J]. 华中农业大学学报 (社会科学版)，2013 (5)：38 - 45.

⑤ 李长健，胡月明. 工商资本参与农村土地流转的风险防范研究 [J]. 农业经济，2016 (9)：86 - 88.

⑥ 潘长胜，唐国强，殷明，等. 工商资本：现代种养业的新动力 [J]. 江苏农村经济，2015 (1)：17 - 21.

⑦ 姜长云，席凯悦. 关于引导农村土地流转发展农业规模经营的思考 [J]. 江淮论坛，2014 (4)：62 - 66.

⑧ 李家祥. 工商资本下乡经营农业：机遇与挑战 [J]. 求实，2016 (7)：89 - 96.

⑨ 蒋永穆，鲜荣生，张尊帅. 工商资本投资农业的现状、问题及对策建议：一个基于四川省省际调研的样本分析 [J]. 农村经济，2015 (4).

⑩ 李欣. 论工商企业租赁农户承包地的利弊与对策 [C] // "深化农村改革"理论研讨会论文集. 2014.

⑪ 吴国强. 应正确认识工商资本务农的非粮化倾向 [J]. 农产品市场周刊，2014 (20)：40 - 43.

⑫ 侯江华. 资本下乡：农民的视角：基于全国 214 个村 3 203 位农户的调查 [J]. 华中农业大学学报 (社会科学版)，2015 (1)：81 - 87.

土地流转的运行程序。政府应该制定相应的土地流转经营监管制度，培育规范的土地流转市场，完善土地流转管理服务体系，促进土地有序流转（杨立、郝晋珉，2014①；宋雅杰，2014②；万震等，2017③）。**五是构建合理的利益联结机制。**李中（2013）④ 指出，工商企业进入农业，政府要建立适宜的利益协调分配机制，建立风险防控机制，强化为企业投资、农业发展服务的意识，营造良好的经营条件。蒋永穆、张尊帅（2014）⑤ 指出，要建立"企业＋农户"紧密型利益联结机制，转企业"投资"农业为"支持"农业，使企业和农户形成"利益共享、风险共担"的联合体，保证企业和农户双赢，构建相关主体之间的有效的利益联结机制（曾博，2018⑥；侯江华，2015⑦；梁江艳、马海霞，2018⑧；曹俊杰，2018⑨）。

2.3.4 已有研究述评

综观已有研究，学界对社会投资主体参与农地经营需要受到必要的管制已经基本达成共识，对社会投资主体参与农地经营造成的影响，学者们从积极与消极、农民、农业、农村等方面进行了研究，为清晰界定社会投资主体参与农地经营管制的内容提供了重要的基础和借鉴。尤其是社会投资主体参与农地经营过程中产生的"与农争利"、耕地"非农化"及"非粮化"问题是研究的热点，同时，社会投资主体参与农地经营之后，引起的基层传统社会治理结构的变迁也引起了学者们的重视。这些研究，从研究方法到研究结论都给予本研究重要的借鉴和启示。

随着社会投资主体参与农地经营管制实践的深入，如何进行管制？如

---

① 杨立，郝晋珉．工商企业参与土地流转的思考：基于江苏省南通市的调研 [J]．江苏农业科学，2014，42（6）：423-425．

② 宋雅杰．河南省工商资本投入农业领域问题研究 [J]．商业经济研究，2014（22）．

③ 万震，张朔禹，杨皖宁．辽宁省工商企业租赁农户承包地现状与建议 [J]．农业经济，2017（2）：37-39．

④ 李中．工商资本进入现代农业应注意的几个问题 [J]．农业展望，2013，9（11）：35-37．

⑤ 蒋永穆，张尊帅．浅析工商资本投资农业实现机制的构建 [J]．福建论坛（人文社会科学版），2014（10）：25-30．

⑥ 曾博．乡村振兴视域下工商资本投资农业合作机制研究 [J]．东岳论丛，2018（6）．

⑦ 侯江华．资本下乡：农民的视角：基于全国 214 个村 3 203 位农户的调查 [J]．华中农业大学学报（社会科学版），2015（1）：81-87．

⑧ 梁江艳，马海霞．资本下乡、要素置换与农业生产体系转型 [J]．西部论坛，2018（3）．

⑨ 曹俊杰．资本下乡的双重效应及对负面影响的矫正路径 [J]．中州学刊，2018（4）．

何使管制有效？这些问题成为亟待深入研究的命题。而深入分析需要进行管制的风险的生成机制，是厘清风险发生逻辑、寻找管理脉络的基础。当前已有研究虽然有一些对社会投资主体参与农地经营中风险生成机制的研究，但还比较少，且仅限于对风险生成机制的探讨，对于风险生成机制转化为管制机制的研究还比较缺乏。

在乡村振兴背景下，我国社会投资主体参与农地经营实践不断深入，那么我国社会投资主体参与农地经营已经取得了哪些成功经验？国际已有的类似实践有哪些可供我们参考？目前国内学者虽然有结合地方实践展开研究探讨，但还缺乏对已有国内外相关实践经验的系统总结和梳理，难以为有效推进我国社会投资主体参与农地经营给予参考和借鉴，这也是本研究的重点研究方向。

3 | 社会投资主体参与农地经营政府管制的现实依据

3.1 社会投资主体参与农地经营的基本状况

3.1.1 社会投资主体参与农地经营的背景

3.1.1.1 宏观经济背景

    近年来,我国经济平稳运行,国内生产总值和人均 GDP 持续上升。自 2010 年到 2021 年:GDP 由 41.2 万亿元增加到 114.3 万亿元,增加了 1.8 倍;人均 GDP 由 30 808 元增加到 80 976 元,增加了 1.6 倍。在经济高速发展的同时,城乡差距逐渐拉大,自 2013 年到 2021 年,城镇居民人均可支配收入由 26 467 元增加到 47 412 元,农村居民人均可支配收入由 9 429 元增加到 18 931 元。尽管城乡居民相对收入差距由 2013 年的 2.81∶1 下降到了 2021 年的 2.50∶1,但是绝对收入差距却从 2013 年的 17 038 元扩大到了 2021 年的 28 481 元。城乡二元发展,要素流通不畅,城乡发展不平衡、农村发展不充分仍是我国社会主要矛盾的集中体现。要解决这一系列问题,需要实现城乡互动,促进城乡融合发展。城乡中国时代到来,在一定程度上,我们无法抛开城市解决乡村问题,也无法抛开乡村解决城市问题,乡村振兴和社会投资主体下乡须同时促进城乡要素双向流动①。

3.1.1.2 农村经济背景

    农业在国民经济中占据基础地位,为工业、服务业提供必要的物质生产资料以及广阔的市场,其良好发展是二、三产业发展的必要前提。目前我国农村还存在生产力水平较低、耕地利用不充分、人才流失、社会保障

---

    ① 周立.“城乡中国”时代的资本下乡 [J]. 人民论坛,2018(28).

落后、基础设施条件较差等问题。要解决这些问题，需要提高农业科技水平，优化农业产业结构，提高劳动生产率、土地利用率及土地产出率，增加农民收入，推动农业现代化水平提升。我国农业正处在结构转换的关键时期，仅靠政府、小农户不足以解决农业问题，需引入社会投资主体，改善农业运行机制、推进农业产业化、突破农村改革难点、调整工农两大产业的关系[①]。2016 年，国家发展改革委联合农业部发布了《关于推进农业领域政府和社会资本合作的指导意见》，支持社会资本开展农业基础设施建设、提供公共服务，引导社会资本参与农业资源环境保护与可持续发展等项目。

3.1.1.3 城市经济背景

我国现阶段形成了"以工哺农、以城带乡"的发展方式。在工商业创新驱动能力不足、盈利能力降低的情况下，投资农业成为新的利润增长点。社会投资主体将其人才、文化、管理与制度经验带到农村，用资金、科技手段支持农业生产经营活动，促进农业产业化、企业化程度的提高。在一定程度上，社会投资主体投资农业，是向农业"输血"，并推动农业自身"造血"功能不断完善[②]。

3.1.2 社会投资主体参与农地经营的驱动因素

3.1.2.1 政策因素

（1）国家层面。为促进农业现代化发展、提高农业综合生产能力，国家出台一系列强农惠农政策，加强对农业的扶持和补贴，完善农村基础设施建设，改善农业政策环境，降低行业准入门槛。其中部分政策明确提出鼓励社会投资主体下乡，将资金、技术、先进的生产方式及创新发展理念带进乡村，发挥资本的溢出效应，促进农业集约化生产、规模化经营。2016 年中央 1 号文件明确提出要"完善工商资本租赁农地准入、监管和风险防范机制"。2018 年中央 1 号文件指出要"加快制定鼓励引导工商资本参与乡村振兴的指导意见，落实和完善融资贷款、配套设施建设补助、税费减免、用地等扶持政策，明确政策边界，保护好农民利益"。2020 年中央 1 号文件提出要"引导和鼓励工商资本下乡，切实保护好企业家合法权益"。

（2）基层政府层面。为了加快推进农业适度规模经营，一些地方将土

---

① 杜鹰，关锐捷. 关于积极引导大型工商企业进入农业领域的战略构想［J］. 经济研究参考，1996（D5）.

② 张尊帅. 工商资本投资农业的风险及其防范［J］. 现代经济探讨，2013（8）.

地流转面积和流转比例列为基层政府干部业绩考核的重要指标，而社会投资主体下乡可以在短期内促进流转面积、比例迅速提高，因此许多基层政府加大各种政策优惠力度，吸引社会投资主体参与现代农业建设①。招商引资近年来一直是基层政府的一项重要工作，是基层政府增加税收的有效方式，基层政府宁愿让渡部分利益也会优先考虑对社会投资主体提供有吸引力的扶持政策以完成招商引资任务②。而在中西部地区，二、三产业吸纳资本能力趋于饱和，以农地经营为载体吸引社会投资主体投资也成为基层政府完成招商引资指标的重要方式。

自 2006 年取消农业税后，财政支出项目制的实施使得向上级政府争取项目资金成为农村基层政府的重要收入来源。许多项目的实施都需要进行配套投入，或者需要有一定的前期基础。在地方政府财力不足、难以进行资金配套或前期投入的情况下，引入社会投资主体"带资金"进场或进行前期投资成为基层政府争取"示范村"、获得项目资金的重要方式。一些项目需要修整农地，如开展交通建设、修建水利设施等，为了降低项目组织成本，基层政府有意愿将土地流转给少数工商企业。

3.1.2.2　市场因素

近年来，我国经济由高速发展转变为高质量发展，居民消费水平不断提高。自 2013 年到 2021 年，全国居民人均收入由 18 311 元增加到 35 128 元，人均消费支出由 13 220 元增加到 24 100 元，其中人均服务性消费支出由 5 246 元增加到 10 645 元。消费结构转型升级，人们更注重消费品的质量。农产品与社会资本相结合，可以在产品口感、色泽、营养等方面获得突破，更好地迎合消费者的偏好③。近年来，食品安全问题受到极大关注，绿色产品拥有巨大的潜在消费需求，优质安全农产品具有良好的市场发展前景。农村依托其绿色生态空间、物质文化空间，可以发展更多高附加值的产业，如体验式农业、观光农业、生态旅游等，广阔的市场前景吸引着社会投资主体投资。

3.1.2.3　企业因素

社会投资主体下乡源于资本的趋利性。由于土地资源具有不可模拟和

---

① 张良."资本下乡"背景下的乡村治理公共性建构 [J]. 中国农村观察，2016 (3).

② 何展雄，吕蕾莉. 工商资本下乡：历史演进及文献梳理 [J]. 生产力研究，2020 (11).

③ 张华，李全新. 社会资本进入现代农业的动力及政府行为的协调分析 [J]. 改革与战略，2013，29 (8).

移植的特点①，企业拥有这些不可替代的资源后易形成垄断，从而提高市场竞争力。土地资源的稀缺性使得土地价格易涨难跌②，社会投资主体可以通过参与农村土地流转增加预期收益。

自 2015 年供给侧结构性改革以来，产业结构调整及环保约束使部分制造业企业处于低利润水平状态。制造业、服务业的投资已达到饱和，边际产出、投资回报率下降，对企业"去产能"、调整投资结构的要求提高。在农业现代化的背景下，农业是新的利润增长点。在其他行业经营压力大、成本利润率不断降低的情况下，甚至有人认为农业正成长为国民经济五大物质部门中成本利润率最高的产业③。社会投资主体可以利用其资金、技术优势，形成规模效应，实现"生产＋加工＋运输＋销售"一体化经营，完善产业链，提高投资回报率。

当然，也有部分企业下乡源于社会责任感的驱动。一些从乡村走出来的企业主回到乡村，投资建厂，参与现代农业产业链建设，或从事公益性科技助农兴农事业，将先进的技术、管理经验带到乡村。一些工商企业主有浓厚的乡土情结，他们利用在外界所学的知识，通过多种方式进入乡村创新创业，"写就城市企业家的乡村故事"④。

3.1.3 社会投资主体参与农地经营的主要特征

社会投资主体参与农地经营的方式主要有直接和间接两种。直接方式是指社会投资主体流转入土地，雇佣农业工人，自行组织农业生产。间接方式是指社会投资主体不直接流转土地，而是采用与其他主体合作、提供社会化服务等方式介入农业生产过程。直接进入农业生产的方式有直接租赁农民土地、反租倒包、承包集体经济组织土地、从事农业生产活动等；间接进入农业生产的方式有建立社会投资主体主导的公司与农户之间的产销关系、采用"社会投资主体＋中介组织＋农户"模式、建立农产品交易所等⑤。有研究基

---

① 张尊帅，马泽伟. 工商资本投资农业：理论综述与改革思考 [J]. 当代经济管理，2017，39 (5).

② 刘成玉，熊红军. 我国工商资本下乡研究：文献梳理与问题讨论 [J]. 西部论坛，2015，25 (6).

③ 吕军书，张鹏. 关于工商企业进入农业领域需要探求的几个问题 [J]. 农业经济，2014 (3).

④ 周振，涂圣伟，张义博. 工商资本参与乡村振兴的趋势、障碍与对策——基于 8 省 14 县的调研 [J]. 宏观经济管理，2019 (3).

⑤ 吕亚荣，王春超. 工商业资本进入农业与农村的土地流转问题研究 [J]. 华中师范大学学报（人文社会科学版），2012，51 (4).

于四川省的调研统计发现，"企业＋农户"与"企业＋合作社＋农户"是社会投资主体参与农地经营最常见的两种形式，占比 84.9％。对于小规模社会投资主体而言，"公司＋农户"是进入农业的最优组织形式；对于大规模资本而言，则更适合通过土地、劳动力等要素实现纵向一体化经营[①]。

3.1.3.1 社会投资主体直接参与农地经营特征

（1）社会投资主体直接参与农地经营的时间分布特征。据农业农村部网站数据统计，从 2011 年到 2020 年，家庭承包耕地流转面积从 1 519.56 万公顷增加到了 3 547.93 万公顷，增长了 1.33 倍。从家庭承包耕地流转去向来看，流入工商企业的耕地面积总量和占比都在持续增加，工商企业成为农地经营的重要主体。从 2011 年到 2020 年，流转入企业的耕地面积从 127.19 万公顷增加到了 370.57 万公顷，增长了 1.91 倍。企业承包耕地面积占比由 2011 年的 8.37％增加至 2020 年的 10.44％。同时，流转入农户的承包地面积占比在近 10 年下降了 7.49％，流转入合作社的承包地面积占比在近 9 年上升了 8.12％（图 3-1、表 3-1、表 3-2）。由于部分合作社也有工商企业的参与，流转入工商企业的农户承包地面积和占比在实际中会更高[②]。

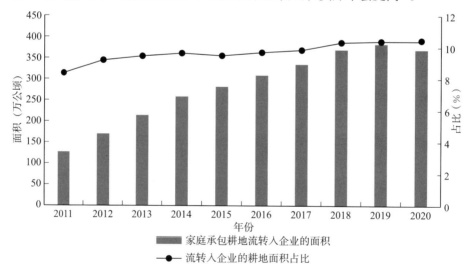

图 3-1　2011 年至 2020 年企业承包耕地情况

数据来源：农业农村部网站（http：//zdscxx.moa.gov.cn：8080/nyb/pc/index.jsp）。

---

① 贾晋，艾进，王珏.工商业资本进入农业的路径选择：一个分析框架［J］.经济问题探索，2009（12）.

② 张义博.工商资本下乡的用地问题研究［J］.宏观经济管理，2019（4）.

表 3 - 1 家庭承包耕地流转去向情况

单位：万公顷

年份	家庭承包耕地流转面积	其中：流向企业面积	占比（%）	流向农户面积	占比（%）	流向合作社面积	占比（%）	流向其他主体面积	占比（%）
2011	1 519.56	127.19	8.37	1 027.74	67.63	203.65	13.40	160.98	10.59
2012	1 855.56	170.42	9.18	1 200.42	64.69	294.03	15.85	190.69	10.28
2013	2 273.47	214.69	9.44	1 370.63	60.29	462.94	20.36	225.22	9.91
2014	2 689.30	258.83	9.62	1 569.61	58.37	589.25	21.91	271.60	10.10
2015	2 978.89	282.15	9.47	1 747.08	58.65	649.13	21.79	300.53	10.09
2016	3 194.72	309.17	9.68	1 865.15	58.38	689.40	21.58	331.00	10.36
2017	3 414.09	335.67	9.83	1 963.19	57.50	775.13	22.70	340.11	9.96
2018	3 593.47	370.53	10.31	2 054.46	57.17	807.40	22.47	360.92	10.04
2019	3 699.87	384.15	10.38	2 078.49	56.18	839.39	22.69	397.81	10.75
2020	3 547.93	370.57	10.44	2 133.80	60.14	763.53	21.52	280.02	7.89

数据来源：农业农村部网站（http：//zdscxx.moa.gov.cn：8080/nyb/pc/index.jsp）。

表 3 - 2 家庭承包经营耕地流转去向增长情况

单位：万公顷

年份	家庭承包耕地流转面积	增速（%）	其中：流向企业面积	增速（%）	流向农户面积	增速（%）	流向合作社面积	增速（%）	流向其他主体面积	增速（%）
2011	1 519.56	—	127.19	—	1 027.74	—	203.65	—	160.98	—
2012	1 855.56	22.11	170.42	33.99	1 200.42	16.80	294.03	44.38	190.69	18.46
2013	2 273.47	22.52	214.69	25.98	1 370.63	14.18	462.94	57.45	225.22	18.10
2014	2 689.30	18.29	258.83	20.56	1 569.61	14.52	589.25	27.29	271.60	20.60
2015	2 978.89	10.77	282.15	9.01	1 747.08	11.31	649.13	10.16	300.53	10.65
2016	3 194.72	7.25	309.17	9.58	1 865.15	6.76	689.40	6.20	331.00	10.14
2017	3 414.09	6.87	335.67	8.57	1 963.19	5.26	775.13	12.44	340.11	2.75
2018	3 593.47	5.25	370.53	10.39	2 054.46	4.65	807.40	4.16	360.92	6.12
2019	3 699.87	2.96	384.15	3.67	2 078.49	1.17	839.39	3.96	397.81	10.22
2020	3 547.93	−4.11	370.57	−3.53	2 133.80	2.66	763.53	−9.04	280.02	−29.61

数据来源：农业农村部网站（http：//zdscxx.moa.gov.cn：8080/nyb/pc/index.jsp）。

（2）社会投资主体直接参与农地经营的空间分布特征。 在空间分布上，我国各地区的农业资源禀赋、经济社会发展、产业特色等有较大差异，社会投资主体参与农地经营也表现出较大的空间差异性。根据《中国农村经营管理统计年报》（2015 年、2017 年、2018 年）[①] 和《中国农村政策与改革统计年报》（2019 年、2020 年）数据计算：西部地区流转入企业的耕地面积最大，2020 年达到 171.97 万公顷；东部地区与中部地区企业承包耕地面积相对较小，2020 年分别为 108.40 万公顷和 90.20 万公顷（表 3-3）。流入企业的承包地面积占比在西部地区最高，2020 年占比为 17.20%；在中部地区占比最低，2020 年仅为 5.86%。流入企业耕地面积在各省（区）分布不均，其中在山东省达到 32.88 万公顷（2020 年），四川、内蒙古两省（区）的流入企业耕地面积均高于 25 万公顷（2020 年）（表 3-4）。2020 年，宁夏回族自治区流入企业耕地面积占比最高，达到 36.14%，陕西、重庆、云南、贵州、海南、北京六省（市）流入企业耕地面积占比超过 20%。吉林、黑龙江两省流入企业耕地面积占比较低，2020 年仅为 1.17% 和 0.79%。

表 3-3　东、中、西部地区家庭承包经营耕地流向企业情况

单位：万公顷

年份	家庭承包耕地流转	东部	中部	西部
2015	流转总面积	820.10	1 387.42	771.37
	其中：流向企业面积	84.05	86.38	111.72
	占比（%）	10.25	6.23	14.48
	增速（%）	——	——	——
2017	流转总面积	965.26	1 524.69	924.14
	其中：流向企业面积	96.10	91.09	148.47
	占比（%）	9.96	5.97	16.07
	增速（%）	14.35	5.46	32.89
2018	流转总面积	996.05	1 604.47	992.95
	其中：流向企业面积	100.57	100.39	169.58
	占比（%）	1.01	6.26	17.08
	增速（%）	4.65	1.02	14.21

---

① 由于资料收集限制，没有收集到《中国农村经营管理统计年报（2016 年）》数据。

（续）

年份	家庭承包耕地流转	东部	中部	西部
2019	流转总面积	1 017.39	1 624.54	1 057.93
	其中：流向企业面积	106.54	100.59	177.02
	占比（%）	10.47	6.19	16.73
	增速（%）	5.94	0.20	4.39
2020	流转总面积	1 008.97	1 539.35	999.60
	其中：流向企业面积	108.40	90.20	171.97
	占比（%）	10.74	5.86	17.20
	增速（%）	14.26	12.45	13.57

数据来源：《中国农村经营管理统计年报》（2015 年、2017 年、2018 年）、《中国农村政策与改革统计年报》（2019 年、2020 年）。

表 3 - 4　家庭承包经营耕地在各省份的情况

单位：万公顷

省份	2015 年 家庭承包耕地流转面积	其中：流向企业面积	2017 年 家庭承包耕地流转面积	其中：流向企业面积	2018 年 家庭承包耕地流转面积	其中：流向企业面积	2019 年 家庭承包耕地流转面积	其中：流向企业面积	2020 年 家庭承包耕地流转面积	其中：流向企业面积
北京	16.33	3.21	17.65	4.14	18.86	4.68	19.87	4.97	17.84	3.88
天津	10.63	0.62	12.57	1.14	12.03	1.03	12.78	1.46	13.80	2.65
河北	154.95	14.91	186.79	16.65	202.25	17.23	180.59	19.77	165.93	18.32
辽宁	107.37	9.11	129.49	8.34	124.82	6.87	125.19	6.56	113.53	6.21
上海	8.65	0.97	8.81	1.22	9.94	1.33	10.02	1.34	10.19	1.15
江苏	206.32	19.07	210.70	16.04	206.43	17.42	205.44	16.50	215.33	20.97
浙江	63.67	4.76	70.01	5.48	72.02	5.97	74.63	6.18	73.50	5.57
福建	29.96	2.33	35.91	2.75	36.44	2.89	36.09	2.88	31.29	2.57
山东	164.78	23.42	211.72	28.92	231.07	31.61	259.36	35.08	260.32	32.88
广东	55.61	5.39	77.40	11.01	78.15	11.09	90.72	11.26	103.41	13.33
海南	1.83	0.26	4.21	0.39	4.14	0.45	2.70	0.54	3.83	0.86
山西	52.66	4.27	57.09	4.77	61.61	5.37	53.60	5.42	52.67	5.99
吉林	109.79	1.39	154.87	1.55	171.83	1.95	170.34	1.59	181.34	2.12
黑龙江	459.82	4.09	443.35	3.75	439.36	3.15	437.12	4.06	429.27	3.38
安徽	199.61	19.84	242.34	23.10	252.33	24.24	263.38	23.57	248.94	23.69
江西	71.40	5.99	88.08	6.93	106.64	8.39	113.69	7.59	113.91	7.86
河南	259.14	26.76	257.86	25.14	263.07	25.51	255.22	25.85	228.16	24.08
湖北	110.90	14.70	135.89	15.08	149.86	18.76	160.05	17.43	140.97	13.89
湖南	124.10	9.34	145.21	10.77	159.77	13.02	171.14	15.07	144.09	9.21

（续）

省份	2015 年		2017 年		2018 年		2019 年		2020 年	
	家庭承包耕地流转面积	其中：流向企业面积	家庭承包耕地流转面积	其中：流向企业面积	家庭承包耕地流转面积	其中：流向企业面积	家庭承包耕地流转面积	其中：流向企业面积	家庭承包耕地流转面积	其中：流向企业面积
广西	44.58	4.40	55.47	5.59	60.83	6.71	72.24	9.13	60.40	9.80
重庆	96.90	20.28	100.02	21.58	102.52	22.23	101.99	23.85	93.59	23.85
四川	107.99	18.82	142.28	24.53	152.92	26.14	180.94	29.91	175.19	26.33
贵州	58.47	12.11	65.08	16.72	81.54	20.13	94.89	20.83	79.19	18.32
云南	49.97	8.91	59.55	12.10	65.48	14.29	73.27	15.25	75.04	17.36
陕西	59.20	8.76	92.23	21.75	100.28	23.40	94.44	22.29	84.39	21.82
甘肃	74.87	10.36	87.54	12.02	90.08	14.20	91.65	13.98	75.35	12.67
青海	10.25	0.95	13.20	1.11	13.83	1.10	13.35	1.08	12.99	0.91
宁夏	18.85	5.94	20.27	6.40	20.29	6.82	21.06	7.20	20.52	7.42
内蒙古	212.47	19.84	244.43	25.05	253.87	30.62	256.09	27.62	253.61	25.50
新疆	37.81	1.35	44.07	1.60	51.31	3.95	58.02	5.88	69.33	7.99

数据来源：《中国农村经营管理统计年报》（2015 年、2017 年、2018 年）、《中国农村政策与改革统计年报》（2019 年、2020 年）。

（3）社会投资主体直接参与农地经营的主要模式。家庭承包经营耕地的流转形式以出租（转包）为主，2020 年占比 89.25%，通过股份合作（入股）方式流转的面积占 5.50%（表 3-5）。企业主要是通过出租的形式参与土地流转，同时也存在"与村委签订土地流转合同进行反租倒包"或"村委注册成立公司与农户签订协议"两种方式[1]。

表 3-5　家庭承包耕地流转形式（%）

年份	2009	2010	2011	2012	2013	2014	2015	2016	2017	2018	2019	2020
出租（转包）	78.58	77.97	78.12	78.19	78.54	79.72	81.33	82.23	80.88	81.09	80.37	89.25
转让	4.54	5.01	4.43	3.95	3.27	2.96	2.79	2.69	2.82	2.74	3.04	0.00
互换	4.39	5.13	6.41	6.47	6.18	5.83	5.39	5.36	5.79	5.79	5.04	0.00
股份合作（入股）	5.42	5.96	5.58	5.89	6.94	6.72	6.08	5.10	5.81	5.47	5.96	5.50
其他形式	7.07	5.93	5.46	5.50	5.07	4.77	4.41	4.63	4.70	4.90	5.59	5.25

数据来源：根据《中国农村经营管理统计年报》（2009—2015 年、2017 年、2018 年），《中国农村政策与改革统计年报》（2019 年、2020 年）数据计算。

---

① 任晓娜，孟庆国. 工商资本进入农村土地市场的机制和问题研究：安徽省大岗村土地流转模式的调查 [J]. 河南大学学报（社会科学版），2015，55（5）.

3.1.3.2 社会投资主体间接参与农地经营的特征

如前文所述，社会投资主体间接参与农地经营主要以提供社会化服务等方式介入农业生产过程。下面以企业参与社会化服务为例，展开具体分析。

（1）社会投资主体间接参与农地经营情况。 2020 年开展农业社会化服务的企业数量达 36 080 个，较 2019 年增长 6.4%；从业人员为757 783 人，同比增长 10.9%；服务营业收入达 5 135 492.2 万元，同比增长 6.3%，其中，服务小农户的营业收入占比为 38.4%；服务对象达 1 810.2 万个，同比增长 0.7%，其中，服务小农户的数量占比82.00%。2020 年，开展农业生产托管的企业为 16 082 个，增速为 9.6%，服务粮食作物面积 9 849.4 万亩次，同比增长 15.2%（表 3-6）。

表 3-6 社会投资主体间接参与农地经营情况

指　　标	2019 年	2020 年	增速（%）
开展农业社会化服务的企业数量（个）	33 911	36 080	6.4
开展农业社会化服务的企业从业人员数量（人）	683 346	757 783	10.9
企业服务营业收入（万元）	4 829 183.8	5 135 492.2	6.3
企业服务营业收入中服务小农户的营业收入（万元）	2 459 402.8	1 973 072.3	−19.8
企业服务对象数量（万个）	1 798.3	1 810.2	0.7
企业服务对象中小农户的数量（万户）	1 401.6	1 484.4	5.9
农业生产托管企业数量（个）	14 679	16 082	9.6
农业生产托管企业服务粮食作物面积（万亩次）	8 547.7	9 849.4	15.2

数据来源：《中国农村合作经济统计年报》（2019 年、2020 年）。

（2）社会投资主体与其他主体间接参与农地经营的差异分析。 2020年，在企业、合作社、集体经济组织、各类农业服务专业户、其他服务主体中，受组织方式和运行机制影响，开展农业社会化服务的企业数量远低于其他主体，但增速处于中等水平（图 3-2）。

与其他开展农业社会化服务的主体相比，开展农业社会化服务的企业从业人数较合作社、集体经济组织、各类农业服务专业户少，但其10.9%的增速居各主体的首位（图 3-3）。

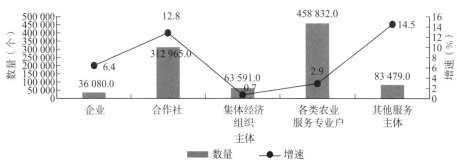

图 3-2　开展农业社会化服务的各主体的情况

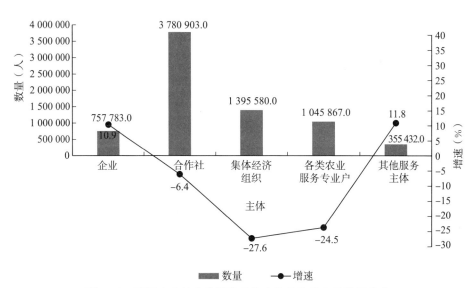

图 3-3　开展农业社会化服务的各主体的从业人员数量分布

　　企业开展农业社会化服务营业收入达 5 135 492.2 万元，仅低于合作社（图 3-4），考虑到开展农业社会化服务的合作社数量是企业数量的 8.7 倍，企业在农业社会化服务方面的创收能力则更加凸显。同时，企业服务营业收入同比增长 6.3%，远高于合作社和集体经济组织的服务营业收入增幅。在服务营业收入中，企业服务小农户的营业收入为 1 973 072.3 万元，占总收入的 38.4%，且较上年下降19.8%，而合作社服务小农户的营业收入占总收入的 60.6% 并呈现增长态势，说明相对于合作社而言，企业创收更多依靠服务新型经营主体等对象（图 3-5）。

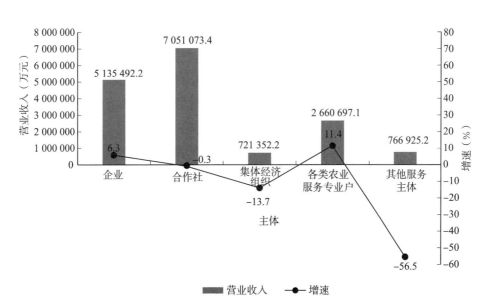

图 3-4　开展农业社会化服务的各主体的服务营业收入情况

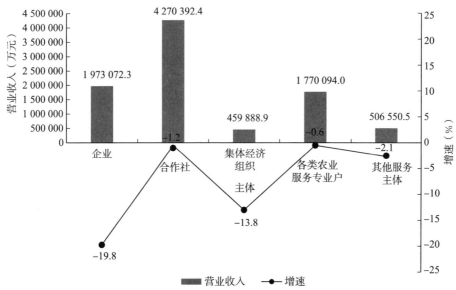

图 3-5　开展农业社会化服务的各主体服务营业
收入中服务小农户的营业收入情况

　　企业开展社会化服务的对象数量少于合作社和各类农业服务专业户，但其维持着正增长，而合作社的服务对象数量同比大幅下降。分服务对象看，企业服务小农户的比例为82.0%，低于合作社、各类农业服务专业户服务对象中小农户的占比（分别为83.5%、85.7%），但企业服务小农户数量增长较快，同比增速为5.9%（图3-6、图3-7）。

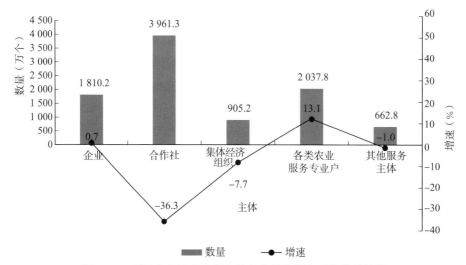

图3-6　开展农业社会化服务的各主体的服务对象数量情况

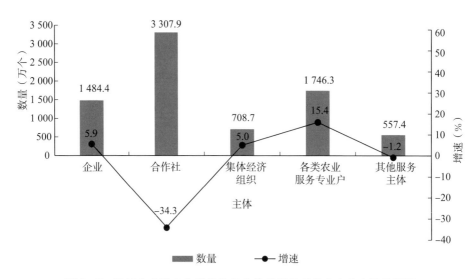

图3-7　开展农业社会化服务的各主体的服务对象中小农户数量情况

从企业在所有开展农业社会化服务的主体中各指标所占比例来看（表3-7），企业开展农业社会化服务的占比仅为3.8%，从业人员数量占比也较低（10.3%），但其服务营业收入占比达 31.4%、服务对象数量占比达 19.3%，由此可见企业在间接参与农地经营中发挥了重要作用，占据重要地位。

表 3-7 各主体开展农业社会化服务的相关指标占比（%）

指标	企业	合作社	集体经济组织	各类农业服务专业户	其他服务主体
开展农业社会化服务的主体数量	3.8	32.8	6.7	48.0	8.7
从业人员数量	10.3	51.5	19.0	14.3	4.8
服务营业收入	31.4	43.2	4.4	16.3	4.7
服务营业收入中服务小农户的营业收入	22.0	47.6	5.1	19.7	5.6
服务对象数量	19.3	42.2	9.7	21.7	7.1
服务对象中小农户的数量	19.0	42.4	9.1	22.4	7.1

数据来源：《中国农村合作经济统计年报》（2019 年、2020 年）。

在开展农业生产托管服务方面（图 3-8），企业的数量远少于合作社、集体经济组织和各类农业服务专业户，但凭借自身的禀赋优势，其服务的粮食作物面积与其他主体的差距有所缩小，服务粮食作物面积甚至超过了集体经济组织（图 3-9）。

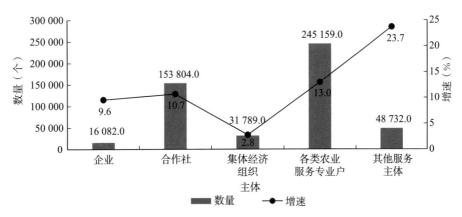

图 3-8 开展农业生产托管服务的各主体数量情况

(3) 社会投资主体间接参与农地经营的空间分布特征。因自然资源、农业基础及经济发展水平不同，东、中、西部社会投资主体间接参与农地经营情况也存在着较大的差异。如表 3-8 所示，从开展农业社会化服务

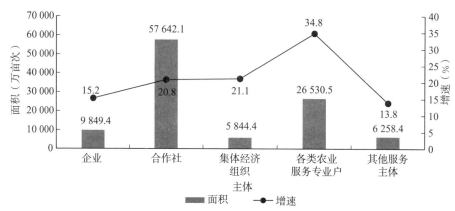

图 3-9　开展农业生产托管服务的各主体服务粮食作物的面积情况

的企业数量来看，中部（15 363 个）最多，东部（10 733 个）次之，西部
（9 984 个）最少，从业人数则是西部（333 616 人）最多，中部（268 405
人）次之，东部（155 762 人）最少，说明东、中、西部单个企业之间从
事社会化服务的人员规模差距较大，具体而言，西部、中部、东部平均每
个企业从业人员数分别为 33.4 人、17.5 人和 14.5 人。从收入来看，企
业开展社会化服务的总营业收入从高到低依次为西部（1 936 072.4 万
元）、东部（1 649 895.4 万元）、中部（1 549 524.5 万元）。由此可见，企
业数量、从业人员数量与其营业收入并非成正比，西部地区企均服务营业
收入为193.9 万元、人均服务营业收入为 5.8 万元，东部地区企均服务营
业收入为 153.7 万元、人均服务营业收入为 10.6 万元，中部地区企均服
务营业收入为 100.9 万元、人均服务营业收入为 5.8 万元。

　　东、中、西部企业服务对象数量差距较大，中部企业服务对象数量
（1 070.7 万个）超过东部（320.6 万个）和西部（418.9 万个）之和，同
时，中部服务对象为小农户的占比为 88.0%，高于东部（79.2%）和西
部（68.8%）。说明中部地区的农业社会化服务发展水平较高，在服务小
农户方面覆盖范围较广。

　　农业生产托管服务中部地区规模最大，中部开展农业生产托管服务的
企业为 7 860 个，服务粮食作物面积达 5 067.1 万亩次，而东部开展农业
生产托管服务的企业为 5 160 个，服务粮食作物面积为 2 879.0 万亩次，
西部规模最小，其开展农业生产托管服务的企业为 3 062 个，服务粮食作

物面积为 1 903.2 万亩次。

表 3-8　东、中、西部社会投资主体间接参与农地经营情况

区域	开展农业社会化服务的企业数量（个）	企业从业人员数量（人）	企业服务营业收入（万元）	企业服务小农户的营业收入（万元）	企业服务对象数量（万个）	企业服务小农户的数量（万户）	开展农业生产托管服务企业（个）	开展生产托管服务的企业服务粮食作物的面积（万亩次）
东部	10 733	155 762	1 649 895.4	650 712.8	320.6	253.9	5 160	2 879.0
中部	15 363	268 405	1 549 524.5	571 222.6	1 070.7	942.2	7 860	5 067.1
西部	9 984	333 616	1 936 072.4	751 136.7	418.9	288.4	3 062	1 903.2

数据来源：《中国农村合作经济统计年报（2020 年）》。

如表 3-9 所示，开展农业社会化服务的企业数量居前三位的省分别为河南（4 394 个）、湖南（3 988 个）、山东（3 119 个），其余省份的企业数量均在 3 000 个以下，上海、青海、北京的企业数量小于 100 个。开展农业社会化服务的企业的从业人员数量最多的省是贵州（156 978 人），其次为湖南（101 204 人）和河南（82 697 人）。然而，开展农业社会化服务的企业数量、从业人数多并未带来高的服务营业收入，数据显示，服务营业收入最高的三个省（区）为广西（891 542.9 万元）、山东（803 933.8 万元）、安徽（457 320.8 万元），企业数量和从业人员数量双高的河南、湖南则排名第 6 位和第 7 位。在企业服务对象数量方面，农业大省河南遥遥领先，达 824.4 万户，云南、湖南位居第 2 位和第 3 位，分别为 101.7 万户和 91.9 万户。

湖南、山东、河南开展农业生产托管服务的企业最多，分别为 2 048 个、2 014 个、1 592 个，服务粮食作物的面积则是河南最多（1 930.7 万亩次）、安徽第二（1 485.9 万亩次）、河北第三（850.6 万亩次）。

表 3-9　各省份社会投资主体间接参与农地经营情况

省份	开展农业社会化服务的企业数量（个）	企业从业人员数量（人）	企业服务营业收入（万元）	企业服务小农户的营业收入（万元）	企业服务对象数量（万个）	企业服务小农户的数量（万户）	开展农业生产托管服务企业（个）	开展生产托管服务的企业服务粮食作物的面积（万亩次）
北京	17	598	1 703.6	185.5	0.2	0.2	8	6.4
天津	137	1 205	25 193.3	2 845.8	3.5	2.7	12	30.3
河北	1 992	21 943	44 820.1	25 353.2	79.5	68.4	1 371	850.6

（续）

省份	开展农业社会化服务的企业数量（个）	企业从业人员数量（人）	企业服务营业收入（万元）	企业服务小农户的营业收入（万元）	企业服务对象数量（万个）	企业服务小农户的数量（万户）	开展农业生产托管服务企业（个）	开展生产托管服务的企业服务粮食作物的面积（万亩次）
辽宁	729	3 868	20 172.5	7 953.6	6.0	3.9	55	31.8
上海	89	419	5 230.5	1 970.1	1.1	0.9	8	4.2
江苏	1 093	20 336	423 825.9	44 167.3	52.6	39.2	454	239.9
浙江	1 833	25 086	167 117.2	29 211.2	28.7	23.8	953	83.4
福建	205	2 200	20 091.4	16 426.0	1.4	1.0	54	7.0
山东	3 119	53 173	803 933.8	503 272.8	85.6	70.1	2 014	826.9
广东	1 308	18 576	123 969.6	9 610.9	59.8	41.6	223	797.0
海南	211	8 358	13 837.5	9 716.4	2.2	2.1	8	1.4
山西	883	6 016	24 580.1	17 433.1	18.3	16.6	380	128.5
吉林	343	3 219	57 080.0	22 239.0	11.5	10.7	34	99.7
黑龙江	448	3 653	78 148.5	24 772.9	5.5	5.0	122	439.3
安徽	2 470	25 037	457 320.8	68 168.5	56.9	38.9	1 392	1 485.9
江西	1 511	18 733	129 437.6	57 955.3	43.6	27.7	966	363.8
河南	4 394	82 697	406 519.5	137 717.4	824.4	764.7	1 592	1 930.7
湖北	1 326	27 846	142 808.4	108 076.5	18.5	14.8	1 326	196.2
湖南	3 988	101 204	253 629.6	134 859.9	91.9	63.8	2 048	422.9
广西	1 361	77 799	891 542.9	165 940.3	50.1	40.4	173	18.2
重庆	1 257	10 714	41 345.4	33 787.5	31.3	29.1	793	45.9
四川	1 095	20 653	413 054.2	272 114.5	72.7	64.7	489	295.6
贵州	1 787	156 978	61 021.4	17 719.4	39.1	25.6	500	12.4
云南	1 052	16 912	92 147.5	62 652.5	101.7	29.6	96	26.0
陕西	1 655	21 494	124 048.9	76 375.8	49.4	34.5	394	805.5
甘肃	395	19 419	200 858.0	45 971.3	15.9	12.7	145	82.5
青海	42	994	15 057.9	13 708.2	19.4	18.4	26	1.6
宁夏	221	2 272	21 898.2	15 112.4	15.5	14.6	143	426.7
内蒙古	953	3 755	32 493.9	21 790.6	13.8	12.1	201	140.0
新疆	166	2 626	42 604.1	25 964.2	10.2	6.6	102	48.9

数据来源：《中国农村合作经济统计年报（2020 年）》。

　　社会投资主体参与农地经营的形式不同，与农户的利益联结亦会不同。目前社会投资主体与农户间的利益联结较松散，在企业直接参与农地经营的过程中，企业租赁农户土地，而支付租金给农民，这实际是种非常松散的利益联结形式；即使企业再雇佣一部分农民使其成为农业工人，向农民支付工资，也是松散的利益联结形式[①]。而在以股份合作制为代表的新的利益联结方式中，社会投资主体与农户的利益联结更为紧密，社会投资主体与农户之间建立"土地保底价＋分红"机制后，农民可以获得利润分红，更有利于调动农民的积极性，这是对社会投资主体参与农地经营方式的新探索，具有积极的意义。

3.2　社会投资主体参与农地经营的积极意义

3.2.1　为农业注入所需的要素，推动农业产业发展

落后的经济发展水平不利于农业规模化发展，社会投资主体带来大量资金，为农村金融体系完善、农业产业发展提供物质支持。社会投资主体入驻乡村，交通是重要媒介，如今多数农村都存在交通设施建设较差的问题，企业为便利物流运输或获取村民好感，会进行道路修缮、土地整治等作业，一定程度上促进了农村与外界的沟通。

社会投资主体将先进的科学生产方式、生产理念带到农村，降低了农民劳动强度，提高了农业生产效率。通过提供机耕、除虫除草等惠农服务，降低农业生产成本[②]。技术引进增强了知识溢出效应。社会投资主体下乡促进了科技、管理人才的流动，工业理念、创新意识通过示范、授课传递给农民，提高了生产者素质[③]。

社会投资主体下乡激活了农村市场，土地要素的流通更加灵活，有利于优化土地资源配置。引入市场因素后，生产力较低的农户会将土地流转给生产力较高的农户或企业，农村生产力水平总体提升。生产水平较高的经营主体获得大片土地，有利于降低单位生产成本，能够形成规模效应。生产水平较低的农户可以从农地中解放出来，通过进入企业或从事二、三产业工作获得工资性收入，资源随即得到更优配置。

---

① 周振，涂圣伟，张义博.工商资本参与乡村振兴的趋势、障碍与对策：基于 8 省 14 县的调研 [J]. 宏观经济管理，2019 (3)：58 - 65.

② 徐章星，王善高，金宇.工商资本下乡：问题缘起、基本逻辑与治理机制 [J]. 农业经济，2021 (1)：103 - 105.

③ 涂圣伟.工商资本进入农业领域的影响与挑战 [J]. 黑龙江粮食，2013 (12)：10 - 12.

3.2.2　催生新的农业组织方式，推动合作组织发展

我国实行家庭承包经营制度，农业生产经营以家庭为基本单位，经济组织参与较少，小农户应对自然灾害、市场风险能力较弱。农产品自给自足比例较高，小农户不能及时获取外界信息，农产品市场化程度较低。在宗族血缘关系影响下，农村社会多为"熟人社会"，买卖交换多靠"人情"支持，缺少现代契约精神①。

社会投资主体进入乡村后，通过"公司＋农户""公司＋合作社＋农户""公司＋基地＋农户"等模式，形成契约经济组织形态。由于农户家庭土地规模较小、分布较分散，企业与农户直接对接成本较高且实施过程复杂，通常会有"中间人"参与，联系企业与农户双方。这些"中间人"通常是村级领导干部、村级组织等。通过发挥他们的桥梁功能，强化了村级合作组织统筹协调农村事务的职能，有利于农村社区的发展②。从表3-10中可以看到，近年来，我国农民专业合作社的数量持续增长，合作社社员数量持续增加，带动了近6 015万个普通农户发展。而在其中，社会投资主体发挥了积极作用，2020年合作社社员中有25.47万名企业成员。

表3-10　农民专业合作社发展情况

年份	2015	2017	2018	2019	2020
1.农民专业合作社数（万家）	133.61	175.36	189.19	193.52	201.16
其中：被农业主管部门认定为示范社的农民专业合作社数（万家）	12.67	14.88	16.00	15.71	16.83
2.农民专业合作社成员数（万个）	5 993.17	6 794.30	7 191.90	6 682.78	6 277.15
2.1普通农户数（万个）	5 197.66	5 677.95	5 804.40	6 372.26	6 014.90
其中：建档立卡贫困农户数（万个）	—	237.50	385.10	51.19	235.17
2.2专业大户及家庭农场成员数（万人）	200.92	212.07	215.63	210.17	162.83
2.3企业成员数（万人）	29.35	27.89	27.82	28.31	25.47
2.4其他团体成员数（万人）	23.07	24.77	29.43	72.04	73.96

数据来源：《中国农村经营管理统计年报》（2015年、2017年、2018年）、《中国农村合作经济统计年报》（2019年、2020年）。

注：2020年"建档立卡贫困农户数"这一指标调整为"建档立卡脱贫农户数"。

---

① 廉高波. 中国农村经济组织：模式、变迁与创新［D］. 西安：西北大学，2005.
② 涂圣伟. 工商资本下乡的适宜领域及其困境摆脱［J］. 改革，2014（9）.

3.2.3 延长农业一体化产业链，促进三产融合发展

在自给自足的小农经济时代，农户往往生产什么就销售什么，农产品附加值低。社会投资主体进入乡村后，不仅从事农地经营，且对农产品进行深加工，参与农产品储藏、运输、销售等环节，提高了农产品附加值，延长了产业链条，拓宽了销售渠道，使农产品进入更大的市场[①]。同时，依托延伸的产业链，农产品可以以不同种类、不同形态、不同方式进入市场，有效缓解了农产品集中上市的供求矛盾[②]。

社会投资主体下乡后，为农地提供机械化服务，通过建立农机合作社、完善产前产后一体化服务，推动农村地区二三产业发展。同时，一些企业利用闲置荒地、闲置宅基地修建房屋，建立农家乐，发展休闲农业；利用先进生产技术发展绿色观光农业，促进了农村地区旅游业的发展。通过与农户形成紧密的合作关系，加强农业纵向一体化与横向一体化发展，推动三产融合发展[③]。

3.2.4 提高农产品的产出效益，推动农村经济发展

耕地的产出效益受土地、劳动力、资本、农业科技等因素的影响，且与这些因素呈正相关关系[④]。从表3-11中可以看出，近年来我国农业产出持续增长。社会投资主体通过整合土地，形成规模效应，增加了单位产出。随着新知识、新技术在农村地区的传播，农业劳动者的素质提高，文化水平与技术熟练程度提高，劳动生产率增加。对农机等固定资产的投入和对化肥、农药等流动资产的适量投入均能够增加土地产出率。

---

① 赵祥云，赵晓峰. 资本下乡与"三农"发展的关系辨析 [J]. 中共福建省委党校学报，2016（1）.

② 胡学良. 乡村振兴背景下工商资本下乡对农村发展的影响 [J]. 广西质量监督导报，2019（1）.

③ 王海娟. 资本下乡与乡村振兴的路径：农民组织化视角 [J]. 贵州社会科学，2020（6）.

④ 田勇. 耕地产出经济效益及其影响因素研究：基于湖北农户调查的分析 [D]. 武汉：华中农业大学，2010.

表 3-11 粮食产出效益与影响因素

年份	农业 总产值 （亿元）	农业总 产值指数 （上年=100）	粮食产量 （万吨）	有效灌 溉面积 （万公顷）	农用化肥 施用量 （万吨）	农作物 播种面积 （万公顷）	粮食作物 播种面积 （万公顷）
2010	35 909.1	104.3	55 911.3	6 034.8	5 561.7	15 857.9	11 169.5
2011	40 339.6	105.6	58 849.3	6 168.2	5 704.2	16 036.0	11 298.0
2012	44 845.7	104.3	61 222.6	6 303.6	5 838.8	16 207.1	11 436.8
2013	48 943.6	104.4	63 048.2	6 347.3	5 911.9	16 370.2	11 590.8
2014	51 851.1	104.9	63 964.8	6 454.0	5 995.9	16 518.3	11 745.5
2015	54 205.3	105.4	66 060.3	6 587.3	6 022.6	16 682.9	11 896.3
2016	55 659.9	104.2	66 043.5	6 714.1	5 984.4	16 693.9	11 923.0
2017	58 059.8	104.7	66 160.7	6 781.6	5 859.4	16 633.2	11 798.9
2018	61 452.6	103.9	65 789.2	6 827.2	5 653.4	16 590.2	11 703.8
2019	66 066.5	104.6	66 384.3	6 865.1	5 403.6	16 593.1	11 606.4
2020	71 748.2	104.1	66 949.2	6 916.05	5 250.7	16 748.7	11 676.8
2021	78 339.5	—	68 284.8	6 962.54	5 191.3	16 869.5	11 763.1

数据来源：国家统计局国家数据库（https：//data.stats.gov.cn）。

3.3 社会投资主体参与农地经营存在的主要问题

3.3.1 盲目投资风险积聚，跑路烂尾时有发生

在二、三产业投资饱和的情况下，农业被看作是"具有潜力的新兴投资领域"。一些企业盲目跟风，在没有科学规划，缺乏对农业基本属性、投资复杂性、长期性和风险性的认识的情况下进入农业，最后以失败告终。一些社会投资主体参与经营的领域涉猎多、各类产品的生产加工均有涉及，但他们普遍低估了创业的艰难与农业的风险[①]。由于农业具有非标准性、广袤空间性，不易监督、缺乏激励，且生产成本较高，容易出现亏损，加之目前社会投资主体下乡出现同质化现象，受宏观经济环境影响，农产品价格波动大，实际上社会投资主体投资面临极大的市场风险[②]。特

---

① 李中. 工商资本进入现代农业应注意的几个问题 [J]. 农业展望，2013，9 (11).
② 王敏. 资本下乡：争论、问题与对策 [J]. 现代管理科学，2018 (9).

别是一些社会投资主体偏好种植高收益的经济类作物，而这些农产品存在很强的竞争性，且不受国家政策扶持，具有很大的波动性[①]。

此外，农业受到的自然因素影响比较大，如干旱、洪涝或雪灾会导致农业收成遭受极大影响，自然灾害风险对社会投资主体参与农地经营也具有非常大的影响。据《中国农村统计年鉴2023》统计（表3-12），2022年全国农作物受灾面积合计达到1 207.2万公顷，其中水灾受灾面积达341.4万公顷，旱灾受灾面积达609.0万公顷；成灾面积合计达到437.3万公顷，其中水灾成灾面积达145.9万公顷，旱灾成灾面积达203.7万公顷；绝收面积合计达到135.2万公顷，其中水灾绝收面积达49.3万公顷，旱灾绝收面积达61.2万公顷[②]。

表3-12　历年全国农作物受灾和成灾面积

年份	受灾面积（×10³公顷）	其中：				成灾面积（×10³公顷）	其中：			
		水灾受灾面积（×10³公顷）	旱灾受灾面积（×10³公顷）	风雹灾受灾面积（×10³公顷）	冷冻灾受灾面积（×10³公顷）		水灾成灾面积（×10³公顷）	旱灾成灾面积（×10³公顷）	风雹灾成灾面积（×10³公顷）	冷冻灾成灾面积（×10³公顷）
1978	50 810	3 110	32 640	6 410	1 308	24 460	2 010	16 560	3 559	804
1979	39 370	6 760	24 650	4 970	2 994	15 790	2 870	9 320	2 023	752
1980	50 030	9 690	21 900	6 477	2 352	29 780	6 070	14 170	3 878	1 463
1981	39 790	8 620	25 690	4 294	1 175	18 740	3 970	12 130	2 000	629
1982	33 130	8 360	20 700	2 872	1 203	16 120	4 400	9 970	1 172	510
1983	34 710	12 160	16 090	5 709	754	16 210	5 750	7 590	2 557	319
1984	31 890	10 630	15 820	4 927	509	15 610	5 390	7 010	2 854	343
1985	44 370	14 200	22 990	6 230	949	22 210	8 950	10 060	3 353	341
1986	47 140	9 160	31 040	4 880	2 008	23 660	5 600	14 760	2 689	571
1987	42 090	8 690	24 920	5 981	2 499	20 390	4 100	13 030	2 287	969
1988	50 870	11 950	32 900	5 029	991	24 500	6 130	15 300	1 989	531
1989	46 990	11 330	29 360	4 359	1 896	24 450	5 920	15 260	2 279	965
1990	38 470	11 800	18 170	6 354	2 141	17 820	5 600	7 810	3 415	994

---

① 张义博. 工商资本下乡的用地问题研究 [J]. 宏观经济管理, 2019 (4)：53-59.
② 受灾面积：灾害造成农作物比正常年份减产的播种面积，它包括成灾面积和绝收面积。成灾面积：灾害造成农作物比正常年份减产三成（含三成）以上的播种面积，它包括绝收面积。绝收面积：灾害造成农作物比正常年份减产八成（含八成）以上的播种面积。

（续）

年份	受灾面积（×10³公顷）	其中：				成灾面积（×10³公顷）	其中：			
		水灾受灾面积（×10³公顷）	旱灾受灾面积（×10³公顷）	风雹灾受灾面积（×10³公顷）	冷冻灾受灾面积（×10³公顷）		水灾成灾面积（×10³公顷）	旱灾成灾面积（×10³公顷）	风雹灾成灾面积（×10³公顷）	冷冻灾成灾面积（×10³公顷）
1991	55 470	24 600	24 910	4 247	1 715	27 810	14 610	10 560	2 017	625
1992	51 330	9 420	32 980	5 225	3 705	25 900	4 460	17 050	2 324	2 058
1993	48 830	16 390	21 100	6 628	4 716	23 130	8 610	8 660	3 636	2 228
1994	55 050	17 330	30 420	3 793	1 918	31 380	10 740	17 050	2 143	672
1995	45 820	12 730	23 460	4 479	3 578	22 270	7 600	10 400	2 076	1 791
1996	46 990	18 150	20 150	4 145	2 048	21 230	10 860	6 250	2 115	900
1997	53 430	11 420	33 520	4 493	2 287	30 310	5 840	20 010	2 951	831
1998	50 150	22 290	14 240	4 740	8 665	25 180	13 790	5 060	3 132	3 103
1999	49 980	9 020	30 160	3 590	6 626	26 730	5 070	16 610	2 037	2 690
2000	54 690	7 320	40 540	2 307	2 795	34 370	4 320	26 780	1 162	1 032
2001	52 210	6 040	38 470	3 627	2 978	31 790	3 610	23 700	2 056	1 777
2002	46 950	12 290	22 120	7 477	4 212	27 160	7 390	13 170	3 832	2 293
2003	54 510	19 210	24 850	4 791	4 483	32 520	12 290	14 470	2 928	2 110
2004	37 110	7 310	17 250	5 797	3 711	16 300	3 750	8 480	2 191	1 665
2005	38 820	10 930	16 030	2 977	4 428	19 970	6 050	8 480	1 635	1 838
2006	41 090	8 000	20 740	4 387	4 913	24 630	4 570	13 410	2 144	2 836
2007	48 990	10 460	29 390	2 986	4 072	25 060	5 100	16 170	1 415	1 509
2008	39 990	6 480	12 140	4 180	14 696	22 280	3 660	6 800	2 123	8 719
2009	47 210	7 610	29 260	5 493	3 673	21 230	3 160	13 200	2 944	1 446
2010	37 430	17 520	13 260	2 180	4 121	18 540	7 020	8 990	916	1 444
2011	32 470	6 860	16 300	3 309	4 447	12 440	2 840	6 600	1 348	1 291
2012	24 960	7 730	9 340	2 781	1 618	11 470	4 140	3 510	1 368	795
2013	31 350	8 760	14 100	3 387	2 320	14 300	4 860	5 850	1 682	885
2014	24 890	4 720	12 270	3 225	2 133	12 680	2 700	5 680	2 193	933
2015	21 770	5 620	10 610	2 918	900	12 380	3 330	5 860	1 825	474
2016	26 220	8 530	9 870	2 908	2 885	13 670	4 340	6 130	1 424	1 179
2017	18 480	5 410	9 870	2 268	525	9 200	3 020	4 440	1 238	312
2018	20 814	3 950	7 712	2 407	3 413	10 569	2 551	2 621	1 548	1 870
2019	19 257	6 680	7 838	2 228	586	7 913	2 612	3 332	976	202
2020	19 958	7 190	5 081	2 765	1 052	7 993	3 036	2 507	1 238	372
2021	11 739	4 760	3 426	2 712	379	4 682	2 065	1 407	956	148
2022	12 072	3 414	6 090	1 528	871	4 373	1 459	2 037	475	495

数据来源：国家统计局数据库（https：//data. stats. gov. cn）。

当社会投资主体在农地经营过程中遭遇严重风险的时候，就可能出现破产、跑路、烂尾问题，其不仅自身会遭受损失，还会给当地农业、农村和农民带来损失。据《人民政协报》2014 年 6 月的一篇报道，在湖南省沅江市，许多进入农业领域的工商企业对投资农业的风险估计不足，最后只能以失败收场，有的甚至跑路，导致农民土地租金收益无法兑付，引发农村一系列矛盾纠纷[①]。《经济参考报》记者 2018 年在湖南、黑龙江、山东、广西等地实地调研发现，这些地区社会投资主体下乡后企业跑路现象频发[②]。在山东南部某市的一个乡镇，一家企业在 2017 年流转了大片土地种植葡萄，但由于资金链断裂无以为继，企业跑路并留下了一堆烂摊子，地里长满荒草。黑龙江巴彦县多个乡镇为招商引资，和一家畜牧企业签订了投资协议书，并和农民签订了 2 000 多亩的土地征用合同，用来创办生猪养殖基地及建设配套设施等。但该畜牧企业无力支付土地租赁租金，导致没开发的千亩良田撂荒，杂草丛生，土地表层黑土遭到破坏，农民既没有拿到土地租金，也没法继续种地。在广西某市，当地一家有政府背景的农业科技开发公司从农民手中流转土地然后转包给各类资本种植甘蔗，在高峰期大约流转了 6 万亩土地。但由于甘蔗行情不好等，许多老板"跑路"，这些"跑路"老板流转的土地加起来有上万亩。烂摊子留给了地方政府，现在都是政府支付农户的土地租金，政府因此背上沉重包袱。据姜凯帆（2017）在河南登封市 T 镇的调查，由于经营不佳，该镇大约有1 000 亩社会投资主体流转的土地荒芜，租期 28 年，还有 24 年才到期，很多农民表示，如果土地就这样一直荒芜下去，他们又没资金继续支付租金，将是极大的浪费[③]。

3.3.2 土地利用逐利而为，"非农化""非粮化"问题突出

据《2023 中国农业农村统计摘要》以及历年《中国农村政策与改革统计年报》《中国农村经营管理统计年报》相关数据，自 2009 年到 2022

---

① 李保．工商资本下乡：何以去忧？[N]．人民政协报，2014 - 06 - 16 (6).

② 刘良恒，王建，覃星星，等．"下乡资本"跑马圈地"烂尾"频出 [J]．农业知识（科技与三农），2018，(4)：4 - 7.

③ 姜凯帆．工商资本下乡引发的困境探析及治理路径选择——以河南省登封市 T 镇若干村庄为例 [D]．南京：南京农业大学，2017.

年，家庭承包耕地流转面积从 1 010.27 万公顷增加到 3 841.85 万公顷，增加了 2 831.58 万公顷，增长了 280.28%，增加了接近 3 倍（表 3 - 13）。其中家庭承包耕地流转用于种植粮食作物的面积从 560.79 万公顷增加到 2 318.10 万公顷，增加了 1 757.31 万公顷，增长了 313.36%。2022 年家庭承包耕地流转用于种植粮食作物的面积占比为 60.34%，是近年来最高，首次超过了六成，但流转的家庭承包耕地中，仍有接近 40% 没有用于种植粮食，出现了"非粮化"问题。

表 3 - 13　历年家庭承包耕地流转用于种植粮食作物的面积

年份	家庭承包耕地流转面积 （万公顷）	其中：流转用于种植粮食作物	
		面积（万公顷）	占比（%）
2009	1 010.27	560.79	55.51
2010	1 244.55	685.43	55.07
2011	1 519.56	831.82	54.74
2012	1 855.56	1 039.00	55.99
2013	2 273.47	1 285.01	56.52
2014	2 689.30	1 526.83	56.77
2015	2 978.89	1 688.76	56.69
2016	3 194.72	1 806.03	56.53
2017	3 414.09	1 903.53	55.76
2018	3 593.47	1 945.77	54.15
2019	3 699.87	1 966.97	53.16
2020	3 547.93	2 088.31	58.86
2021	3 713.19	2 157.34	58.10
2022	3 841.85	2 318.10	60.34

数据来源：根据《中国农业农村统计摘要 2023》以及历年《中国农村政策与改革统计年报》《中国农村经营管理统计年报》整理。

　　粮食种植具有风险较高、周期较长、比较收益较低的特点[1]，为追逐高额利润，工商企业会选择在承包地上种植经济作物或有机粮食。部分企业选择参与农业产业链上产前、产后具有高附加值的加工工作[2]。尽管部分企业下乡源于农业情结，但不乏看中了土地价值而下乡的企业，违规

---

　　[1]　张尊帅. 工商资本投资农业的风险及其防范 [J]. 现代经济探讨，2013 (8)：33 - 37.
　　[2]　蒋永穆，鲜荣生，张尊帅. 工商资本投资农业的现状、问题及对策建议——一个基于四川省省际调研的样本分析 [J]. 农村经济，2015 (4)：79 - 83.

占地开发旅游度假村、高尔夫球场、房地产等，出现明显的耕地利用"非农化""非粮化"问题，甚至出现非法集资、借机炒作上市等获取超额利润的现象①。在调研中发现，社会投资主体流转土地后偏向于将土地用于种植水果、蔬菜等经济作物，用于种植粮食作物的耕地比例明显偏低，毕竟面对租金成本，粮食种植收益实在太低，而水果、蔬菜的相对收益远远高于粮食作物。《经济参考报》报道②，在山东多个地级市，社会投资主体进入农业领域后，有很大一部分从事的并不是粮食生产，而是选择种植一些经济效益较高的农作物。农村土地流转实现规模经营后，有些企业基于生产效益的考虑，可能会放弃水稻、小麦等粮食作物的生产，转而从事水产养殖与水果蔬菜、苗木花卉等经济作物的种植，挤占种粮面积，导致主粮产量下降。《经济参考报》记者调研发现，粮食价格较低，湖南省土地流转价格相对较高，如果流入方选择种粮，按水稻种植两季亩产 1 600 斤，2016 年籼稻国家最低收购价 1.35 元/斤计算，每亩收入才 2 160 元，除去成本，种粮利润很少甚至亏本。因此，大多数流转企业选择种植效益更高的其他经济作物或水产养殖，致使主粮种植面积大幅下降。由于种粮的比较效益低，粮补等都是直补给承包农户，而搞其他种养业或经济项目开发效益普遍较高，一些工商企业和大户借土地经营权流转之名，擅自将农田"非粮化"，改成养殖场、花木基地、农家乐、私人会所等，甚至打"擦边球"，"以租代征"，搞工商项目开发。四川省凉山彝族自治州某农业开发有限责任公司租用农村集体土地后，擅自改变土地用途，修建水池、房屋、宴会厅、规划外道路等，对外经营餐饮服务，严重破坏耕地 23.17 亩③。

　　尽管政府明确提出禁止耕地"非农化"，严格限制耕地"非粮化"，但是在实际执行中，一些基层政府为了所谓的政绩工程、达到招商引资指标，甚至明里暗里支持耕地"非农化""非粮化"。一些下乡企业与基层政府结成了"权力—资本"利益共同体，个别乡村干部包庇企业"非农化"

---

① 李家祥. 工商资本下乡经营农业：机遇与挑战 [J]. 求实，2016 (7).

② 刘良恒，王建，覃星星，等. "下乡资本"跑马圈地"烂尾"频出 [J]. 农业知识（科技与三农），2018 (4)：4-7.

③ 郭奔胜，陈先发. 新一轮土地流转出现"非粮化"冲动 [N]. 经济参考报，2008-10-20 (4).

的行为，甚至与企业合谋应对上级政府的检查①。由于一些地方政府与社会投资主体有相同的利益驱动，在监督资本运作上明显不足②。

土地是农业生产中最基本的投入要素，土地的合理利用对农业发展潜力和粮食安全至关重要。"非粮化"打破了"粮食作物＋经济作物＋饲料作物"三元结构的平衡，不利于粮食产业持续稳定发展③。因此，社会投资主体在农地利用上的"非农化""非粮化"对于耕地保护和国家粮食安全都具有重大不利影响，应该通过政府管制措施予以干预。

3.3.3　挤占农民就业空间，造成"挤出效应"

社会投资主体长期、大规模经营土地，能够获得比小农户独立经营更高的利润。在土地资源与消费量有限的情况下，企业利用其资金、技术、规模、信息渠道、销售渠道等优势将小农排挤在外。同时，在销售、流通环节，企业还可以直接控制产业链条，使小农居于从属地位，受到工商企业的控制。

一些企业依靠基层政府的权力，强迫谈判能力弱的农民在"非自愿"的情况下流转土地，损害了农民的利益。由于农村现存社会保障制度暂不健全，而生产经营活动是农民收入的主要来源，大量农民失地即失业，易导致贫富分化加剧、社会矛盾激化。有调查显示，由工商企业直接经营农地，原承包农户的劳动力只有约20％能够进入企业工作④。失地失业的农民由于缺乏文化知识、专业技能，进城不一定能获得工作，有工作的农民其工资也仅能维持生存，出现了农民"进退两难"的困局。

资本对小农的挤出效应因农户家庭收入不同而不同，对于有声望、有能力的乡村精英，资本会选择与其合作，给予部分经济利益，使中低层农民丧失利益代表；对于生产相似产品的中等收入农民，资本可以利用其管理、技术优势获取有利的竞争地位，将其排挤在市场之外；对于低收入农民，资本通过流转土地的方式将他们与农地分离，微薄的土地租金与低工资性收入使得他们被迫向城镇发展，陷入"进不去城市，退不回农村"的

① 张良."资本下乡"背景下的乡村治理公共性建构［J］. 中国农村观察，2016（3）：16-26.
② 张尊帅. 工商资本投资农业的风险及其防范［J］. 现代经济探讨，2013（8）：33-37.
③ 匡远配，刘洋. 农地流转过程中的"非农化"、"非粮化"辨析［J］. 农村经济，2018（4）.
④ 乔金亮. 遏止工商资本下乡"圈地"［N］. 经济日报，2015-04-28.

僵局①。因资本挤压小农产生的农民剩余劳动力转移、下岗失业等问题交织，会对社会产生严重的影响②。社会投资主体对农户特别是小农户的挤压，在我国这样一个目前仍然以小农户经营为主的国家，容易造成较大的社会风险。

3.3.4　圈占农村集体土地，套取各级财政补贴

一些工商企业下乡的目的不是发展农业，而是套取政府财政补贴，依靠优惠政策盈利。有工商企业利用农业低息贷款套取惠农补贴，通过土地经营权进行抵押融资，从事非农投机，也有企业仅打造核心产业园经营农业，任由其余土地荒芜，通过差价夺取利润③。甚至有一些土地中介人在"农民低价流转土地"和"工商企业高价租赁"之间赚取差价，真正的利润没有由农民享有。据《经济观察报》报道，一些企业大量"圈地"却不直接开发，企业一次跟农民签约很多亩，造成很有开发能力的假象，但实际没有这个能力，也不进行开发，而是发出邀请转包或分包，看哪个老板有能力来要地，待价而沽，从中赚取差价，转包不了就撂荒④。据《人民政协报》2014 年 6 月的一篇报道⑤，部分工商企业下乡时，打着新农村建设和农业开发的旗号，大肆"圈地""囤地"，寄希望于今后土地、林地增值赚钱，导致农村土地不能得到有效利用。

3.3.5　破坏农业生态环境，威胁农业可持续发展

资本的趋利性导致其必然追求土地利润最大化。为了获得更多的土地收益，部分工商企业投入超量的农药、化肥，损害土壤质量，导致土地退化。租期结束前，一些企业会对耕地进行掠夺式开发、经营，尽可能地搜

---

① 赵祥云，赵晓峰. 资本下乡真的能促进"三农"发展吗？[J]. 西北农林科技大学学报（社会科学版），2016，16（4）：17-22.

② 向俊，陈晓. 城市工商资本下乡问题研究 [J]. 中国工商管理研究，2013（10）.

③ 蒋永穆，鲜荣生，张尊帅. 工商资本投资农业的现状、问题及对策建议——一个基于四川省省际调研的样本分析 [J]. 农村经济，2015（4）：79-83.

④ 刘良恒，王建，覃星星，等. "下乡资本"跑马圈地"烂尾"频出 [J]. 农业知识（科技与三农），2018（4）：4-7.

⑤ 李保. 工商资本下乡：何以去忧？[N]. 人民政协报，2014-06-16（6）.

刮利润，极大影响了农业可持续发展①。由于农业回报周期较长，部分企业在面临高风险时具有极大的撤资可能性。一旦出现工商企业跑路的情况，则农业生态环境损失难以向社会投资主体追诉，其损失往往由土地流出方和社会承担。部分企业的圈地弃耕行为，还会导致土地的荒芜。与有目的的合理休耕不一样，如果耕地长期荒芜，缺乏管护，其自身质量和配套的农田基础设施都可能严重损坏，若要恢复为耕地，也要花费较高的成本。社会投资主体对土地、水库等资源占用较多，可能对生态和环境造成的影响也比普通农户大，一旦经营不善退出，不仅农民的流转费无人支付，而且不少土地由于硬化或建大棚也难以恢复②。在四川省人民检察院、公安厅、自然资源厅联合发布的非法占用农用地典型案例中，凉山彝族自治州宁南县刘某以租赁方式取得宁南县宁远镇某村 30 余户村民的土地使用权后，在未办理用地手续的情况下，在农用地上堆放弃土、砂石和修建砂石加工厂，致使农用地种植条件被破坏③。2010 年 9 月 30 日，李某洪与四川省崇州市道明镇某社区四个居民小组签订《农村土地承包经营权流转合同》，约定由李某洪承租位于崇州市"天府粮仓"核心示范区范围内的 264.9 亩土地，租赁期限 17 年。合同履行期间，李某洪将土地用于种植园林绿化树木，因管理不善，该地块树木枯死、土地荒芜、杂草丛生，形成事实上的抛荒地，极易导致土壤退化、水源污染、生态损坏，严重影响耕地资源的可持续利用和农田生产能力的提高。

3.4 社会投资主体参与农地经营政府管制的现实需求

社会投资主体下乡是城乡资本边际生产率变化、制度结构调整、乡村功能转变与企业履行社会责任等共同作用的结果④。近年来，随着农地流转和农业现代化建设的加快，社会投资主体参与农地经营已成为不可阻挡

---

① 李家祥. 工商资本下乡经营农业：机遇与挑战 [J]. 求实，2016 (7).

② 乔金亮. 遏止工商资本下乡"圈地"[N]. 经济日报，2015 - 04 - 28.

③ 人民网. 警示！这四起典型案例背后是坚持严守耕地红线 [EB/OL]. (2024 - 06 - 25). http://sc.people.com.cn/n2/2024/0625/c345167 - 40890281.html.

④ 周振，涂圣伟，张义博. 工商资本参与乡村振兴的趋势、障碍与对策：基于 8 省 14 县的调研 [J]. 宏观经济管理，2019 (3)：58 - 65.

的趋势。特别是 2013 年中央 1 号文件和十八届三中全会《决定》先后提出鼓励和引导社会投资主体到农村发展适合企业化经营的种养业，进一步加速了社会投资主体下乡。但社会投资主体下乡是一把双刃剑，在增加农业现代化建设资本积累的同时，也带来了耕地"非粮化"与"非农化"、挤压农民就业空间、公共资源滥用等问题。由于资本的逐利性，个人利益与社会利益存在偏离，社会投资主体参与农地经营的负外部性问题逐渐凸显，为保障我国粮食安全、保障土地可持续发展、维护社会公共利益，加强政府管制势在必行。

3.4.1　土地公共产品属性的内在要求

土地具有自然属性、经济属性与公共属性，其中自然属性是基础属性，决定了土地利用中保障土地资源的可持续发展是前提。首先，土地作为公共产品，市场机制难以解决个人利益与社会利益冲突所引起的社会问题，尤其是环境污染、资源枯竭等问题，存在市场失灵。土地具有非排他性与竞争性，在个人理性前提下，个体倾向于私人成本外部化，无限制、掠夺式开发利用公共资源。在社会投资主体参与农地经营中，企业出于私人成本收益考虑，个体理性可能会超越集体理性，企业在农地经营中不会将负外部性成本主动纳入自己的成本考虑，可能会掠夺式开发土地，从而导致"公地悲剧"，造成土地资源的枯竭。

其次，农地经营具有显著的溢出效应，利益的分散性与协调的困难性会导致市场机制失灵。农村土地不仅具有经济功能，还具有生态功能、资源功能，开展农地生产经营活动在追求经济效益的同时也要重视社会效益与生态效益。其中，农地具有的社会生态功能决定了其溢出效益是由社会公众分散享有的，同样，由农地污染所引起的社会负面影响也会分散作用于社会公众，且损害程度难以明确。但我国农村土地产权模糊，市场机制难以明确界定责任归属与外部成本分担。

最后，农地经营的负外部性可以时空转移。农地生态污染、土质恶化等负外部性问题具有代际转移特征，环境污染造成的损害会由未来人口承受；区域内土地污染问题会对其周边及下游区域环境造成负面影响。因此，如何基于土地公共产品属性，从整体上关注和维护社会公共福祉、保障未来人口的可持续发展成为一个难点。社会投资主体参与农地经营不仅涉及农村经济的发展，更重要的是涉及耕地保护、土地资源可持续发展、国家粮食安全、生态资源环境保护、农民生计安全、人民生活质量提升等社会公共安全与利益问题，加强政府管制是基于其内在要求。

3.4.2 解决特殊性"三农"问题的必要举措

由于过去"重城轻乡"与"城乡分治"的现代化建设逻辑，我国农村发展长期落后于城市，在工业化、城镇化进程中城乡差距持续扩大，进一步激化了城乡矛盾，造成了严重的"三农"问题。当前我国"三农"问题主要来自粮、地、人三方面，具体是指粮食和其他主要农产品供求问题、农村土地问题、农业转移人口市民化问题①。随着现代化进程的加快，农村空心化、人口老龄化及农民工等问题逐渐显现，"三农"问题的关注重点从改革开放初期的解决温饱问题转向现代化发展阶段的可持续发展问题。农民权益保护、农村可持续稳定、农业生态安全成为新"三农"问题②，而中国农村社会研究也急需重拾"农政问题"概念③。

"三农"问题的产生是我国工业化、城市化发展的必然结果。农业是我国基础性、支撑性产业，如何破解"三农"问题已成为我国社会经济发展面临的首要问题。当前，我国强调农业农村优先发展，2015年到2018年我国先后提出了推进农业供给侧结构性改革、实施乡村振兴战略，解决农村发展不平衡与不充分的问题，关注领域从基本的经济发展向生态环境与乡村文明建设领域延伸。农业是我国国民经济发展的基础，保障粮食安全是我国的基本国策。在当前背景下，社会投资主体参与农地经营不仅关乎农业的现代化发展，更关乎我国粮食安全、土地可持续发展、农民的生计问题与乡村振兴问题。基于村社理性和政府理性的制度优势，引导社会投资主体合理参与农村发展有助于推动外部性问题内部化，引导社会投资主体下乡解决农村建设资金不足、人才匮乏、管理经验与技术水平落后等问题，促进地区经济发展。但同时需要注意到，首先，农地在农村地区承担着粮食安全与社会保障的双重功能，更多是代表社会公共利益，而资本

---

① 陈锡文. 我国城镇化进程中的"三农"问题 [J]. 国家行政学院学报，2012 (6)：4-11.

② 温铁军，孙永生. 世纪之交的两大变化与三农新解 [J]. 经济问题探索，2012 (9)：10-14.

③ 叶敬忠. "三农问题"：被夸大的学术概念及其局限 [J]. 东南学术，2018 (5)：112-123.

具有天然的逐利性，完全任由市场机制运行可能会造成耕地"非粮化"，挤压农民生存空间，损害农户基本权益，影响农业生态文明，改变农村基层固有格局并危及农村社会稳定。其次，农地作为一种集体产权，农户只拥有承包权、部分经营使用权，在社会投资主体大规模流转农地的过程中，一旦流转农户失去集体成员身份，就会产生流转土地的归属问题，以及流转土地的利益分割问题①；同时，农地流转中存在产权不清、权能残缺等问题，社会投资主体租赁农地存在产权上的不确定性，产权纠纷高发将损害企业合法权益；此外，农村土地产权制度不清在一定程度上容易滋生权力寻租，易诱发严重的负外部性问题。基于此，为实现粮食安全与现代高效农业相统一，保障土地可持续发展，保护农民与工商企业合法权益，维护农村社会稳定，进行政府管制是社会投资主体参与农地经营的应有之义。

3.4.3 破解负外部性问题、保障社会公共利益的现实选择

由于私人成本和社会成本的偏离，理性人的个体最优决策一般不等于社会最优决策，个体行为活动存在外部性，当行为主体的活动对他人和社会造成不好的影响时，便会产生负外部性。在经济运行中，外部性问题的存在会造成市场失灵。由于有限的财政支农资金难以弥补长期积累的农业资金缺口，而工商企业为摆脱科技创新能力不足、利润空间缩小困局，具有进军农业领域的动机，在此背景下，社会投资主体涉农现象普遍，社会投资主体下乡已成为我国农村建设的主流模式②。社会投资主体涉农对促进农村、农业发展具有显著的积极意义，但是也存在着潜在的负外部性问题，如耕地"非农化"与"非粮化"、土地资本化、农民边缘化，以及破坏生态环境等，危及社会公共利益，在此问题上市场机制存在失灵。

一是社会投资主体参与农地经营直接关系我国粮食安全与土地资源可持续利用。从社会投资主体参与农地经营的具体主体来看，特别是就企业而言，政府管制不是仅仅针对企业经营活动中农地用途变更问题，更重要的是考察企业是否具备规模流转土地及经营农地的能力、是否按照国家或地区制定的粮食功能区与特色农产品功能区的规划进行生产经营活动、是

---

① 刘铮，赵志浩. 对工商资本租赁农地的冷思考 [J]. 黑龙江社会科学，2016 (3)：52-56.

② 武舜臣，于海龙，储怡菲. 农业规模经营下耕地"非粮化"研究的局限与突破 [J]. 西北农林科技大学学报（社会科学版），2019，19 (3)：142-151.

否能够保障流转农户的安置补偿与就业的可持续、是否能够保障生态安全与土地的可持续性利用等问题。社会投资主体参与农地经营具有盲目性，会引起土地集体所有制的边缘化、粮食作物的边缘化、农业用途的风险化、资本的土地化、农业补贴的不公平化等问题①②。此外，农业属于弱质性产业，与第二、第三产业相比，比较效益较低。在资本逐利性驱动下，工商企业参与农地经营呈现出"扭曲式"发展模式，易擅自更改耕地用途发展旅游观光农业或种植高附加值经济作物等，长此以往可能危及我国粮食安全，破坏农田土壤生态环境，造成耕地资源的不可持续性发展，并阻碍我国农业供给侧结构性改革的推进。

二是农户个体理性超越集体理性损害农村公共利益。就农户而言，农民是土地的经营主体，土地经营是其重要的收入来源，社会投资主体参与农地经营直接影响农民自身利益的得失。一方面，部分工商企业在农地经营中直接取代农户作为农地经营主体，对农户存在显著的挤出效应。社会投资主体过度参与农地经营将盘剥小农、挤压农民生存与发展空间③。另一方面，农户作为理性经济人往往基于私人成本与私人收益的比较做出个人最优决策，而忽视社会成本与社会收益。在社会投资主体涉农中作为流转的主体，农户拥有承包地经营使用权，具备绝对优势，在流转中易出现漫天要价现象，造成工商企业望而生畏退出地区投资，导致整个社会福利的损失。此外，在引导社会投资主体下乡的过程中，国家鼓励并扶持家庭农场、种粮大户等规模经营主体与工商企业形成良好的合作带动地区发展，但实践中部分社会投资主体圈地倒卖、以种粮名义申请资金、擅自改变耕地用途发展高附加值经济作物或设施农业等现象频发，激化了农村社会矛盾、破坏了农业生态，这与我国乡村振兴战略、粮食安全战略与耕地保护政策相悖。

三是社会投资主体下乡过程中存在政府管制者被"俘获"的可能。土地作为地方财政收入的重要来源，从理性的经济人角度考量，政府部门具有鼓励土地规模化流转、引导社会投资主体参与农地经营的动机。一些地

———

① 王静，殷海善. 对工商资本进入农村土地经营的探讨 [J]. 华北国土资源，2015（1）：120-122.

② 韩庆霞. 对工商资本进入农业产业运行管理的调查分析 [J]. 河南农业，2017（34）：61-62.

③ 杨雪锋. 资本下乡：为农增利还是与农争利？——基于浙江嵊州 S 村调查 [J]. 公共行政评论，2017，10（2）：67-84.

方政府在引入社会投资主体的过程中"重数量、轻质量""重招商，轻监管"，对社会效益的重视不足①。此外，由于某些特殊利益集团的存在，在社会投资主体参与农地经营的过程中易发生寻租问题，政府部门为快速提升工作绩效和攫取隐性收益，破坏"依法、自愿、有偿"的流转原则，强迫农户流转承包地，损害农户合法权益。另有一些涉农企业和不良利益集团勾结，社会投资主体投资目的不纯，损害社会公共利益②。此外，在社会投资主体参与农地经营的过程中，单靠市场运行机制难以解决农地经营活动中产生的负外部性问题，这是政府进行社会性管制的必要条件，而政府是否有进行管制的动机取决于政府决策集团对提供新的管制政策的认识与进行管制的条件，当管制收益＞管制成本，或边际成本＝边际收益时，政府部门具有实施管制的积极性，管制能够产生最大化的预期净收益是政府进行社会性管制的充分条件③。但政府管制对不同的利益集团会产生不同的影响，以企业为代表的利益集团会以利益输送、增加政治投资等手段对政府决策部门进行游说，从纯粹的理性经济人角度出发，政府管制者为追求个人预期收益最大化，会接受利益集团游说反而成为其服务者；在权衡利弊后，上行下效，部分农村基层组织管理者逐渐被商业资本俘获，因此，政府管制中也可能出现政府管制者被"俘获"的问题。此外，由于负外部性问题具有显著的复杂性，涉及面广、波及人数多，在处理过程中需要搜集大量信息材料，存在多次、重复性博弈问题，搜寻成本、组织成本、信息成本与交易费用高昂，简单依赖于个人努力和法律程序难以解决现实问题，甚至可能因政府寻租和机会主义行为而使得个体努力成为泡影。因此，加强政府的社会性管制是破解负外部性问题的现实选择，如何构建系统性、可操作性强的管制措施是关键所在。

3.4.4　缓解合作交易中信息不对称问题的内在诉求

工商企业参与农地经营实质上是以"企业—政府—农户"为主要模

---

① 谢天成，刘盾，施祖麟. 工商资本投资农业问题与对策研究：基于对嘉兴、开封两市的调研 [J]. 当代经济管理，2015，37（8）：30－34.

② 杨帆，曾雄旺，张哲昊. 工商资本投资农业背景下农民利益提升策略：以湖南省为例 [J]. 经济师，2016（10）：197－198.

③ 王俊豪. 政府管制经济学导论 [M]. 北京：商务印书馆，2008.

式、以土地要素为核心的合作交易。政府作为服务性机构引导企业参与投资、引导农户规模化流转土地，同时监督企业的农地经营活动。但在合作交易中，由于交易成本的存在，合作契约是不完备的。由于社会分工和专业化知识的存在，交易中存在信息不对称是必然的，企业、政府、农户都拥有各自领域的信息优势，在有限理性和交易具有不确定性的前提下，容易滋生机会主义行为，侵害合作。

一是委托、代理双方的目标有偏差导致存在权力寻租风险。从委托—代理角度来看，由于委托者与代理者在目标利益上存在差异，在监督机制不健全的情况下极易诱发道德风险与逆向选择问题。在社会投资主体参与农地经营的过程中，农户与企业作为委托者，政府作为代理者为农户寻找需求者（工商企业）、为企业寻找供给者（流转农户）。但人是"经济人"，政府部门同样可被看作一个经济实体，在政府决策过程中也存在个体利益与集体利益冲突的问题。因此在个人有限理性下，可能出现某些政府部门人员为寻求或维护自己的既得利益而利用手中行政权力避开法规、审查监督进行寻租活动，造成政府腐败和公共产品的浪费。在现实中，一方面，可能会出现强迫农户流转土地，或接受企业贿赂，对企业参与农地经营资格及能力审查不足，对企业合同履行及农地用途变更与否监管不力，对企业违约惩罚隔靴搔痒。由于管制俘获的存在，政府和政府的工作人员可能从公共利益的守护者演变为社会投资主体的代理人，导致农村基层政府组织的角色冲突和矛盾，不利于乡村治理与农村社会的和谐稳定①。另一方面，也可能出现政府隐瞒某些可能对企业经营投资不利的信息、拖延发放补贴等现象，造成企业重大损失，从而导致企业消极参与农地经营，长此以往不利于地区经济发展。

二是契约的不完全性容易诱发交易主体的机会主义行为，造成社会公共福祉的损失。从企业层面来看，工商企业参与农地经营过程中，企业较强的谈判能力可能引发其道德风险，违背"优先吸纳流转农户"的承诺，导致农户失地又失业，威胁农户生计安全，引发严重的社会稳定问题。有学者调研发现，农地流转大规模推行以来，90%以上的工商企业与农户签订的流转合同期限在10年以上，成为变相的一次性转让而非租赁，农民流转土地后不再拥有土地相关权益，成为失地农民；社会

---

① 郭朝阳."资本下乡"进程中的基层治理困境研究［D］.金华：浙江师范大学，2016.

投资主体参与农业投资后，有选择性、临时性、季节性地聘用小部分农民，能够实现本地可持续性就业的农民不到流出农地人数的 1/5，社会投资主体取代农民进行土地生产经营活动，这与我国家庭承包经营制度中农民作为生产经营主体的要求相违背，长此以往将动摇我国农村基本经营制度的基础①。此外，拥有行业市场信息优势的企业在交易中也可能发生逆向选择，在投资成本远大于投资收益的情况下仍参与农地经营，目的不纯。从社会投资主体参与农地经营的实践看，部分社会投资主体下乡是为了获取建设用地指标、套取补贴、违规用地等，部分社会投资主体由于经营不善而跑路②，造成国家财政资源浪费、土地资源不可持续。从农户层面来看，工商企业与农户合作时也常面临农户违约的风险③，农户提前收回土地、涨价毁约或者暗中破坏经营等行为也时有发生，损害企业权益的同时，也严重损害了社会公共利益。

三是资本与权力共谋易导致乡村治理资源利用趋向内卷化。从基层治理来看，社会投资主体凭借强大的商业能力，能够通过商业交换逻辑俘获乡土权威，社会投资主体参与农地经营的过程中存在农村基层治理权威被商业资本权威取代的风险，可能动摇我国乡村治理根基。工商企业参与农地经营活动必然要面临与普通村民的正面冲突，为了获得冲突优势，社会投资主体可能与农村灰色势力集团合作，使乡土治理中的非正式权威被资本俘获。另外，作为农村社会的管理者、农地经营的监督者，在利益机制的驱动下，部分村干部也可能沦为资本的代理人④。在推动社会投资主体下乡的过程中，工商企业参与农地经营以获取涉农项目资金、惠农补贴为目标，部分基层政府与下乡资本合谋截留了大量本应输入农村社会的惠农资金与治理资源，导致国家对"三农"的资源投入不断增加，但农民的生产生活状况并没有明显改善，农民对基层政权的认同度仍旧不高⑤。资本

---

① 田欧南. 基于工商企业参与农地经营的风险与防范策略分析 [J]. 企业技术开发，2016，35 (17)：113-114.

② 张义博. 工商资本下乡的用地问题研究 [J]. 宏观经济管理，2019 (4)：53-59.

③ 申立军. 当前我国农村信用体系建设实践、问题与对策研究 [J]. 改革与开放，2018 (19)：78-81.

④ 郭朝阳. "资本下乡"进程中的基层治理困境研究 [D]. 金华：浙江师范大学，2016.

⑤ 申立军. 当前我国农村信用体系建设实践、问题与对策研究 [J]. 改革与开放，2018 (19)：78-81.

驱动权力，农村基层组织的乡土权威在社会投资主体下乡的过程中逐渐被商业权威俘获或取代，导致农村基层治理权威的转换，农村治理资源利用逐步内卷化，会动摇我国农村基层组织制度建设①②③。

---

① 贺雪峰. 工商资本下乡的隐患分析 [J]. 中国乡村发现，2014 (3)：125 - 131.
② 张良. "资本下乡"背景下的乡村治理公共性建构 [J]. 中国农村观察，2016 (3)：16 - 26.
③ 张义博. 工商资本下乡的用地问题研究 [J]. 宏观经济管理，2019 (4)：53 - 59.

4 | 社会投资主体参与农地经营需要管制的风险的生成机制

对社会投资主体参与农地经营进行政府管制，必须从社会投资主体的农地经营行为如何作用和影响农业农村发展着手，从其作用路径和影响因素来找到政府管制的着力点，进而针对其具体行为，采取有效的管制措施，达到既发挥社会投资主体积极作用，又有效遏制其消极作用的目的。本章将从社会投资主体参与农地经营影响农业生产结构和影响农民农业就业的角度，探寻政府对社会投资主体参与农地经营进行管制的着力点。

4.1 社会投资主体参与农地经营对农业生产结构的影响

近年来，社会投资主体下乡愈来愈热，其在为农业农村发展带来资金、技术、管理等生产要素的同时，对农业农村发展亦产生了巨大的影响。其中，社会投资主体下乡导致的耕地"非粮化"问题引起了国家的高度重视。粮食安全是国家安全的重要组成部分，稳定粮食播种面积和产量是我国农业生产的首要任务。保障国家粮食安全作为政府农业管理的重大目标，自然也成为政府对社会投资主体参与农地经营进行管制的重要目标。因此，本部分将通过分析社会投资主体下乡后，如何影响农业生产结构，进而对粮食生产产生影响，找到政府对社会投资主体参与农地经营进行管制、稳定粮食生产保障国家粮食安全的着力点。

4.1.1 社会投资主体参与农地经营影响农业生产结构的理论分析

农业生产结构构建，本质上是对农地资源要素进行配置，是一个农地利用问题。农业生产结构属于农业内部的比例关系，其变动影响农产品的供给总量和供给结构。我国农业生产的基本任务是要保障粮食和主要农产品供给，而首要的是粮食安全。从这个角度而言，农业生产结构问题在种植业内部，最基本的就是粮食和非粮食的问题，在农地利用上，就是种粮还是种其他作物的问题。

社会投资主体参与农地经营，会从多个角度影响农业生产结构。一方面，社会投资主体通过流转农地直接参与到农业中对农业生产结构产生影响。尽管随着农村外出务工的人口越来越多，大量农村土地被弃耕、抛荒，社会投资主体下乡，将土地集中利用起来，有助于扩大农业发展规模，促进农业多元化的发展①，但是由于资本的逐利性，土地流转"非农化""非粮化"现象越来越严重，不仅损害农民的利益，而且社会投资主体的一些技术手段会对土地质量产生影响，可能导致土地退化等②。社会投资主体在拉动农业创新和农民增收的同时，还可能导致农民主体地位弱化，挤占耕地、排斥粮食作物，带来耕地"非农化""非粮化"的隐患，进而可能会损害农民利益并对粮食安全产生不利影响，并且社会投资主体进入农业后易引起粮食作物的边缘化③④。同时，各地出现的资本弃耕的状况，为粮食安全和经济安全都带来隐患⑤。在乡村振兴的背景下，耕地流转面积呈逐年增长的趋势，已成为影响粮食生产比例的一个重要因素⑥。从资本成本的角度考虑，包括劳动力成本、土地租赁成本和融资成本等，成本的增加使得社会投资主体转向"非农化""非粮化"经营⑦。根据《全国农产品成本收益资料汇编2020》，2016年到2019年我国三大粮食平均成本收益率都是负数，2019年三大粮食每亩净利润－30.53元，

---

① 王传伦. 农村土地流转对农业经济的影响与思考 [J]. 环渤海经济瞭望，2020 (5)：94.

② 黄伟. 农地流转中的非农化与非粮化风险及其规避 [J]. 当代经济管理，2014 (8)：39－43.

③ 李欣怡，曾雄旺，李艺璇. 工商资本投资农业的效应分析与发展策略 [J]. 农业经济，2017 (12)：58－60.

④ 王静，殷海善. 对工商资本进入农村土地经营的探讨 [J]. 华北国土资源，2015 (1)：120－122.

⑤ 刘成玉，熊红军. 我国工商资本下乡研究：文献梳理与问题讨论 [J]. 西部论坛，2015，25 (6)：1－9.

⑥ 周振，涂圣伟，张义博. 工商资本参与乡村振兴的趋势、障碍与对策：基于8省14县的调研 [J]. 宏观经济管理，2019 (3)：58－65.

⑦ 王小燕，杜金向. 工商资本下乡"非粮化""非农化"的原因及解决路径研究 [J]. 山西农经，2021 (5)：29－30.

成本利润率为-2.75%。其中，2019年稻谷每亩净利润20.44元，成本利润率1.65%；小麦每亩净利润15.08元，成本利润率为1.47%；玉米每亩净利润-126.77元，成本利润率-12.01%。但从经济作物来看，2019年烤烟的成本利润率为3.08%，甘蔗的成本利润率为7.59%，甜菜的成本利润率为10.58%，苹果的成本利润率为24.39%，柑的成本利润率为50.16%，橘的成本利润率为63.84%，蔬菜的平均成本利润率为56.08%。因此，基于资本的逐利性考虑，其对农地利用的"非粮化"动机是较为强烈的。在实践中可以看到，由于粮食生产的效益低，社会投资主体直接参与农地经营，主要从事粮食生产的并不多。因此，社会投资主体直接参与农地经营会改变农业生产结构，导致粮食种植面积和比例减少。

另一方面，社会投资主体通过提供社会化服务等方式间接参与农地经营，可能也会对农业生产结构产生影响。社会投资主体下乡后，通过实行统一灌溉排水、提供机耕服务、统一防治病虫害、统一购买生产资料、实行种植规划、组织农民进行农业生产技术培训等方式，间接参与农地经营。这些服务充分发挥了社会投资主体在资金、技术、管理等方面的优势，有利于组织农户更好地发展生产。但是，社会投资主体所提供的社会化服务，更多是服务于经济效益比较高的非粮产业，从而会引导农民按照社会投资主体的统一管理和服务发展非粮产业，导致即使农户不流转土地，其自我耕种的土地也会向非粮产业转变。一部分社会投资主体通过"企业＋合作社＋农户"或者"企业＋农户"的合作模式发展订单生产、提供技术服务，也会直接对合作社和农户的生产结构形成影响。此外，即使是没有直接和社会投资主体发生关联、没有被社会投资主体社会化服务覆盖的农户，由于社会投资主体的示范效应，也可能有一部分追随、模仿社会投资主体的种植行为。有研究已经发现了社会投资主体下乡提供社会化服务后，农业结构的转变与其对农户提供的生产技术培训等服务有关，农户意识到粮食作物和经济作物的收益差距，主观选择更多种植经济作物[1]。

---

① 李重阳.粮食大省耕地"非粮化"的表象、成因及对策分析［J］.乡村科技，2021（12）：76-77.

当然，也有研究认为社会投资主体下乡并不会减少粮食种植比例甚至会增加粮食种植比例。农户流转农地使得粮食种植比例降低，但是社会投资主体提供的生产性服务有利于维持粮食生产，二者相反的作用是由村庄不同的地形和经济条件来调节的①。刘魏等（2018）研究发现，社会投资主体下乡会使粮食生产的劳动力资源减少，导致资本对劳动力要素的替换，进而对农业生产效率产生显著的影响，其中对粮食作物的生产效率有显著的正向影响，因为经济作物生产是劳动密集型的，其受到的影响反而并不显著，粮食生产和种植面积都在增加②。但也有文献表明，社会投资主体下乡并没有提高农业生产效率，对不同主体的全要素生产效率进行研究发现，社会投资主体下乡的效率是最低的③。因此，本部分希望通过对社会投资主体参与农地经营后对农业生产结构的影响进行计量分析，验证基于保障粮食安全的需要，政府应该以防止农地利用"非粮化"为着力点，采取有效的管制措施对社会投资主体参与农地经营进行合理的管制。

4.1.2　社会投资主体参与农地经营影响农业生产结构的实证分析

（1）基本模型构建。假设农户的生产结构（作物选择）决策在资源禀赋既定的前提下，主要受市场价格因素的影响，同时也一定程度上受到自身收入水平的影响。从农户选择是否种植粮食、种植多少粮食来说，粮食价格是一个重要的影响因素。由于粮食生产的自然周期性，农户在作出种植决策时，其参考的价格并不是当期粮食的价格，而是上期种植后的粮食价格，因此，上一年的粮食价格会对当年的粮食生产决策产生影响。对于农民来说，收入是其生产决策的重要影响变量。正如前面分析的那样，农民种粮不赚钱是一个普遍存在的客观现象，近年粮食的成本收益率极低甚至为负，农民增收主要还是依靠种植非粮食作物和获取非农收入，因此，若农民收入越高、收入增长越快，很可能说明非粮食作物和非农收入对农

---

① 江光辉，胡浩．工商资本下乡会导致农户农地利用"非粮化"吗？：来自 CLDS 的经验证据［J］．财贸研究，2021，32（3）：42 - 51.

② 刘魏，张应良，李国珍，等．工商资本下乡、要素配置与农业生产效率［J］．农业技术经济，2018（9）：4 - 19.

③ 孙新华．农业经营主体：类型比较与路径选择：以全员生产效率为中心［J］．经济与管理研究，2013（12）：59 - 66.

民增收的贡献越大，农民越觉得种粮不划算、不愿意种粮。同样地，由于农户作出种植决策的时候，是以上期收入作为参照，所以用上一年农民收入增速来反映农民收入对生产结构的影响。而上一节已经分析了社会投资主体参与农地经营可能直接和间接影响农业生产结构，因此，用流入工商企业的土地面积占当年农户承包耕地总流转面积的比例来反映工商企业参与农地经营的状况。为此，构建模型如下：

$$LSBL_t = \beta_0 + \beta_1 GSZB_t + \beta_2 LSJG_{t-1} + \beta_3 SRZS_{t-1} + u_t$$

上式中 $LSBL_t$ 表示第 t 年全国粮食种植面积占当年农作物播种面积的比例，这反映了当年的农业生产结构，是被解释变量；$GSZB_t$ 表示第 t 年土地流转中流向企业的比例，反映了社会投资主体参与农地经营的程度；$LSJG_{t-1}$ 表示第 $t-1$ 年的粮食价格；$SRZS_{t-1}$ 表示第 $t-1$ 年的农民收入增长速度，u_t 为误差项。

(2) 数据来源。受社会投资主体流转农地数据可得性的限制，本部分的数据区间为 2011 年至 2019 年。粮食播种面积占农作物播种面积的比例数据根据历年《中国统计年鉴》数据进行计算，农民收入增速数据来源于《新中国 70 年农业统计资料》，为实际增速，粮食价格数据来自历年《全国农产品成本收益资料汇编》中每 50 千克产品销售价格，并换算为元/斤。流入工商企业的土地面积占当年农户承包耕地总流转面积的比例是根据农业农村部网站资料计算所得。粮食种植面积比例、土地流入工商企业的比例和农民收入增速都是相对数据，无量纲。

(3) 结果分析。用 EViews9.5 进行分析计算，结果如下：

$$LSBL_t = 0.750\,7 - 1.024\,9GSZB_t + 0.071\,5LSJG_t - 0.003\,0SRZS_t + u_t$$

$$\quad(25.81)\quad(-3.64)\quad\quad(4.94)\quad\quad(-3.53)$$

$$R^2 = 0.84 \quad DW = 2.34 \quad F-statistic = 8.783\,815\,(p = 0.019\,5)$$

结果显示，模型整体显著，F 统计量为 8.783 815，p 值为 0.019 5。$R^2 = 0.84$，模型可以解释粮食种植面积比例变化的 84%。$DW = 2.34$，进行自相关检验发现不存在自相关。常数项和粮食价格在 1% 的水平上显著，社会投资主体流转农地比例和农民收入增速在 5% 的水平上显著。

社会投资主体参与农地经营对农业生产结构有显著的负向影响，农地流转到工商企业的比例每增加 1 个百分点，粮食种植面积占农作物播种面积的比例就会下降 1.02 个百分点。跟预期的一样，粮食价格对农业生产结构有显著的正向影响，上年粮食价格每增加一个单位，粮食种植面积占农作物总播种面积的比例就会增加 0.07 个百分点。农民收入增速对农业生产结构有显著的负向影响，但系数相对较小，农民收入增速每增加 1 个百分点，粮食种植面积占农作物播种面积的比例就会微弱下降 0.003 个百分点。

（4）结论。本部分使用 2011 年至 2019 年的全国宏观数据，分析了社会投资主体参与农地经营对农业生产结构的影响。分析发现，社会投资主体参与农地经营对农业生产结构有显著的负向影响，农地流转到工商企业的比例每增加 1 个百分点，粮食种植面积占农作物播种面积的比例就会下降 1.02 个百分点。

研究说明，社会投资主体下乡会通过影响农业生产结构、降低粮食作物种植比例，影响粮食安全。粮食安全是"国之大者"，是国家安全的重要组成部分。保障粮食和主要农产品供给，构筑坚实的粮食安全屏障，是农业生产的主要目标，也是政府进行农业生产管理的重要目标。从社会投资主体参与农地经营会降低粮食种植意愿进而影响粮食安全这个角度考虑，政府以保障粮食安全为目的对社会投资主体参与农地经营进行管制，就要着力解决耕地"非粮化"的问题，对社会投资主体参与农地经营后的粮食生产意愿和其他农户的粮食生产意愿进行干预，扼制耕地"非农化""非粮化"利用，保证良田粮用。政府管制要对粮食生产意愿进行有效干预，这是管制政策制定的着力点。

4.2　社会投资主体参与农地经营对农民农业就业的影响

土地是农业生产的载体，参与农业生产是农民就业的重要渠道。土地不仅具有农产品生产功能，对于从事农业生产的农民而言，还具有重要的就业保障功能。从社会的角度看，土地的就业保障功能是社会的稳定器。我国是一个人地矛盾非常突出的国家，尽管劳动力向非农产业转移可以缓解人地矛盾并增加农民的务工收入，但是劳动力转移不是无条件的，不仅受到整个社会经济形势特别是非农产业吸纳劳动力转移能力的影响，还受到农民自身就业转移能力的影响。并非所有农民都能向非农产业转移，一部分农民可能因为乡土情结、知识技能不足等因素难以实现向非农产业的转移。特别是近年来我国农业劳动力转移数量增速明显放缓，农业劳动力向外转移愈加困难。同时，在我国多年持续的农业劳动力转移背景下，可以说农村劳动力继续转移的潜力已经不大，目前留在农业生产领域的劳动力，其就业主要还是依靠农业生产。因此，必须始终为愿意和需要从事农业劳动的农民留住农业就业机会，稳定其就业和生产生活。

因此，应该对社会投资主体参与农地经营对农民农业就业的影响进行分析，为政府管制找到着力点，使其在社会投资主体下乡与维护农民利益之间找到平衡点。

4.2.1 社会投资主体参与农地经营影响农民农业就业的理论分析

社会投资主体参与农地经营改变了农地要素的配置，必然也将对承载于农地之上的农业劳动力配置产生影响。正如一些研究所发现的那样，资本的增长率高于劳动的增长率，导致同样多的资本吸纳劳动力的能力变弱，即经济增长并未匹配相应的就业功能，资本偏向的技术类型降低了就业吸纳能力，在一定程度上造成了资本对劳动力要素的替换，造成农户兼业化现象的发生[1]。社会投资主体参与农地经营后，会排挤农民，挤占农民的就业空间和生存空间，对低收入农户、小农户造成不利影响[2]。特别是对于低收入农民，资本通过流转土地的方式将他们与农地分离，微薄的土地租金与低工资性收入使得他们被迫向城镇发展，陷入"进不去城市，退不回农村"的僵局[3]。因资本挤压小农导致的农民剩余劳动力转移、下岗失业、大学生就业等问题交织，会对社会产生严重的影响[4]。在土地流向社会投资主体后，实际上只有极少数流出土地的农民能够被社会投资主体所雇佣转为农业工人，绝大部分的农民要么流向非农产业，要么成为失地失业农民，或者在更少的土地上劳作，增加单位土地的投入，进一步锐化人地矛盾，在有限的土地上形成劳动力过密化投入。劳动力流向非农产

---

[1] 刘魏，张应良，李国珍，等. 工商资本下乡、要素配置与农业生产效率 [J]. 农业技术经济，2018（9）：4-19.

[2] 涂圣伟. 工商资本下乡的适宜领域及其困境摆脱 [J]. 改革，2014（9）.

[3] 赵祥云，赵晓峰. 资本下乡真的能促进"三农"发展吗？[J]. 西北农林科技大学学报（社会科学版），2016，16（4）：17-22.

[4] 向俊，陈晓. 城市工商资本下乡问题研究 [J]. 中国工商管理研究，2013（10）.

业实现转移当然是好事，但若土地流出后未成功向非农产业转移而成为失地失业农民或者在有限的土地上过密化投入成为隐性的失地失业农民，那自然属于社会投资主体下乡对农民就业的不利影响。

正如前面所分析的那样，社会投资主体参与农地经营有直接和间接两种渠道。社会投资主体直接参与农地经营后，土地从农民手中流向企业，土地与农民分离。除了极少部分农民可能被社会投资主体直接雇用转为农业工人外，绝大部分流出土地的农民要么是转向非农产业就业，要么是失地失业。对于还继续经营部分土地的农民（包括部分流出土地，或者再通过其他方式流入部分土地）来说，在向非农产业转移不畅的情况下，将主要在家庭内部所有的土地上继续就业，提高了既定土地上的劳动力投入数量，使劳动力投入过密化，形成隐性失业或者不充分就业。

另外，社会投资主体还可以通过提供社会化服务等方式间接参与农地经营。一部分社会投资主体下乡后，通过提供农机化服务、植保服务等方式间接参与农地经营。一些社会投资主体通过"企业＋农户""企业＋合作社＋农户"等方式，组织农户按照企业制定的生产管理要求进行生产。在企业提供社会化服务的情况下，可以实现机械对人力的替代，减少单位土地上的劳动力需求。当然，这种方式对农业劳动力的挤出，主要是通过市场化的服务交易实现，选择接受社会投资主体社会化服务的农户，其减少劳动力投入基本上是主动的，是其主动降低在土地上的就业需求。相对而言，这种方式在提高农业机械化程度的同时，对农民就业的影响相对较小。

4.2.2 社会投资主体参与农地经营影响农民农业就业的实证分析

本部分基于 2016 年中国劳动力动态调查数据进行实证分析，从农户家庭劳动力农业就业的微观视角，研究社会投资主体参与农地经营对农民农业就业的影响，探讨其影响机制，并进行了稳健性检验，以期为我国社会投资主体参与农地经营的政府管制政策制定找到着力点。

（1）数据来源与处理。本部分数据来源于 2016 年中国劳动力动态调查（China Labor-force Dynamic Survey，CLDS）。CLDS 调查是中山大学社会科学调查中心主持的一个全国性大型社会调查项目，2016 年 CLDS调查在全国（除港澳台及西藏、海南外）29 个省、自治区、直辖市开展，共收集了 401 份村居社区问卷、14 226 份家庭问卷、21 086 份 15～64 岁劳动力人口个体问卷。CLDS采用多阶段、多层次、与劳动力规模成比例的概率抽样方法，并在国内率先采用轮换样本追踪方式，既能较好地适应中国剧烈变迁的环境，又能兼顾横截面调查的特点。考虑到本部分的研究内容是农户家庭劳动力农业就业问题，在剔除城镇地区的样本之后，得到7 968个农户家庭样本。在实证分析中，将家庭层面和村级层面的数据进行了合并，剔除户主的个人特征变量以及家庭特征变量（如户主性别、年龄、受教育程度、家庭实际耕地面积和家庭劳动力人数等变量）数据缺失或记录为"不知道"等的样本。经过筛选，最终得到了4 798个样本。

（2）变量设定。被解释变量：农户家庭劳动力农业就业。家庭劳动力在非农产业和农业之间进行配置，在部分劳动力非农就业后，家庭其余劳动力一般全部在家庭所有的土地上就业（暂时不考虑家庭劳动力成为农业工人的情况）。在家庭土地面积既定的情况下，理想的家庭劳动力配置是按需配置，也就是说家庭投入既定土地的劳动力应该是有一个合理的比例的。但是考虑到家庭劳动的特殊性，农户家庭在考虑家庭劳动力投入时，往往不会按照劳动力投入边际产出的最高点来进行投入，在家庭劳动力"剩余"的情况下，会继续在单位土地上追加劳动力投入，形成过密化投入。因此，家庭单位农地上的劳动力投入数量可以反映农户家庭农业就业数量和质量。根据问卷内容，参考刘魏等（2018）[1]的研究，使用"家庭从事农业生产超过3个月的人数/家庭实际经营的农地面积"来界定。

核心解释变量：参考徐章星等（2020）[2]的做法，以"1990年以来该村是否有社会投资主体下乡租赁土地"和"1990年以来该村是否有社会投资主体下乡提供机耕服务"作为社会投资主体参与农地经营的代理变量，从村一级层面，以土地流转和社会化服务两个维度分别考察社会投资主体参与农地经营对家庭劳动力农业就业的影响。

控制变量：分为农户特征变量、家庭特征变量和村居特征变量。

考虑到家庭之间情况的不同，以户主性别、健康程度和受教育程度衡量农户特征对家庭劳动力农业就业的影响。户主的受教育程度越高，意味

① 刘魏，张应良，李国珍，等. 工商资本下乡、要素配置与农业生产效率［J］. 农业技术经济，2018（9）：4-19.

② 徐章星，张兵，尹鸿飞，等. 工商资本下乡促进了农地流转吗？：来自CLDS的经验证据［J］. 农业现代化研究，2020，41（1）：144-153.

着户主拥有越多的社会资源和接收信息的渠道，从而越倾向于向非农部门流动，去寻找更好的工作机会。男性作为户主的家庭一般可投入的劳动力人数较多，且男性户主具有更为丰富的农业生产经验和更强的生产能力，能够更好地带领其他的家庭成员投入农业生产。户主的健康程度对于家庭劳动力农业就业的影响可能有两方面：一方面，户主越健康，越倾向于外出去寻找收入更高的工作机会，导致家庭劳动力农业就业需求减少；另一方面，如果户主的身体状况良好，那么他就能够作为劳动力投入到农业生产中，家庭劳动力农业就业需求将会增加。

家庭经济特征变量包括家庭农业收入占比、家庭人口抚养比和家庭成员平均年龄。家庭农业收入占比对劳动力农业就业的影响在于：一方面，家庭农业收入占比越高，劳动力的农业生产积极性越高，越愿意留在家里从事农业，向非农部门流动的意愿越低；另一方面，家庭农业收入占比高将会促进农户采用机械化的方式进行耕作，用机械来替代劳动力，以达到提高劳动生产率的效果。家庭成员平均年龄越大，说明该农户家庭成员可能越无法胜任繁重的农业劳动，不会投入过多时间和劳动力到农业生产中。家庭人口抚养比越大，表明非劳动力人口占家庭成员的比重越大，能够投入农业生产的劳动力越少。

为了研究村庄层面的区位经济特征对家庭劳动力农业就业的影响，引入了"该村庄是否是乡镇政府所在地"的虚拟变量。村庄的经济水平越发达，农户的幸福感越高，那么往外流出的意愿就越低。考虑到农作物生长依赖良好的生态环境，引入了农户居住地周围的土壤污染程度变量，污染程度越高，农户实际耕地面积越少，那么单位耕地上的劳动力投入就越多，单位土地的就业密度就越大。同时，为了控制地区性差异，引入东部区域虚拟变量。

（3）模型选择。OLS 回归模型设定：

$$Labor_i = \alpha_0 + \alpha_1 GSZB\_MACHINE_i + \alpha_2 GSZB\_LAND_i +$$
$$\sum \beta X_i + \theta_i + \varepsilon_i$$

其中，$Labor_i$ 表示第 i 户被访的农村家庭的劳动力要素投入；$GSZB\_MACHINE_i$ 表示农户 i 所在村庄是否有企业提供社会化服务（机耕服务），$GSZB\_LAND_i$ 表示农户 i 所在村庄是否有企业参与土地流转；X_i 包括农户户主个体特征、家庭特征和村居特征等；θ_i 表示被访的农村家庭所处地区的虚拟变量；ε_i 为扰动项。

(4) 描述性统计分析。 在社会投资主体参与农地经营的实践中，有 2.69％的农村社会投资主体参与农地经营是通过提供机耕服务的形式来完成的，说明当前企业提供机耕服务的范围还比较小，而46.09％的调查农户其所在村庄有不止一次被企业租赁农地的经历。在控制变量方面，户主的最高学历的平均水平略高于小学水平。当前农村户主以男性为主，占比90％，户主的平均年龄为53.26岁，户主的平均健康状况良好。

本章的劳动力是指年龄在16～64岁的人，根据此定义计算出家庭劳动力人数均值约为3人。家庭人口抚养比的均值为0.44，说明每一个劳动力需要抚养1～2人。参与农业生产的人数均值为1.81人，在全样本中从事农业生产人数在三人及以下的家庭占比96.45％，同时家庭耕地面积平均值为6.61公顷，家庭农业收入均值为9 426.36元。家庭成员的平均年龄为40.31岁。在农作物种植的生态环境方面，数据显示只有8％的农户表示自家农地周围存在土壤被污染的情况，说明目前农地土壤污染情况较轻，农作物种植生态环境良好。最后，作为衡量村居的区位经济条件的变量，村庄距最近的乡镇政府的距离的平均值为5.52公里（表4-1）。

表4-1　相关变量的定义及描述性统计

变量	变量名	变量定义及描述	平均值	标准差
劳动力农业就业	LABOR	家庭从事农业生产超过3个月的人数/家庭实际经营的农地面积（人/亩）	0.54	0.75
社会投资主体提供机耕服务	GSZB _ MACHINE	该村是否有工商企业下乡提供机耕服务（是=1，否=0）	0.03	0.16
社会投资主体租赁土地	GSZB _ LAND	1990年以来该村是否有社会投资主体下乡租赁土地（是=1，否=0）	0.46	0.49
户主健康程度	HEALTH	户主的健康程度（取值1～5，越低越健康）	2.57	1
户主受教育程度	EDU	根据户主最高学历赋值（取值1～5，未上过学=1，小学=2，初中=3，高中/技校/中专=4，大专/本科及以上=5）	2.56	0.87
户主性别	GENDER	户主性别（男=1，女=0）	0.90	0.29
家庭农业收入占比	INCOME	家庭农业收入占家庭总收入的比值	0.38	0.43
家庭成员平均年龄	AGE	家庭成员的年龄（岁）	40.31	12

（续）

变量	变量名	变量定义及描述	平均值	标准差
家庭人口抚养比	DR	家庭中非劳动年龄人口与劳动人口之比	0.44	0.52
土壤污染程度	POLLUTION	家庭居住地附近土壤污染程度（取值1～4，越低越严重）	3.44	0.7
乡镇政府所在地	GOVERN	村庄距最近的乡镇政府的距离（公里）	5.52	4.8
东部	EAST	调查地是否在我国东部地区（是＝1，否＝0）	0.45	0.5

（5）**基准模型回归。**本章运用 stata16.1 对模型使用最小二乘法进行回归，回归结果见表 4-2。表 4-2 回归方程（1）结果显示，以社会投资主体提供机耕服务来衡量的社会投资主体参与农地经营十分稳健并显著地负向影响家庭劳动力在单位农地上的农业就业。表明社会投资主体参与农地经营提供机耕服务能够减小家庭劳动力在单位农地上的农业就业密度，促使机器替代劳动力，从而使部分家庭劳动力脱离农业就业，向非农产业转移。

表 4-2　回归分析结果

项目	社会投资主体提供机耕服务（1）	社会投资主体租赁土地（2）
社会投资主体提供机耕服务	−0.262*	
	(0.14)	
社会投资主体租赁土地		0.947***
		(0.05)
户主健康程度	0.030**	0.018
	(0.01)	(0.01)
户主受教育程度	−0.055***	−0.036**
	(0.02)	(0.02)
户主性别	0.128**	0.143***
	(0.05)	(0.05)
家庭成员平均年龄	−0.003**	−0.004***
	(0.00)	(0.00)

（续）

项目	社会投资主体提供机耕服务 (1)	社会投资主体租赁土地 (2)
家庭农业收入占比	−0.287***	−0.108***
	(0.03)	(0.03)
机耕服务×家庭农业收入占比	0.229	−0.521***
	(0.18)	(0.02)
家庭人口抚养比	0.004	0.010
	(0.03)	(0.03)
土壤污染程度	−0.082***	−0.056***
	(0.02)	(0.02)
乡镇政府所在地	0.074*	0.095**
	(0.04)	(0.04)
东部	0.072**	0.032
	(0.03)	(0.03)
_cons	1.028***	0.792***
	(0.13)	(0.12)
N	2 671	2 536
R^2	0.044	0.185

注：***代表1%的水平上显著，**代表5%的水平上显著，*代表10%的水平上显著。

　　控制变量中，农户户主的健康状况显著正向影响家庭劳动力的农业就业，户主的健康程度每增加一个单位，家庭劳动力农业就业水平将平均增加约3个百分点。而户主的受教育程度对劳动力农业就业有显著的负向影响，户主的最高学历每增加一个单位，劳动力农业就业水平将平均降低约5.5个百分点。户主为男性的家庭比女性作为户主的家庭的劳动力农业就业水平平均高0.128个单位。

　　家庭层面中，家庭成员的平均年龄显著负向影响单位土地上的家庭劳动力农业就业，即家庭成员的平均年龄每增加一个单位，家庭劳动力农业就业水平将会平均降低0.3个百分点。家庭农业收入占比显著负向影响劳动力农业就业，家庭农业收入占比每增加10%，劳动力农业就业水平将平均降低 28.7%，说明农业收入占比高的农户倾向于使用机器来替代劳动力，从而降低单位农地上的劳动力就业密度。家庭人口抚养比对于劳动力农业就业没有显著影响。

村居特征变量中，是乡镇政府所在地的村庄的农户家庭劳动力农业就业密度比不是乡镇政府所在地的村庄平均高 7.4 个百分点；农户居住地附近的土壤污染程度越深，家庭实际可用耕地经营面积就越小，家庭在单位耕地面积上的劳动力投入就越密。最后，位于东部地区的家庭的劳动力农业就业水平比非东部地区的平均水平高 7.2%。

表 4-2 回归方程（2）结果显示，以工商企业租赁土地来衡量的社会投资主体参与农地经营十分稳健并显著地正向影响家庭劳动力在单位农地上的农业就业。该模型中除了是否位于东部地区和户主健康程度变量产生的影响变得不显著之外，其他控制变量影响显著与否和影响方向都与表 4-2 中回归方程（1）一致。

从表 4-2 中的结果可知，社会投资主体参与农地经营中不同的参与方式对农户劳动力农业就业的影响具有显著的差异，社会投资主体提供机耕服务对劳动力农业就业具有显著的负向影响，而社会投资主体下乡租赁农地的行为对劳动力农业就业具有显著的正向影响。从系数大小来看，有企业征地的村庄，家庭劳动力农业就业水平比没有的平均高 0.947 个单位，有企业提供机耕服务的村庄，农户劳动力农业就业水平比没有的平均低 0.262 个单位，且上述两个变量分别在 1% 和 10% 的统计水平上显著。综上所述，社会投资主体的租赁农地行为提高了农户家庭劳动力在单位农地上的就业密度。在人地矛盾突出的情况下，这种过密的劳动力投入，实际上降低了农户家庭劳动力农业就业质量。特别是对于那些难以将劳动力向非农产业转移的家庭而言，这种在单位土地上增加更多劳动力投入的行为，无疑造成了农户家庭劳动力就业不充分或者说隐蔽性失业。而社会投资主体通过提供机耕服务的方式进入农业服务环节会促使机器替代农业劳动力，使一部分愿意接受社会投资主体社会化服务的农户能够降低单位土地上的劳动力就业密度。如果这部分农户能够将劳动力向非农产业转移，这是具有积极效应的。当然，这同样有个前提，是农户自愿接受机械对人力的替代。考虑到这种社会化服务是一种市场交易行为，我们主要还是认同这是自愿的。如果看两个回归方程中社会投资主体提供机耕服务和社会投资主体租赁农地两个变量系数的绝对值，二者分别为 0.262 和 0.947，可以认为社会投资主体下乡提供机耕服务降低农户家庭劳动力农业就业密度的效应小于社会投资主体下乡租赁农地增加农户家庭劳动力农业就业密度的效应，从而整体上表现出社会投资主体参与农地经营对家庭劳动力农业就业带来压力，即社会投资主体参与农地经营可能会排斥农民，增加农业劳动力转移压力，降低家庭劳动力农业就业质量。

（6）内生性处理。 首先，前文采用 OLS 回归的方式构建了反映社会投资主体通过提供机耕服务和租赁农地参与农地经营对家庭劳动力农业就业的影响的方程。但社会投资主体参与农地经营可能是反向选择的结果，即使用传统的 OLS 模型无法解决模型的内生性问题。其次，变量的遗漏会影响模型回归结果的准确性。为了解决上述问题，本研究还采用倾向得分匹配模型进行实证分析。

企业参与农地经营通常会受到一些可观测或不可观测因素的影响，如基础设施的完备程度、农户对使用机耕服务或转出土地意愿的强烈程度、农户的兼业化状况、政府对农地流转的支持力度以及当地的地势、地块的细碎程度等。这些因素中，有的可以作为控制变量被控制，但一些潜在的不能被观测到的因素则无法被控制，这些因素的存在导致社会投资主体参与农地经营与随机误差项相关，产生内生性问题，从而导致参数估计存在偏误，因此控制样本的自选择问题十分必要。本章采用倾向得分匹配模型（PSM），其基本原理是将与社会投资主体参与农地经营的样本（实验组）相似的没有社会投资主体参与农地经营的样本（控制组）进行匹配，再根据匹配结果计算社会投资主体参与农地经营影响家庭劳动力要素投入的平均处理效应（ATT），从而达到降低样本自选择偏误的目的。

从倾向得分匹配结果来看，在匹配后，以工商企业提供机耕服务来衡量社会投资主体情况，模型的标准化偏差为 5.8%，以社会投资主体租地来衡量社会投资主体情况，模型的标准化偏差为 3.9%，表明样本的匹配效果符合预期。表 4-3 显示了社会投资主体参与农地经营影响家庭劳动力农业就业的倾向得分匹配结果，从表 4-3 的结果中可以看出，虽然使用不同的匹配方法所得到的平均处理效应在数值上有略微差异，但总体来看，各种匹配方法所得出的结论是一致的，即社会投资主体提供社会化服务将会降低农户在单位农地上的劳动力投入密度，说明经过倾向得分匹配后样本的选择偏误得到了有效化解。

表4-3　社会投资主体影响家庭劳动力要素投入的平均处理效应（ATT）

变量	匹配方法	平均处理效应	标准误	T检验值
社会投资主体提供机耕服务	最近邻匹配	−0.270 6	0.083 9	−3.23
	半径匹配	−0.159 8	0.041 3	−3.87
	核匹配	−0.158 9	0.043 1	−3.67
社会投资主体租赁土地	最近邻匹配	0.122 7	0.043 6	2.81
	半径匹配	0.123 4	0.025 2	4.90
	核匹配	0.120 4	0.031 3	3.84

（7）**稳健性检验**。进一步地，对于社会投资主体提供社会化服务层面的模型，本研究将采用分位数回归来进行稳健性检验，分别测算在25%、50%、75%的家庭劳动力农业就业密度下，社会投资主体下乡提供机耕服务对单位农地上家庭劳动力农业就业密度的影响。而在社会投资主体是否租赁土地方面，使用"社会投资主体租赁土地的次数"来替代核心变量，从而验证此模型的稳健性。回归结果如表4-4所示。

表4-4　稳健性检验

项目	社会投资主体提供机耕服务			社会投资主体租赁土地
	(1) 25%	(2) 50%	(3) 75%	(4)
社会投资主体提供机耕服务	−0.056***	−0.093***	−0.108*	0.017**
	(0.01)	(0.04)	(0.06)	(0.01)
个体特征	控制	控制	控制	控制
家庭特征	控制	控制	控制	控制
村居固定效应	控制	控制	控制	控制
_cons	0.419***	0.567***	0.889***	1.326***
	(0.05)	(0.08)	(0.18)	(0.24)

从回归结果中可以看出，将样本细分后，社会投资主体下乡提供社会化服务依旧显著负向影响家庭劳动力农业就业密度。更换核心变量后，社会投资主体征地行为依旧显著正向影响家庭劳动力农业就业密度。除了个别控制变量在显著性水平上有差别，其余变量回归系数符号均与预期保持

一致，本部分的研究结论未发生实质性改变。

(8) 研究结论。本部分使用中国劳动力动态调查数据（CLDS）探讨社会投资主体参与农地经营对家庭劳动力农业就业的影响，深入揭示了两者之间的影响机制，得出以下结论：第一，社会投资主体提供社会化服务整体上对农村家庭劳动力农业就业密度的影响显著为负，即社会投资主体参与农地经营提供机耕服务增加了农户的机械投入水平，从而减少了家庭在单位农地上的劳动力投入，降低了劳动力在单位土地上的农业就业密度；而社会投资主体下乡租赁土地正向显著影响农户家庭劳动力在单位土地上的农业就业密度。第二，户主的教育水平、家庭农业收入、家庭成员的平均年龄对于家庭劳动力农业就业密度产生负向影响；家庭劳动力农业就业密度受村庄区位经济水平的正向影响。第三，通过加入户主的性别与家庭所在地区这两个虚拟变量，得出社会投资主体参与农地经营对家庭劳动力农业就业的影响当户主为男性、家庭位于东部地区时更大。

(9) 政策启示。改革开放以来，中国农业生产的资本积累较为迅速，经历了较显著的资本深化过程，社会投资主体参与农地经营造成了资本对劳动力投入的替代，对农业劳动力转移提出了更高要求，在一定程度上会对农民造成就业挤压，增加农民的就业压力。在转移不畅的情况下，会增加农户家庭在单位土地上的劳动力投入密度、降低农民就业质量。

基于社会投资主体通过不同的途径对农户家庭农业就业产生影响的角度而言，政府管制应该着眼于减少社会投资主体参与农地经营对农民的就业排斥和挤压，在发挥社会投资主体积极作用的同时，千方百计保护好农户利益。农民就业关系国家稳定、社会发展和共同富裕目标的实现。在劳动力未向非农产业转移之前，应该保障农民的农业就业。也正因如此，政府应该对社会投资主体直接参与农地经营设置高门槛、严管制，鼓励、支持社会投资主体以提供社会化服务等方式间接参与农地经营，对相应的准入标准可予以放宽。

5 | 社会投资主体参与农地经营政府管制博弈分析

为促进农业现代化发展，提高农业综合生产能力，国家出台一系列强农惠农政策，加强对农业的扶持和补贴，改善农业政策环境，降低行业准入门槛。其中部分政策明确提出鼓励社会投资主体下乡，将资金、技术、先进的生产方式及创新发展理念带进乡村，发挥资本的溢出效应，促进农业集约化生产、规模化经营。2016 年中央 1 号文件提出要"完善工商资本租赁农地准入、监管和风险防范机制"。2018 年中央 1 号文件指出要"加快制定鼓励引导工商资本参与乡村振兴的指导意见，落实和完善融资贷款、配套设施建设补助、税费减免、用地等扶持政策，明确政策边界，保护好农民利益"。2020 年中央 1 号文件提出要"引导和鼓励工商资本下乡，切实保护好企业家合法权益"。

由于资本的逐利性与对农业生产的片面认知，社会投资主体下乡时也产生了一些问题，如在耕地利用方面存在"非粮化"的倾向、参与动机方面存在套取补贴的意图、经营方式方面存在破坏环境的危害。同时，在利益的驱动下，社会投资主体易与基层政府形成合谋关系。这些问题的存在，对粮食生产、资源利用、经营效率等方面产生了不利影响。

政府对社会投资主体参与农地经营进行管制的过程，实际上是多个利益主体的博弈过程。部分学者对政府管制中管制者与被管制者之间的博弈进行了研究。胡松（2009）根据囚徒困境分析认为实现政企博弈的帕累托最优需要促进双方达成合作博弈[1]。肖微和方堃（2009）认为，

---

[1] 胡松. 博弈论视角下我国政府与企业的关系 [J]. 当代经济，2009（1）.

政府与企业之间的博弈本质上是寻求各自利益的最大化，双方合作的基础是利益趋同，为促进双方博弈由囚徒困境变革到智猪博弈，需要规制政府权力、提供政策支持、健全监督机制①。程乐夫（2003）通过构建企业效用函数，实证分析政府与企业目标的不同，认为制度化的政府行为与稳定的企业政策能够缓解博弈中的冲突，促进双方合作②。尤建新和陈强（2002）认为信息不对称与契约式政企关系导致了政企之间的博弈，并通过构建有约束条件的博弈模型得出结论：解决政企博弈需要转变政府角色，加强制度建设③。林晶（2007）从重复博弈的角度分析，认为我国许多政策的出台是政企双方博弈的结果，而政策执行的过程就是对抗冲突的博弈过程④。尹庆民（2004）分别构建了对称信息和非对称信息下的委托—代理模型，认为政府的激励机制对企业运营的效率有重要影响⑤。卢超群和宁小花（2010）从猎鹿博弈、分蛋糕博弈模型的角度分析，认为政企之间需要加强合作，兼顾效率与公平，促进双方协调发展⑥。

由于社会投资主体与基层政府在参与农地经营或监管时存在有限理性且不能获得完全信息，需要不断学习、模仿他人的做法寻找自己的最优策略。借鉴公茂刚等⑦、李继志等⑧的做法，利用动态分析的方法，将影响参与主体行为的因素考虑在内，寻找长期博弈的均衡点，求解他们的演化稳定策略（ESS）。基于社会投资主体下乡中存在的问题，分别构建4个演化博弈模型，分别求解他们的均衡，并以此提出政策意见。

---

① 肖微，方堃. 基于博弈论思维框架的政府与企业关系重塑——从"囚徒困境"到"智猪博弈"的策略选择［J］. 华中农业大学学报（社会科学版），2009（1）.

② 程乐夫. 政企博弈与企业政策［J］. 经济与管理研究，2003（6）.

③ 尤建新，陈强. 对城市建设活动中政企博弈问题的探析［J］. 同济大学学报（社会科学版），2002（2）.

④ 林晶. 政府与国企间的信息不对称及其博弈分析［J］. 商业时代，2007（17）.

⑤ 尹庆民. 政企博弈中国有企业的效率分析［J］. 商业研究，2004（15）.

⑥ 卢超群，宁小花. 博弈视角下的政企关系改革历程及趋势——基于国有企业改革的分析［J］. 经济体制改革，2010（3）.

⑦ 公茂刚，王如梦，黄肖. "三权分置"下农村宅基地流转演化博弈分析［J］. 重庆社会科学，2021（3）.

⑧ 李继志，封美晨. 农民专业合作社中工商资本与农户的合作机制研究——基于演化博弈论的视角［J］. 中南林业科技大学学报，2016，36（8）.

5.1 对"非粮化"问题进行管制的演化博弈分析

5.1.1 土地利用上出现耕地"非粮化"问题

粮食安全是国家安全的基石，党和国家历来高度重视我国粮食安全保障问题。新中国成立以后，"以粮为纲""决不放松粮食生产"成为指导农业生产的基本方针，保障粮食自给、丰富粮食储备成为基本目标。进入新时代，我国确立了"以我为主、立足国内、确保产能、适度进口、科技支撑"的国家粮食安全战略，要"把饭碗牢牢端在自己手中"。

粮食种植具有风险较高、周期较长、比较收益较低的特点，为追逐高额利润，工商企业会选择在所流转的土地上少种甚至不种粮食作物，主要种植经济作物。据农业农村部公开统计数据统计，自 2011 年到 2019 年，家庭承包流转耕地从 1 519.56 万公顷增加到 3 699.87 万公顷，九年增加了 2 180.31 万公顷，增长了 143.48%。用于种植粮食作物的部分从 831.82 公顷增加到 1 966.97 万公顷，九年仅增加了 1 135.15 万公顷，增长了 136.47%，慢于耕地流转面积增长速度。2014 年种植粮食的耕地面积占比为 56.77%，此后逐年下降，2019 年降至 53.16%。也就是说，流转的家庭承包耕地中，有 46.84% 没有用于种植粮食，出现了"非粮化"问题。有研究在安徽省大岗村调研发现，该村流转的土地主要用于种植葡萄、梨、蔬菜等经济作物，仅有 286.67 公顷的高质量耕地用于粮食种植[1]。

耕地是粮食生产的命根子，稳定粮食生产，良田粮用是根本。随着土地租赁成本的提高，在"农户—工商企业""农户—合作社"的耕地流转模式下，由于粮食生产比较收益低，社会投资主体会采取"非粮化"行为[2]。耕地的"非粮化"利用会破坏土地肥力，导致土地生产率的下降，"非粮化"打破了"粮食作物＋经济作物＋饲料作物"三元结构的平衡，

---

[1] 任晓娜，孟庆国. 工商资本进入农村土地市场的机制和问题研究——安徽省大岗村土地流转模式的调查 [J]. 河南大学学报（社会科学版），2015，55 (5).

[2] 蔡瑞林，陈万明，朱雪春. 成本收益：耕地流转非粮化的内因与破解关键 [J]. 农村经济，2015 (7).

不利于粮食产业持续稳定发展①。特别是随着人口的增长，以及粮食作为工业生产、动物饲料重要原料的需求持续攀升，未来对粮食的需求量只增不减，耕地利用的"非粮化"会直接冲击到国家粮食安全。因此，国家三令五申，要良田粮用，严格限制耕地的"非粮化"利用。习近平总书记指出，农田就是农田，只能用来发展种植业特别是粮食生产，要落实最严格的耕地保护制度，加强用途管制。粮食安全保障法明确规定，"耕地应当主要用于粮食和棉、油、糖、蔬菜等农产品及饲草饲料生产""县级以上地方人民政府应当根据粮食和重要农产品保供目标任务，加强耕地种植用途管控，落实耕地利用优先序，调整优化种植结构""县级以上地方人民政府农业农村主管部门应当加强耕地种植用途管控日常监督"。党的二十届三中全会通过的《中共中央关于进一步全面深化改革、推进中国式现代化的决定》指出，"健全保障耕地用于种植基本农作物管理体系"。耕地资源具有准公共物品属性②，粮食也具有准公共物品属性③，政府有责任在耕地利用和粮食生产上发挥积极作用。地方政府在粮食生产中扮演着重要角色，是国家农业政策的执行者、一线农业生产的管理者，是对农业经营主体耕地利用行为的直接监管者，其监管行为会影响农业经营主体的种植决策，对粮食生产有重要影响。农业生产经营主体作为直接的生产决策者，其种植作物选择行为直接决定了粮食播种面积，对粮食安全产生直接影响。因此，地方政府和农业生产经营主体在耕地种植用途利用上的行为决策对稳定粮食生产、保障国家粮食安全具有重要影响。

5.1.2 对社会投资主体参与农地经营过程中耕地利用"非粮化"问题管制的博弈均衡分析

5.1.2.1 基本假设

假设1：社会投资主体的行为策略有（种植粮食，种植经济作物），地方政府的行为策略有（监管，不监管）。假设社会投资主体下乡时选择种植粮食的概率为 x（$0 \leqslant x \leqslant 1$），则选择种植经济作物的概率为 $1-x$；假设地

① 匡远配，刘洋.农地流转过程中的"非农化"、"非粮化"辨析[J].农村经济，2018（4）.
② 王舒琪，叶兴庆.耕地非粮化的负外部性问题及化解策略[J].农村经济，2023（10）：1-10.
③ 普蓂喆，周琳，钟钰，等.我国粮食产销平衡区和主销区粮食自给底线设定研究[J].农业经济问题，2022（7）：113-123.

方政府选择监管的概率为 y（$0 \leqslant y \leqslant 1$），则选择不监管的概率为 $1-y$。

假设 2：假设社会投资主体种植粮食的单位收益为 a，种植经济作物的单位收益为 b，种植面积为 m。社会投资主体种植粮食作物时所支付的机械设备费用、劳动力费用及交易费用为总成本，记为 C_1；种植经济作物时的成本记为 C_2。全国农产品成本收益资料汇编显示，种植粮食作物的成本小于种植经济作物的成本，即 $C_1 < C_2$，种植粮食作物的收益低于种植经济作物的收益，即 $am < bm$，且种植粮食作物的净收益低于种植经济作物的净收益，即 $am - C_1 < bm - C_2$。

假设 3：当社会投资主体选择种植粮食时，地方政府会获得经济发展收益 G_1；社会投资主体选择种植经济作物时，地方政府会获得经济发展收益 G_2。由于发展经济作物相对于粮食作物有更高的经济收益，因此有 $G_1 < G_2$。

假设 4：确保粮食安全是发展农业生产、推进农业农村现代化的首要任务，地方政府必须扛稳维护粮食安全的政治责任。当地方政府积极作为，采取积极监管措施的时候，为了激励社会投资主体种植粮食，会给予其额外的粮食种植支持措施，包括且不限于给予各类直接的货币补贴和项目支持，这里统一简化为补贴 B。补贴 B 既是社会投资主体种植粮食的额外收益，同时也构成地方政府的一项成本。当地方政府不采取监管措施的时候，或者社会投资主体种植经济作物的时候，该项补贴不会发生。

假设 5：粮食安全是重要的准公共产品，为了鼓励地方政府采取有效监管措施防范耕地"非粮化"利用，国家会对采取了积极监管措施并取得了良好成效（这里可以简化为社会投资主体选择种粮）的地方政府给予奖励 Q_1。国家为了激励生产经营主体积极种粮，会对粮食生产经营主体给予各类种粮补贴。当社会投资主体选择种植粮食的时候，会获得国家给予的粮食生产补贴 Q_2。只有当经营主体种植粮食的时候，Q_1 和 Q_2 才会下发。

假设 6：地方政府对社会投资主体农地利用行为进行监管会付出管理成本 M。

5.1.2.2 模型建立与求解

根据前述基本假设，可以基于四种不同情景构建社会投资主体与地方政府的收益矩阵，如表 5-1 所示。

情景 1：社会投资主体种植粮食，地方政府监管。在此情景下，社会投

资主体的总收益是 $am-C_1+B+Q_2$，地方政府的总收益是 G_1+Q_1-M-B。

情景 2：社会投资主体种植粮食，地方政府不监管。在此情景下，社会投资主体的总收益是 $am-C_1+Q_2$，地方政府的总收益是 G_1。

情景 3：社会投资主体种植经济作物，地方政府监管。在此情景下，社会投资主体的总收益是 $bm-C_2$，地方政府的总收益是 G_2-M。

情景 4：社会投资主体种植经济作物，地方政府不监管。在此情景下，社会投资主体的总收益是 $bm-C_2$，地方政府的总收益是 G_2。

表 5-1　社会投资主体与地方政府的博弈收益矩阵 1

		地方政府	
		监管（y）	不监管（$1-y$）
社会投资主体	种植粮食（x）	（$am-C_1+B+Q_2$，G_1+Q_1-M-B）	（$am-C_1+Q_2$，G_1）
	种植经济作物（$1-x$）	（$bm-C_2$，G_2-M）	（$bm-C_2$，G_2）

由此可计算出社会投资主体选择"种植粮食"策略时，期望收益 U_{11} 为：

$$U_{11}=y(am-C_1+B+Q_2)+(1-y)(am-C_1+Q_2)$$
$$=yB+(am-C_1+Q_2)$$

同理，社会投资主体选择"种植经济作物"策略时，期望收益 U_{12} 为：

$$U_{12}=y(bm-C_2)+(1-y)(bm-C_2)=bm-C_2$$

因此，社会投资主体的平均期望收益 U_1 为：

$$U_1=xU_{11}+(1-x)U_{12}$$
$$=x(yB+am-C_1-bm+C_2+Q_2)+bm-C_2$$

地方政府选择"监管"策略时，期望收益 U_{21} 为：

$$U_{21}=x(G_1+Q_1-M-B)+(1-x)(G_2-M)$$
$$=x(G_1-G_2-B+Q_1)+G_2-M$$

地方政府选择"不监管"策略时，期望收益 U_{22} 为：

$$U_{22}=xG_1+(1-x)G_2=x(G_1-G_2)+G_2$$

因此，地方政府的平均期望收益 U_2 为：

$$U_2=yU_{21}+(1-y)U_{22}=y[x(Q_1-B)-M]+x(G_1-G_2)+G_2$$

社会投资主体选择种植粮食的复制动态方程为：

$$F(x)=\frac{\mathrm{d}x}{\mathrm{d}t}=x(U_{11}-U_{12})=x(1-x)[yB+Q_2+am-C_1-bm+C_2]$$

地方政府选择监管的复制动态方程为：

$$F(y)=\frac{dy}{dt}=y(U_{21}-U_{22})=y(1-y)\left[x(Q_1-B)-M\right]$$

5.1.2.3　稳定策略求解

令 $F(x)=0,F(y)=0$ 同时成立，可以得到演化模型的 5 个局部均衡点，分别为 $(0,0),(0,1),(1,0),(1,1),\left(\dfrac{M}{Q_1-B},\dfrac{(bm-C_2)-(am-C_1)-Q_2}{B}\right)$。构造雅克比（Jacbian）矩阵，并进行系统均衡点的局部稳定性分析。

构建雅克比矩阵：

$$J=\begin{pmatrix}\dfrac{\partial F(x)}{\partial x}&\dfrac{\partial F(x)}{\partial y}\\[2mm]\dfrac{\partial F(y)}{\partial x}&\dfrac{\partial F(y)}{\partial y}\end{pmatrix}$$

$$=\begin{Bmatrix}(1-2x)\left[yB+Q_2+am-C_1-bm+C_2\right]&x(1-x)B\\y(1-y)(Q_1-B)&(1-2y)\left[x(Q_1-B)-M\right]\end{Bmatrix}$$

通过雅克比矩阵的行列式与迹判断均衡点的稳定性。采用矩阵的行列式 Det. J 和迹 Tr. J 的组合特征来判断平衡点的局部稳定性，当 Det. J>0 且 Tr. J<0 时，平衡点为局部稳定点；当 Det. J>0 且 Tr. J>0 时，均衡点为不稳定点；当 Det. J<0 且 Tr. J 正负不确定时，该均衡点为鞍点。

由表 5-2 和图 5-1 可知，在 5 个局部均衡点中，两个稳定点分别为 A 点、C 点，对应 {社会投资主体，地方政府} = {种植粮食，监管}、{社会投资主体，地方政府} = {种植经济作物，不监管} 两种策略。此外，B 点和 D 点是两个不稳定点，E 是该系统的鞍点。

表 5-2　博弈双方的演化稳定点 1

均衡点	Det. J	Tr. J	稳定性
(0，0)	+	−	稳定点
(0，1)	+	+	不稳定点
(1，0)	+	+	不稳定点
(1，1)	+	−	稳定点
$\left[\dfrac{M}{Q_1-B},\dfrac{(bm-C_2)-(am-C_1)-Q_2}{B}\right]$	−	x	鞍点

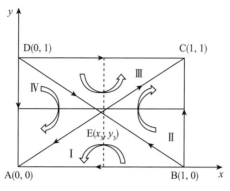

图 5-1　演化路径 1

情况 1：当 $x<x_3$，$y<y_3$ 时，采取种植粮食和监管策略的概率均小于临界值，初始点（x，y）落在图 5-1 的区域 I 中，演化博弈结果收敛于 A（0，0），即当初始状态处于区域 I 时，社会投资主体将选择种植经济作物，地方政府将选择不监管。

情况 2：当 $x>x_3$，$y>y_3$ 时，采取种植粮食和监管策略的概率均大于临界值，初始点（x，y）落在图 5-1 的区域 III，演化博弈结果收敛于 C（1，1），即当初始状态处于区域 III 时，社会投资主体将选择种植粮食，地方政府将选择监管。

情况 3：当 $x<x_3$，$y>y_3$ 时，社会投资主体种植粮食的概率小于临界值，但地方政府监管的概率大于临界值，初始点（x，y）落在图 5-1 的区域 IV，演化博弈结果可能收敛于 C（1，1），也可能收敛于 A（0，0）。在这个区域内，该系统动态演化的路径取决于偶然事件下博弈方调整策略的速度。

情况 4：当 $x>x_3$，$y<y_3$ 时，社会投资主体种植粮食的概率大于临界值，但地方政府监管的概率均小于临界值，初始点（x，y）落在图 5-1 的区域 II，演化博弈结果可能收敛于 C（1，1），也可能收敛于 A（0，0）。在这个区域内，该系统动态演化的路径同样取决于偶然事件下博弈方调整策略的速度。

5.1.2.4　影响因素分析

社会投资主体与地方政府最终的演化结果可能是〔种植粮食，监管〕，可能是〔种植经济作物，不监管〕，如图 5-2 所示。至于收敛于哪一种结

果，由临界线上下方对应的四边形
ADEB 与四边形 CDEB 的面积大小
决定。当四边形 ADEB 的面积大于
四边形 CDEB 的面积时，则收敛于
{种植经济作物，不监管}；当四边
形 ADEB 的面积小于四边形 CDEB
的面积时，则收敛于 {种植粮食，
监管}；当四边形 ADEB 的面积等于
四边形 CDEB 的面积时，收敛为两

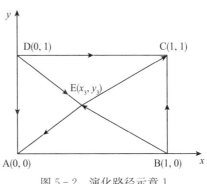

图 5 - 2　演化路径示意 1

种结果的概率相等。设折线 DEB 下方的四边形的面积为 S，可以通过分
析影响 S 的大小的因素，判断影响博弈演化的结果。

四边形 DABE 的面积 S 为：

$$S=\frac{1}{2}(x_3+y_3)=\frac{1}{2}\left[\frac{M}{Q_1-B}+\frac{(bm-C_2)-(am-C_1)-Q_2}{B}\right]$$

对 S 分别求 M、Q_1、Q_2、B、bm、am、C1、C2 的偏导数，得到：

$$\frac{\partial S}{\partial M}=\frac{1}{2(Q_1-B)}$$

$$\frac{\partial S}{\partial Q_1}=\frac{-M}{2(Q_1-B)^2}$$

$$\frac{\partial S}{\partial Q_2}=-\frac{1}{2B}$$

$$\frac{\partial S}{\partial B}=-\frac{M}{2(Q_1-B)}-\frac{(bm-C_2)-(am-C_1)-Q_2}{B^2}$$

$$\frac{\partial S}{\partial bm}=\frac{1}{2B}$$

$$\frac{\partial S}{\partial am}=-\frac{1}{2B}$$

$$\frac{\partial S}{\partial C_1}=\frac{1}{2B}$$

$$\frac{\partial S}{\partial C_2}=-\frac{1}{2B}$$

进一步总结得到如表 5 - 3 所示的各参数变化对各主体演化策略变化
的影响。

表 5－3　参数变化对主体演化策略变化的影响 1

参数	偏导数符号	对 S 的影响	意　义
M	＋	$M\uparrow$，$S\uparrow$	地方政府管理成本的增大会阻碍双方演化行为收敛于〔种植粮食，监管〕
Q_1	－	$Q_1\uparrow$，$S\downarrow$	中央政府对地方政府补贴的增大会促进双方演化行为收敛于〔种植粮食，监管〕
Q_2	－	$Q_2\uparrow$，$S\downarrow$	中央政府对社会投资主体补贴的增大会促进双方演化行为收敛于〔种植粮食，监管〕
am	－	$am\uparrow$，$S\downarrow$	种植粮食作物收益的增大会促进双方演化行为收敛于〔种植粮食，监管〕
bm	＋	$bm\uparrow$，$S\uparrow$	种植经济作物收益的增大会阻碍双方演化行为收敛于〔种植粮食，监管〕
C_1	＋	$C_1\uparrow$，$S\uparrow$	种植粮食作物成本的增大会阻碍双方演化行为收敛于〔种植粮食，监管〕
C_2	－	$C_2\uparrow$，$S\downarrow$	种植经济作物成本的增大会促进双方演化行为收敛于〔种植粮食，监管〕
B	－	$B\uparrow$，$S\downarrow$	地方政府对社会投资主体补贴的增大会促进双方演化行为收敛于〔种植粮食，监管〕

S 是 Q_1、Q_2、B、am、C_2 的减函数，当中央政府对地方政府的补贴 Q_1、中央政府对社会投资主体的补贴 Q_2、地方政府对社会投资主体的补贴 B、种植粮食作物的收益 am、种植经济作物成本 C_2 增大时，S 在减小，那么折线 DEB 上方的面积在增大，说明地方政府选择监管行为的概率在增大，社会投资主体选择种植粮食作物的行为概率在增大。而地方政府的管理成本 M、种植经济作物的收益 bm、种植粮食作物成本 C_1 增大时，S 在增大，也就是说折线 DEB 下方的面积在增大，即地方政府选择不监管行为的概率在增大，社会投资主体选择种植经济作物的概率在增加。

5.1.2.5　仿真分析

为了进一步模拟各个均衡点及博弈主体的不同初始值点向均衡点演化的轨迹，验证不同参数对博弈双方演化博弈行为的影响，本文采用 Matlab 软件仿真模拟各种参数取值变化下的演化博弈过程。

（1）初始状态对参与主体策略演化的影响。取部分可量化的指标进行仿真，令 $m=100$，$a=2$，$b=5$，$C_1=150$，$C_2=250$，$M=40$，$Q_1=150$，$Q_2=180$，$B=80$。

由图 5-3 可知，取不同的初始状态，参与主体策略将会演化至不同的结果：一部分收敛于（0，0），即{种植经济作物，不监管}；一部分收敛于（1，1），即{种植粮食，监管}。

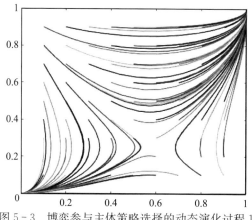

图 5-3 博弈参与主体策略选择的动态演化过程 1

（2）中央政府对地方政府的补贴 Q_1 变化对演化稳定结果影响的仿真分析。令 $m=100$，$a=2$，$b=5$，$C_1=150$，$C_2=250$，$M=40$，$Q_2=180$，$B=80$，使 Q_1 由 100 增加到 200，从图 5-4 中可以看到：当中央政府对

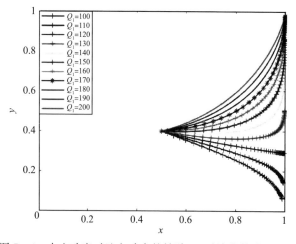

图 5-4 中央政府对地方政府的补贴 Q_1 对演化策略的影响

地方政府的补贴低于临界值时，演化策略将收敛于｛种植粮食，不监管｝，意味着当中央政府对地方政府的补贴较少时，地方政府将会选择不监管，而此时中央政府与地方政府给社会投资主体的补贴并未减少，因此社会投资主体将会选择种植粮食；当中央政府对地方政府的补贴高于临界值时，演化策略将会收敛于｛种植粮食，监管｝，收敛速度随着 Q_1 的增大而变快，即说明中央政府对地方政府补贴得越多，地方政府监管的积极性就会越强。

（3）中央政府对社会投资主体的补贴 Q_2 变化对演化稳定结果影响的仿真分析。 令 $m=100$，$a=2$，$b=5$，$C_1=150$，$C_2=250$，$M=40$，$Q_1=150$，$B=80$，使 Q_2 由 100 增加到 200，从图 5-5 中可以看到：当中央政府对社会投资主体的补贴低于临界值时，社会投资主体将会选择种植经济作物，而当社会投资主体选择种植经济作物时，地方政府继续投入监管成本，会给地方政府造成财政负担，因此地方政府将会选择不监管，即当中央政府对社会投资主体的补贴低于临界值时，演化策略将会收敛于｛种植经济作物，不监管｝；当中央政府对社会投资主体的补贴高于临界值时，社会投资主体乐于种植粮食作物，此时地方政府投入的监管成本起到了作用，维护了粮食安全，完成了政治任务，因此地方政府将会选择监管策略，即此时演化策略将会收敛于｛种植粮食，监管｝，收敛速度将随着 Q_2 的增大而变快，即说明中央政府对社会投资主体补贴得越多，社会投资主体种植粮食作物的积极性就越高，地方政府选择监管策略的可能也越大。

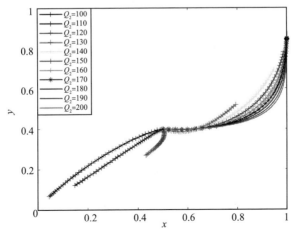

图 5-5　中央政府对社会投资主体的补贴 Q_2 对演化策略的影响

（4）地方政府对社会投资主体的补贴 **B** 变化对演化稳定结果影响的**仿真分析。**令 $m=100$，$a=2$，$b=5$，$C_1=150$，$C_2=250$，$M=40$，$Q_1=$ 150，$Q_2=180$，使 B 由 50 增加到 150，从图 5-6 中可以看到：当地方政府对社会投资主体的补贴低于临界值时，演化策略将收敛于｛种植粮食，监管｝，且随着 B 减少，收敛于｛种植粮食，监管｝策略的速度加快，即地方政府对社会投资主体的补贴越少，监管带来的财政压力就越小，地方政府监管积极性也越高；当地方政府对社会投资主体的补贴高于临界值时，会给地方财政造成巨大压力，地方政府将会选择不监管策略，因此演化策略将收敛于｛种植粮食，不监管｝。

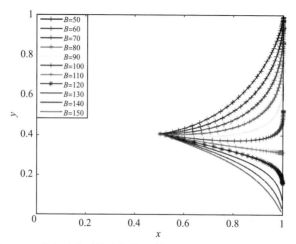

图 5-6　地方政府对社会投资主体的补贴 B 对演化策略的影响

（5）**地方政府管理成本 M 变化对演化稳定结果影响的仿真分析。**令 $m=100$，$a=2$，$b=5$，$C_1=150$，$C_2=250$，$Q_1=150$，$Q_2=180$，$B=80$，使 M 由 30 增加到 100，从图 5-7 中可以看到：当地方政府管理成本低于临界值时，演化策略随着成本的增加，收敛于｛种植粮食，监管｝的速度将越来越慢，即监管带来的管理成本增加，将会降低地方政府监管的积极性；当地方政府管理成本高于临界值时，给地方财政造成巨大压力，地方政府将会选择不监管策略，因此演化策略将收敛于｛种植粮食，不监管｝。

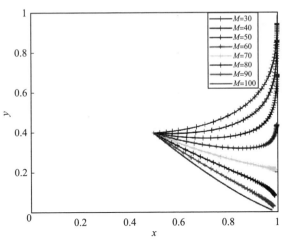

图 5-7　地方政府管理成本 M 对演化策略的影响

5.1.2.6　结论与建议

本部分运用演化博弈理论对耕地"非粮化"问题管制的演化和推进过程给予了解释，基于对社会投资主体、地方政府的复制动态及演化稳定策略分析，求出各自的复制动态及演化稳定策略，通过分析得出以下结论：

在耕地"非粮化"问题管制的演化博弈中，存在（0，0）和（1，1）两个 ESS，博弈演化的稳定状态取决于博弈双方的初始状态，有限理性的博弈双方在博弈之初，不一定能够选择最优的策略，只能够在给定有限信息下做出策略选择，体现了博弈初始状态的多样性。本部分通过对不同参数的仿真分析，模拟出不同参数对演化策略的影响，为中央政府、地方政府更好地决策提供理论支撑。

基于以上结论，提出如下建议：

（1）健全政策保障体系，完善激励机制。加大对地方政府抓粮和经营主体种粮的激励，确保抓粮、种粮不吃亏。统筹建立粮食产销区省际横向利益补偿机制，在主产区利益补偿上迈出实质步伐。加快健全经营主体种植粮食收益保障机制，加大对粮食生产的支持保障。加强对耕地利用情况监督，引导社会投资主体发展粮食生产。加大惩罚力度，对违法违规的行为严加管制。

（2）加大对粮食生产的扶持，完善生产服务体系。完善粮食生产经营社会化服务体系，积极响应粮食生产经营主体发展诉求，支持其发展现代化粮食生产，助力粮食产业可持续发展。

（3）践行大农业观大食物观，因地制宜合理利用耕地。在确保粮食和重要农产品保供目标任务前提下，因地制宜，粮经饲统筹，种养加结合，调整优化种植结构，合理高效利用耕地。

5.2　对套取补贴问题进行管制的演化博弈分析

5.2.1　社会投资主体下乡存在套取各级财政补贴问题

在当前国家高度重视"三农"发展的时代背景下，社会投资主体下乡面临众多政策支持。各级政府对于农业发展项目给予了众多的财政补贴。但现实中，部分工商企业下乡发生了"目标漂移"，从投资农业发展现代农业生产变为了获取国家财政补贴，甚至部分企业从一开始就动机不纯，不是为了发展农业，而是为了套取政府财政补贴，依靠优惠政策盈利。在获得补贴后，部分企业仍选择将土地闲置，等待土地价格上涨后赚取差价，浪费了土地资源和资金。有工商企业利用农业低息贷款套取惠农补贴，通过土地经营权进行抵押融资，从事非农投机，也有企业仅打造核心产业园经营农业，任由其余土地荒芜，通过差价夺取利润①。为了更好发挥农业补贴资金效益，让农业补贴资金切实起到培优农业生产主体、促进现代农业发展的作用，必须采取有效措施，遏制部分社会投资主体套取财政补贴行为。

5.2.2　对社会投资主体参与农地经营过程中套取补贴问题
　　　　进行管制的博弈均衡分析

5.2.2.1　基本假设

假设 1：社会投资主体的行为策略有（正常经营，套取补贴），基层政府的行为策略有（严格监管，疏于监管）。假设社会投资主体下乡时选择正常经营的概率为 x（$0 \leqslant x \leqslant 1$），则选择套取补贴的概率为 $1-x$；假设基层政府选择严格监管的概率为 y（$0 \leqslant y \leqslant 1$），则选择疏于监管的概率为 $1-y$。

假设 2：社会投资主体正常经营获得的净收益为 R。

---

① 蒋永穆，鲜荣生，张尊帅.工商资本投资农业的现状、问题及对策建议——一个基于四川省省际调研的样本分析［J］.农村经济，2015（4）：79-83.

假设 3：为了发展农业生产、吸引社会投资主体下乡投资，基层政府向社会投资主体提供补贴 B。

假设 4：在社会投资主体正常经营的情况下，基层政府可以获得经济发展收益 G，若社会投资主体套取补贴，则基层政府不能获得经济发展益 G，反而受到发展损失 S。

假设 5：若基层政府严格监管，则社会投资主体套取补贴行为必然被发现，社会投资主体将不能获得补贴 B，同时还将遭受信用损失 L；若基层政府疏于监管，则社会投资主体套取补贴行为不能被发现，社会投资主体除了套取补贴 B，还将获取额外收益 E。

假设 6：若在基层政府严格监管下，社会投资主体正常经营，则基层政府将因其有效的行政管理行为树立良好的"作为"形象、管理权威和政府信誉，记为收益 N。

假设 7：基层政府对社会投资主体行为的严格监管成本为 M，若基层政府疏于监管则监管成本为 0。

5.2.2.2 模型建立与求解

根据前述基本假设，可以基于四种不同情景构建社会投资主体与地方政府的收益矩阵，如表 5-4 所示。

情景 1：社会投资主体正常经营，基层政府严格监管。在此情景下，社会投资主体的总收益是 $R+B$，基层政府的总收益是 $G-B-M+N$。

情景 2：社会投资主体正常经营，基层政府疏于监管。在此情景下，社会投资主体的总收益是 $R+B$，基层政府的总收益是 $G-B$。

情景 3：社会投资主体套取补贴，基层政府严格监管。在此情景下，社会投资主体的总收益是 $R-L$，基层政府的总收益是 $-M-S$。

情景 4：社会投资主体套取补贴，基层政府疏于监管。在此情景下，社会投资主体的总收益是 $R+B+E$，基层政府的总收益是 $-B-S$。

表 5-4 社会投资主体与地方政府的博弈收益矩阵 2

		基层政府	
		严格监管（y）	疏于监管（$1-y$）
社会投资 主体	正常经营（x）	（$R+B$，$G-B-M+N$）	（$R+B$，$G-B$）
	套取补贴（$1-x$）	（$R-L$，$-M-S$）	（$R+B+E$，$-B-S$）

由此可计算出社会投资主体选择"正常经营"策略时，期望收益 U_{11} 为：

$$U_{11}=y(R+B)+(1-y)(R+B)=R+B$$

同理，社会投资主体选择"套取补贴"策略时，期望收益 U_{12} 为：

$$U_{12}=y(R-L)+(1-y)(R+B+E)$$
$$=y(-L-B-E)+R+B+E$$

因此，社会投资主体的平均期望收益 U_1 为：

$$U_1=xU_{11}+(1-x)U_{12}$$
$$=xy(B+E+L)-xE-y(-L-B-E)+(R+B+E)$$

基层政府选择"严格监管"策略时，期望收益 U_{21} 为：

$$U_{21}=x(G-B-M+N)+(1-x)(-M-S)$$
$$=x(G-B+N+S)-(M+S)$$

基层政府选择"疏于监管"策略时，期望收益 U_{22} 为：

$$U_{22}=x(G+B)+(1-x)(-B-S)$$
$$=x(G+S)-(B+S)$$

因此，基层政府的平均期望收益 U_2 为：

$$U_2=yU_{21}+(1-y)U_{22}$$
$$=y[x(N-B)+(B-M)]+x(G+S)-(B+S)$$

社会投资主体选择"正常经营"策略的复制动态方程为：

$$F(x)=\frac{\mathrm{d}x}{\mathrm{d}t}=x(U_{11}-U_{12})$$
$$=x(1-x)[y(L+B+E)-E]$$

基层政府选择"严格监管"的复制动态方程为：

$$F(y)=\frac{\mathrm{d}y}{\mathrm{d}t}=y(U_{21}-U_{22})$$
$$=y(1-y)[x(N-B)+(B-M)]$$

5.2.2.3 稳定策略求解

令 $F(x)=0,F(y)=0$ 同时成立，可以得到演化模型的 5 个局部均衡点：$(0,0)$，$(0,1)$，$(1,0)$，$(1,1)$，$\left(\dfrac{M-B}{N-B},\dfrac{E}{L+B+E}\right)$。构造雅克比（Jacbian）矩阵，并进行系统均衡点的局部稳定性分析。

构建雅克比矩阵：

$$J = \begin{vmatrix} \dfrac{\partial F(x)}{\partial x} & \dfrac{\partial F(x)}{\partial y} \\ \dfrac{\partial F(y)}{\partial x} & \dfrac{\partial F(y)}{\partial y} \end{vmatrix}$$

$$= \begin{Bmatrix} (1-2x)[y(L+B+E)-E] & x(1-x)(L+B+E) \\ y(1-y)(N-B) & (1-2y)[x(N-B)+(B-M)] \end{Bmatrix}$$

通过雅克比矩阵的行列式与迹判断均衡点的稳定性。采用矩阵的行列式 Det. J 和迹 Tr. J 的组合特征来判断平衡点的局部稳定性：当 Det. J>0 且 Tr. J<0 时，平衡点为局部稳定点；当 Det. J>0 且 Tr. J>0 时，均衡点为不稳定点；当 Det. J<0 且 Tr. J 正负不确定时，该均衡点为鞍点。

由表 5-5 可知，在 5 个局部均衡点中，有两个稳定点分别为 A 点、C 点，对应〔社会投资主体，基层政府〕=〔正常经营，严格监管〕、〔社会投资主体，基层政府〕=〔套取补贴，疏于监管〕两种策略。此外，B 点和 D 点是两个不稳定点，E 是该系统的鞍点（图 5-8）。

表 5-5　博弈双方的演化稳定点 2

均衡点	Det. J	Tr. J	稳定性
(0, 0)	+	−	稳定点
(0, 1)	+	+	不稳定点
(1, 0)	+	+	不稳定点
(1, 1)	+	−	稳定点
$\left(\dfrac{M-B}{N-B}, \dfrac{E}{L+B+E}\right)$	−	x	鞍点

情况 1：当 $x<x_3$，$y<y_3$ 时，采取正常经营和严格监管策略的概率均小于临界值，初始点 (x, y) 落在图 5-8 的区域 I 中，演化博弈结果收敛于 A (0, 0)，即当初始状态处于区域 I 时，社会投资主体将选择套取补贴，基层政府将选择疏于监管。

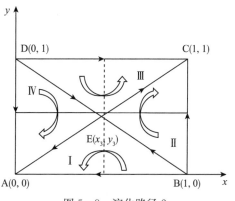

图 5-8　演化路径 2

情况 2：当 $x>x_3$，$y>y_3$ 时，采取正常经营和严格监管策略的概率均大于临界值，初始点 (x, y) 落在图 5-8 的区域Ⅲ中，演化博弈结果收敛于 C（1，1），即当初始状态处于区域Ⅲ时，社会投资主体将选择正常经营，基层政府将选择严格监管。

情况 3：当 $x<x_3$，$y>y_3$ 时，社会投资主体正常经营的概率小于临界值，但基层政府严格监管的概率大于临界值，初始点 (x, y) 落在图 5-8 的区域Ⅳ中，演化博弈结果可能收敛于 C（1，1），也可能收敛于 A（0，0）。在这个区域内，该系统动态演化的路径取决于偶然事件下博弈方调整策略的速度。

情况 4：当 $x>x_3$，$y<y_3$ 时，社会投资主体正常经营的概率大于临界值，但基层政府严格监管的概率小于临界值，初始点 (x, y) 落在图 5-8 的区域Ⅱ中，演化博弈结果可能收敛于 C（1，1），也可能收敛于 A（0，0）。在这个区域内，该系统动态演化的路径同样取决于偶然事件下博弈方调整策略的速度。

5.2.2.4 影响因素分析

社会投资主体与基层政府最终的演化结果可能是〈正常经营，严格监管〉，可能是〈套取补贴，疏于监管〉，如图 5-9 所示。至于收敛于哪一种结果，由临界线上下方对应的四边形 ADEB 与四边形 CDEB 的面积大小决定。当四边形 ADEB 的面积大于四边形 CDEB 的面积时，则收敛于〈套取补贴，疏于监管〉；当四边形 ADEB 的面积小于四边形 CDEB 的面积时，则收敛于〈正常经营，严格监管〉；当四边形 ADEB 的面积等于四边形 CDEB 的面积时，收敛为两种结果的概率相等。设折线 DEB 下方的四边形的面积为 S，可

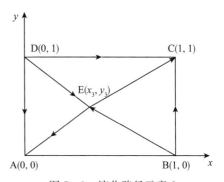

图 5-9　演化路径示意 2

以通过分析影响 S 的大小的因素，判断影响博弈演化的结果。

四边形 DABE 的面积 S 为：

$$S=\frac{1}{2}(x_3+y_3)=\frac{1}{2}\left(\frac{M-B}{N-B}+\frac{E}{L+B+E}\right)$$

对 S 分别求 M、N、L、B、E 的偏导数，得到：

$$\frac{\partial S}{\partial M}=\frac{1}{2(N-B)}$$

$$\frac{\partial S}{\partial N}=\frac{-(M-B)}{2(N-B)^2}$$

$$\frac{\partial S}{\partial L}=\frac{1}{(L+B+E)^2}$$

$$\frac{\partial S}{\partial B}=\frac{1}{2}\left[\frac{M-N}{(N-B)^2}+\frac{E}{(L+B+E)^2}\right]$$

$$\frac{\partial S}{\partial E}=\frac{1}{2}\left[\frac{L+B}{(L+B+E)^2}\right]$$

进一步总结得到如表 5-6 所示的各参数变化对各主体演化策略变化的影响。

表 5-6　参数变化对主体演化策略变化的影响 2

参数	偏导数符号	对 S 的影响	意　义
M	+	$M\uparrow$，$S\uparrow$	基层政府严格管理成本的增大会阻碍双方演化行为收敛于〔正常经营，严格监管〕
N	—	$N\uparrow$，$S\downarrow$	基层政府因有效的行政管理获得的收益增大会促进双方演化行为收敛于〔正常经营，严格监管〕
L	—	$L\uparrow$，$S\downarrow$	社会投资主体因套取补贴遭受的信用损失增大会促进双方演化行为收敛于〔正常经营，严格监管〕
E	+	$E\uparrow$，$S\uparrow$	社会投资主体因套取补贴未被发现而收获的额外收益增大会阻碍双方演化行为收敛于〔正常经营，严格监管〕
B	+	$B\uparrow$，$S\uparrow$	基层政府对社会投资主体补贴的增大会阻碍双方演化行为收敛于〔正常经营，严格监管〕

由表 5-6 可知，S 是 N、L 的减函数，这意味着基层政府因有效的行政管理获得的收益 N、社会投资主体因套取补贴遭受的信用损失 L 增大时，S 在减小，那么折线 DEB 上方的面积在增大，说明基层政府选择严格监管行为的概率在增大，社会投资主体选择正常经营的行为概率在增大。而其他参数增大时，S 在增大，也就是说折线 DEB 下方的面积在增大，即基层政府选择疏于监管行为的概率在增大，社会投资主体选择套取

补贴的概率在增大。

5.2.2.5　仿真分析

为了进一步模拟各个均衡点及博弈主体的不同初始值点向均衡点演化的轨迹，验证不同参数对博弈双方演化博弈行为的影响，我们采用 Matlab 软件仿真模拟各种参数取值变化下的演化博弈过程。

（1）初始状态对参与主体策略演化的影响。取部分可量化的指标进行仿真，令 $L=100$，$B=80$，$M=120$，$N=140$，$E=40$。

由图 5-10 可知，取不同的初始状态，参与主体策略将会演化至不同的结果：一部分收敛于（0，0），即 {套取补贴，疏于监管}；一部分收敛于（1，1），即 {正常经营，严格监管}。

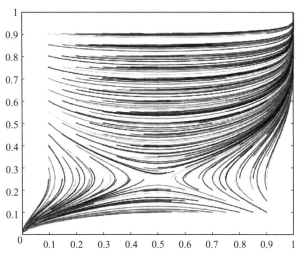

图 5-10　博弈参与主体策略选择的动态演化过程 2

（2）基层政府管理成本 *M* 变化对演化稳定结果影响的仿真分析。令 $L=100$，$B=80$，$N=140$，$E=40$，使 M 由 50 增加到 140，从图 5-11 中可以看到：当基层政府管理成本低于临界值时，演化策略随着成本的增加，收敛于 {正常经营，严格监管} 的速度将越来越慢，即严格监管带来的管理成本增加，将会降低基层政府严格监管的积极性；当基层政府管理成本的补贴高于临界值时，给地方财政造成巨大压力，基层政府将会选择疏于监管策略，此时社会投资主体将会逐渐套取补贴，因此演化策略将收敛于 {套取补贴，疏于监管}。

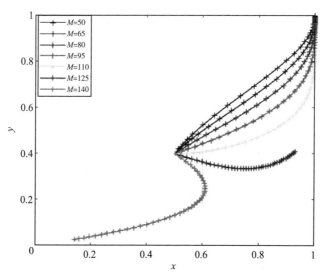

图 5-11 基层政府管理成本 M 对演化策略的影响

(3) 基层政府向社会投资主体提供的补贴 B 变化对演化稳定结果影响的仿真分析。令 $L=100$，$M=120$，$N=140$，$E=40$，使 B 由 50 增加到 120，由图 5-12 可以看出，当基层政府向社会投资主体提供的补贴低于临界值时，演化策略将收敛于｛套取补贴，疏于监管｝，意味着当基层政府向社会投资主体提供补贴较少时，基层政府将会选择疏于监管；当基

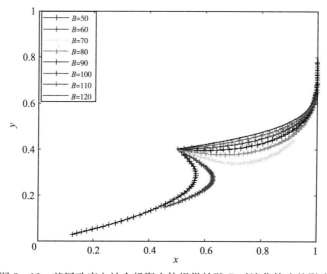

图 5-12 基层政府向社会投资主体提供补贴 B 对演化策略的影响

层政府向社会投资主体提供补贴高于临界值时，演化策略将会收敛于｛正常经营，严格监管｝，收敛速度随着 B 的增大而变快，即说明基层政府向社会投资主体提供补贴越多，基层政府严格监管的积极性将会越强。

（4）基层政府因有效的行政管理获得的收益 N 变化对演化稳定结果影响的仿真分析。令 $L=100$，$B=80$，$M=120$，$E=40$。使 N 由 70 增加到 140，从图 5-13 中可以看到，当基层政府因有效的行政管理获得的收益 N 低于临界值时，基层政府将会选择疏于监管，社会投资主体将会选择套取补贴，演化策略将会收敛于｛套取补贴，疏于监管｝；当基层政府因有效的行政管理获得的收益 N 高于临界值时，基层政府将会加大监管力度，选择严格监管，社会投资主体将选择正常经营，此时演化策略将会收敛于｛正常经营，严格监管｝，收敛速度将随着 N 的增大而变快，即说明基层政府因有效的行政管理获得的收益 N 越多，基层政府监管的积极性越高，此时社会投资主体正常经营的概率越大。

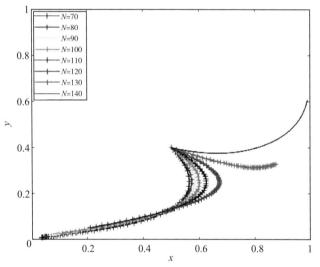

图 5-13　基层政府因有效的行政管理获得的收益 N 对演化策略的影响

（5）社会投资主体套取补贴被发现后遭受的信用损失 L 变化对演化稳定结果影响的仿真分析。令 $B=80$，$M=120$，$N=140$，$E=40$，使 L 由 80 增加到 140，从图 5-14 中可以看到，当基层政府严格监管，而社会投资主体套取补贴被发现时，社会投资主体将会遭受信用损失，随着信用损失 L 增大，社会投资主体选择正常经营的概率将会提高，演化策略将会收敛于〔正常经营，严格监管〕。套取政府补贴在法律上属于诈骗行为，社会投资主体应当不仅会受到信用损失，还会受到法律的惩戒。社会投资主体应当有社会责任感，保持自律，保持警惕，加强自我监督，将套取补贴行为扼杀在摇篮中。

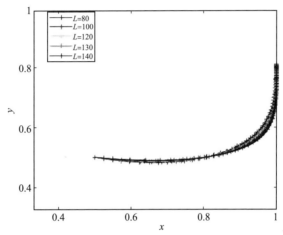

图 5-14 社会投资主体套取补贴被发现后遭受的
信用损失 L 变化对演化策略的影响

5.2.2.6 结论

本部分运用演化博弈理论对套取补贴问题管制的演化和推进过程给予了解释，基于对社会投资主体、基层政府的复制动态及演化稳定策略分析，求出各自的复制动态及演化稳定策略，通过分析得出以下结论：

（1）在套取补贴问题管制的演化博弈中，存在（0，0）和（1，1）两个 ESS，博弈演化的稳定状态取决于博弈双方的初始状态，有限理性的博弈双方在博弈之初，不一定能够选择最优的策略，只能够在给定有限信息下做出策略选择，体现了博弈初始状态的多样性。

（2）通过对不同参数的仿真分析，模拟出基层政府管理成本 M、基层政府向社会投资主体提供的补贴 B、基层政府因有效的行政管理获得的收益 N、社会投资主体套取补贴被发现后遭受的信用损失 L 变化对演化策略的影响。其中，基层政府因有效的行政管理获得的收益 N、社会投资主体套取补贴被发现后遭受的信用损失 L 与收敛于〔正常经营，严格监管〕成正相关关系。

因此，为了管制套取补贴行为，基层政府应当加强对社会投资主体的监管，对社会投资主体套取补贴的行为加大处罚力度。

5.3 对破坏生态环境问题进行管制的演化博弈分析

5.3.1 社会投资主体参与农地经营过程中出现的破坏农业生态环境问题

资本的趋利性导致其必然追求土地利润最大化。为了获得更多的土地收益，部分工商企业投入超量的农药、化肥，损害土壤质量，导致土地退化。租期结束前，一些企业会对耕地进行掠夺式开发、经营，尽可能地搜刮利润，极大影响了农业可持续发展[①]。由于农业回报周期较长，部分企业在面临高风险时具有极大的撤资可能性，一旦出现工商企业跑路的情况，则农业生态环境损失难以向社会投资主体追诉，其损失往往由土地流出方和社会承担。

5.3.2 对社会投资主体经营农地过程中破坏生态环境问题进行管制的博弈均衡分析

5.3.2.1 基本假设

假设 1：社会投资主体的行为策略有（保护农业生态环境，不保护农业生态环境），基层政府的行为策略有（监管，不监管）。假设社会投资主体经营农地时选择保护农业生态环境的概率为 x（$0 \leqslant x \leqslant 1$），则选择不保护农业生态环境的概率为 $1-x$；假设基层政府选择监管的概率为 y（$0 \leqslant y \leqslant 1$），则选择不监管的概率为 $1-y$。

假设 2：社会投资主体生产经营获得的净收益为 R。在保护农业生态环境状态下，企业的经营成本是 C_1，在不保护农业生态环境的情况下，企业的净成本是 C_2。企业保护农业生态环境比不保护农业生态环境有更高的投入、管理成本，所以有 $C_1 > C_2$。

假设 3：在社会投资主体保护农业生态环境的情况下，基层政府获得收益 G，包括环境效益、政府治理声誉以及上级的环境绩效考核奖励等；

---

① 李家祥．工商资本下乡经营农业：机遇与挑战［J］．求实，2016（7）．

若社会投资主体不保护农业生态环境，则基层政府不仅不能获得经济发展收益 G，而且面临损失 S，包括环境破坏损失以及环境治理的费用。

假设 4：基层政府对社会投资主体行为的监管成本为 M，若基层政府不监管则监管成本为 0。

假设 5：基层政府对社会投资主体行为监管的手段包括激励与惩罚，且不存在信息不对称，基层政府能完全识别社会投资主体的行为。在基层政府监管情况下，若社会投资主体保护农业生态环境，则给予其补贴 B 作为激励措施；反之，则给予其 P 作为处罚措施。

假设 6：若在基层政府监管下，社会投资主体保护农业生态环境，则基层政府将因其有效的行政管理行为树立良好的"作为"形象、管理权威和政府信誉，记为政府形象收益 Q。

假设 7：若基层政府不监管，则社会投资主体不会面临激励 B 和惩罚 P。

5.3.2.2 模型建立与求解

根据前述基本假设，可以基于四种不同情景构建社会投资主体与地方政府的收益矩阵，如表 5-7 所示。

情景 1：社会投资主体保护农业生态环境，基层政府监管。在此情景下，社会投资主体的总收益是 $R-C_1+B$，地方政府的总收益是 $G-B-M+Q$。

情景 2：社会投资主体保护农业生态环境，基层政府不监管。在此情景下，社会投资主体的总收益是 $R-C_1$，地方政府的总收益是 G。

情景 3：社会投资主体不保护农业生态环境，基层政府监管。在此情景下，社会投资主体的总收益是 $R-C_2-P$，地方政府的总收益是 $P-M-S$。

情景 4：社会投资主体不保护农业生态环境，基层政府不监管。在此情景下，社会投资主体的总收益是 $R-C_2$，地方政府的总收益是 $-S$。

表 5-7　社会投资主体与地方政府的博弈收益矩阵 3

		基层政府	
		监管（y）	不监管（$1-y$）
社会投资主体	保护农业生态环境（x）	（$R-C_1+B$, $G-B-M+Q$）	（$R-C_1$, G）
	不保护农业生态环境（$1-x$）	（$R-C_2-P$, $P-M-S$）	（$R-C_2$, $-S$）

由此可计算出社会投资主体选择"保护农业生态环境"策略时，期望

收益 U_{11} 为:

$$U_{11}=y(R-C_1+B)+(1-y)(R-C_1)=yB+(R-C_1)$$

同理,社会投资主体选择"不保护农业生态环境"策略时,期望收益 U_{12} 为:

$$U_{12}=y(R-C_2-P)+(1-y)(R-C_2)=-yP+(R-C_2)$$

因此,社会投资主体的平均期望收益 U_1 为:

$$U_1=x[yB+(R-C_1)]+(1-x)[-yP+(R-C_2)]$$
$$=xy(B+P)+x(C_2-C_1)-yP+(R-C_2)$$

基层政府选择"监管"策略时,期望收益 U_{21} 为:

$$U_{21}=x(G-B-M+Q)+(1-x)(P-M-S)$$
$$=x(G-B+Q-P+S)+(P-M-S)$$

基层政府选择"不监管"策略时,期望收益 U_{22} 为:

$$U_{22}=xG+(1-x)(-S)=x(G+S)-S$$

因此,基层政府的平均期望收益 U_2 为:

$$U_2=y[x(G-B+Q-P+S)+(P-M-S)]+(1-y)[x(G+S)-S]$$
$$=xy(Q-B-P)+y(P-M)+x(G+S)-S$$

社会投资主体选择保护农业生态环境的复制动态方程为:

$$F(x)=\frac{\mathrm{d}x}{\mathrm{d}t}=x(1-x)(U_{11}-U_{12})$$
$$=x(1-x)[y(B+P)+(C_2-C_1)]$$

基层政府选择监管的复制动态方程为:

$$F(y)=\frac{\mathrm{d}y}{\mathrm{d}t}=y(1-y)(U_{21}-U_{22})$$
$$=y(1-y)[x(Q-B-P)+(P-M)]$$

5.3.2.3 稳定策略求解

令 $F(x)=0,F(y)=0$ 同时成立,可以得到演化模型的 5 个局部均衡点:$(0,0)$,$(0,1)$,$(1,0)$,$(1,1)$,$\left(\frac{M-P}{Q-B-P},\frac{C_1-C_2}{B+P}\right)$。构造雅克比(Jacbian)矩阵,并进行系统均衡点的局部稳定性分析。

构建雅克比矩阵:

$$J = \begin{vmatrix} \dfrac{\partial F(x)}{\partial x} & \dfrac{\partial F(x)}{\partial y} \\[2ex] \dfrac{\partial F(y)}{\partial x} & \dfrac{\partial F(y)}{\partial y} \end{vmatrix}$$

$$= \begin{vmatrix} (1-2x)[y(B+P)+(C_2-C_1)] & x(1-x)(B+P) \\[1ex] y(1-y)(Q-B-P) & (1-2y)[x(Q-B-P)+(P-M)] \end{vmatrix}$$

通过雅克比矩阵的行列式与迹判断均衡点的稳定性。采用矩阵的行列式 Det. J 和迹 Tr. J 的组合特征来判断平衡点的局部稳定性：当 Det. J>0 且 Tr. J<0 时，平衡点为局部稳定点；当 Det. J>0 且 Tr. J>0 时，均衡点为不稳定点；当 Det. J<0 且 Tr. J 正负不确定时，该均衡点为鞍点。

由表 5-8 可知，在 5 个局部均衡点中，有两个稳定点分别为 A 点、C 点，对应｛社会投资主体，基层政府｝=｛保护农业生态环境，监管｝、｛社会投资主体，基层政府｝=｛不保护农业生态环境，不监管｝两种策略。此外，B 点和 D 点是两个不稳定点，E 是该系统的鞍点（图 5-15）。

表 5-8 博弈双方的演化稳定点 3

均衡点	Det. J	Tr. J	稳定性
(0, 0)	+	−	稳定点
(0, 1)	+	+	不稳定点
(1, 0)	+	+	不稳定点
(1, 1)	+	−	稳定点
$\left(\dfrac{M-P}{Q-B-P}, \dfrac{C_1-C_2}{B+P}\right)$	−	x	鞍点

情况 1：当 $x < x_3$，$y < y_3$ 时，采取保护农业生态环境和监管策略的概率均小于临界值，初始点 (x, y) 落在图 5-15 的区域 I 中，演化博弈结果收敛于 A (0, 0)，即当初始状态处于区域 I 时，社会投资主体将选择不保护农业生态环境，基层政府将选择不监管。

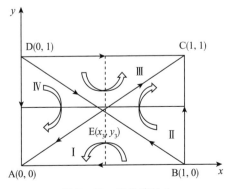

图 5-15 演化路径 3

情况 2：当 $x>x_3$，$y>y_3$ 时，采取保护农业生态环境和监管策略的概率均大于临界值，初始点（x，y）落在图 5-15 的区域Ⅲ中，演化博弈结果收敛于C（1，1），即当初始状态处于区域Ⅲ时，社会投资主体将选择保护农业生态环境，基层政府将选择监管。

情况 3：当 $x<x_3$，$y>y_3$ 时，社会投资主体保护农业生态环境的概率小于临界值，但基层政府监管的概率大于临界值，初始点（x，y）落在图 5-15 的区域Ⅳ中，演化博弈结果可能收敛于 C（1，1），也可能收敛于A（0，0）。在这个区域内，该系统动态演化的路径取决于偶然事件下博弈方调整策略的速度。

情况 4：当 $x>x_3$，$y<y_3$ 时，社会投资主体保护农业生态环境的概率大于临界值，但基层政府监管的概率小于临界值，初始点（x，y）落在图 5-15 的区域Ⅱ中，演化博弈结果可能收敛于 C（1，1），也可能收敛于A（0，0）。在这个区域内，该系统动态演化的路径同样取决于偶然事件下博弈方调整策略的速度。

5.3.2.4 影响因素分析

社会投资主体与基层政府最终的演化结果可能是｛保护农业生态环境，监管｝，可能是｛不保护农业生态环境，不监管｝，如图 5-16 所示。至于收敛于哪一种结果，由临界线上下方对应的四边形 ADEB 与四边形 CDEB 的面积大小决定。当四边形 ADEB 的面积大于四边形

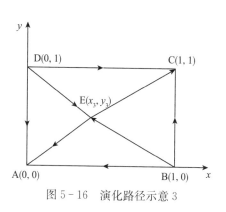

图 5-16　演化路径示意 3

CDEB 的面积时，收敛于｛不保护农业生态环境，不监管｝；当四边形 ADEB 的面积小于四边形 CDEB 的面积时，则收敛于｛保护农业生态环境，监管｝；当四边形 ADEB 的面积等于四边形 CDEB 的面积时，收敛为两种结果的概率相等。设折线 DEB 下方的四边形的面积为 S，可以通过分析影响 S 的大小的因素，判断影响博弈演化的结果。

四边形 DABE 的面积 S 为：

$$S=\frac{1}{2}(x_3+y_3)=\frac{1}{2}\left[\frac{M-P}{Q-B-P}+\frac{(C_1-C_2)}{B+P}\right]$$

对 S 分别求 M、C_1、C_2、Q、B、P 的偏导数，得到：

$$\frac{\partial S}{\partial M}=\frac{1}{2(Q-B-P)}$$

$$\frac{\partial S}{\partial C_1}=\frac{1}{2(B+P)}$$

$$\frac{\partial S}{\partial C_2}=-\frac{1}{2(B+P)}$$

$$\frac{\partial S}{\partial Q}=-\frac{1}{2(Q-B-P)^2}$$

$$\frac{\partial S}{\partial B}=\frac{1}{2}\left[\frac{M-P}{(Q-B-P)^2}-\frac{1}{(B+P)^2}\right]$$

$$\frac{\partial S}{\partial P}=\frac{1}{2}\left[\frac{B+M-Q}{(Q-B-P)^2}-\frac{1}{(B+P)^2}\right]$$

进一步总结得到如表 5-9 所示的各参数变化对各博弈主体演化策略变化的影响。

表 5-9　参数变化对博弈主体演化策略变化的影响 3

参数	偏导数符号	对 S 的影响	意　义
M	$+$	$M\uparrow$，$S\uparrow$	基层政府严格管理成本的增大会阻碍双方演化行为收敛于〈保护农业生态环境，监管〉
Q	$-$	$Q\downarrow$，$S\uparrow$	基层政府因有效的行政管理获得的收益增大会促进双方演化行为收敛于〈保护农业生态环境，监管〉
B	$-$	$B\downarrow$，$S\uparrow$	社会投资主体保护农业生态环境的补贴增大会促进双方演化行为收敛于〈保护农业生态环境，监管〉
P	$-$	$P\downarrow$，$S\uparrow$	社会投资主体不保护农业生态环境被发现后受到处罚的增大会促进双方演化行为收敛于〈保护农业生态环境，监管〉
C_1	$+$	$C_1\uparrow$，$S\uparrow$	社会投资主体保护农业生态环境的经营成本增大会阻碍双方演化行为收敛于〈保护农业生态环境，监管〉
C_2	$-$	$C_2\downarrow$，$S\uparrow$	社会投资主体不保护农业生态环境的经营成本增大会促进双方演化行为收敛于〈保护农业生态环境，监管〉

由表 5-9 可知，S 是 Q、B、P、C_2 的减函数，这意味着基层政府因有效的行政管理获得的收益 Q、社会投资主体保护农业生态环境的补贴 B、社会投资主体不保护农业生态环境被发现后受到的处罚 P、社会投资主体不保护农业生态环境的经营成本 C_2 增大（这实际上可以理解为社会投资主体在保护生态环境与不保护生态环境之间的成本差异缩小，或者说

不保护农业生态环境时的经营收益减小）时，S 减小，那么折线 DEB 上方的面积在增大，说明基层政府选择监管的概率在增大，社会投资主体选择保护农业生态环境的概率在增大。而其他参数增大时，S 在增大，也就是说折线 DEB 下方的面积在增大，即基层政府选择不监管的概率在增大，社会投资主体选择不保护农业生态环境的概率在增大。

5.3.2.5 结论

本部分运用演化博弈理论对社会投资主体参与农地经营过程中破坏农业生态环境相关问题管制的演化和推进过程给予了解释，基于对社会投资主体、基层政府的复制动态及演化稳定策略分析，求出各自的复制动态及演化稳定策略，通过分析得出以下结论：

（1）在对社会投资主体参与农地经营过程中破坏农业生态环境相关问题进行管制的演化博弈中，存在（0，0）和（1，1）两个 ESS，博弈演化的稳定状态取决于博弈双方的初始状态，有限理性的博弈双方在博弈之初，不一定能够选择最优的策略，只能够在给定有限信息下做出策略选择，体现了博弈初始状态的多样性。

（2）基层政府因有效的行政管理获得的收益 Q、社会投资主体保护农业生态环境的补贴 B、社会投资主体不保护农业生态环境被发现后受到的处罚 P 等的增加，能提升基层政府选择监管的概率和社会投资主体选择保护农业生态环境的概率。反之，会增加基层政府选择不监管的概率和社会投资主体选择不保护农业生态环境的概率。

因此，为了对社会投资主体参与农地经营过程中破坏农业生态环境相关问题进行有效管制，要加大对社会投资主体保护农业生态环境行为的激励和对破坏农业生态环境行为的处罚。同时，应该强化对农业生态环境保护的重视，深入践行绿水青山就是金山银山的发展理念，对农业生态环境保护给予更多的考核激励。

5.4　对"权力—资本合谋"问题治理的演化博弈分析

5.4.1　社会投资主体参与农地经营过程中的"权力—资本"合谋问题

正如第 3 章所分析的，基层政府在业绩考核、争取项目等方面对引进社会投资主体投资有需求甚至是依赖。在推进农业适度规模经营过程中，一些地方将土地流转面积和流转比例作为基层政府干部考核的重要指标。社会投资主体下乡可以在短期内促进流转面积、比例迅速提高，因此基层政府为了推进完成适度规模经营目标，有激励地吸引社会投资主体参与农地经营。自2006年取消农业税后，财政支出项目制的实施使得向上级政府争取的项目资金成为农村基层政府收入的重要来源。许多项目的实施都需要进行项目配套投入，或者需要有一定的前期基础。在地方政府财力不足，难以进行资金配套或前期投入的情况下，引入社会投资主体"带资金"进场或进行前期投资成为基层政府争取"示范村"、获得项目资金的重要方式。一些项目需要开展交通建设、修建水利设施等，为了降低项目组织成本，基层政府有意愿将土地流转给少数工商企业。因此，社会投资主体与基层政府基于自己的利益考量有很大的可能性选择与对方合作，产生更大的效益。这种合作容易造成"权力—资本"合谋，产生资源浪费、效率低下等问题，甚至出现管制俘获。地方政府与社会投资主体在合作中有共同的利益驱动，因此会出现对社会投资主体农地经营行为监督不足的问题[①]，甚至合谋。由于下乡企业与基层政府结成了"权力—资本"利益共同体，一些基层政府为了彰显业绩、达到招商引资指标，包庇、支持耕地"非粮化""非农化"，甚至与企业合谋应对上级政府的检查[②]。当一些企业参与农地经营时未达到政府项目的要求，为了打造规模经营的典型，政府就默许了"造假"行为[③]。

5.4.2 "权力—资本"合谋问题的博弈均衡

5.4.2.1 基本假设

假设1：社会投资主体的行为策略有（合谋，不合谋），基层政府的行为策略同样是（合谋，不合谋）。假设社会投资主体经营农地选择合谋的概率为 x（$0 \leqslant x \leqslant 1$），则选择不合谋的概率为 $1-x$；假设基层政府选择合谋的概率为 y（$0 \leqslant y \leqslant 1$），则选择不合谋的概率为 $1-y$。

假设2：社会投资主体在不与基层政府合谋的条件下获得的净收益为 R。

① 张尊帅. 工商资本投资农业的风险及其防范 [J]. 现代经济探讨，2013 (8)：33-37.
② 张良. "资本下乡"背景下的乡村治理公共性建构 [J]. 中国农村观察，2016 (3)：16-26.
③ 王海娟. 资本下乡的政治逻辑与治理逻辑 [J]. 西南大学学报（社会科学版），2015 (4)：47-54.

假设 3：若社会投资主体成功与基层政府合谋，能获得额外的收入 E。

假设 4：社会投资主体向基层政府寻求合谋的寻租行为，需要付出寻租成本 C。

假设 5：在社会投资主体向基层政府寻求合谋的情况下，若不能取得基层政府的合谋配合，社会投资主体将选择退出投资寻找其他愿意合谋的基层政府[①]，其退出行为具有转移成本 T。

假设 6：社会投资主体的投资行为将为基层政府带来收益 G，若社会投资主体转移到其他地方投资，则基层政府不能获得收益 G。

假设 7：社会投资主体和基层政府的行为面临上级和社会公众的监督，合谋行为以概率 p 被上级部门和社会公众知晓，当双方合谋行为被发现时，社会投资主体面临损失 pK，基层政府面临处罚和信誉损失等 pF。

假设 8：当社会投资主体没有选择合谋，但基层政府选择了合谋的时候，基层政府就形成不作为或者渎职，以概率 q 被上级部门和社会公众知晓，面临处罚和信誉损失等 qM。

5.4.2.2 模型建立与求解

根据前述基本假设，可以基于四种不同情景构建社会投资主体与基层政府的收益矩阵，如表 5-10 所示。

情景 1：社会投资主体选择合谋，基层政府也选择合谋。在此情景下，社会投资主体的总收益是 $R+E-C-pK$，基层政府的总收益是 $G-pF$。

情景 2：社会投资主体选择合谋，基层政府选择不合谋。在此情景下，社会投资主体的总收益是 $R+E-C-T-pK$[②]，基层政府的总收益是 0。

情景 3：社会投资主体选择不合谋，基层政府选择合谋。在此情景下，社会投资主体的总收益是 R，基层政府的总收益是 $G-qM$。

情景 4：社会投资主体选择不合谋，基层政府也选择不合谋。在此情景下，社会投资主体的总收益是 R，基层政府的总收益是 G。

---

① 考虑到地方政府之间的发展竞争，总会有地方政府以宽松的"合谋"作为招商引资的条件吸引社会投资主体的进入。

② 社会投资主体转移到其他地方后，其仍然能获得其他地方政府合谋条件下的收益，但需要额外付出转移成本。

表 5－10　社会投资主体与地方政府的博弈收益矩阵 4

		基层政府	
		合谋（y）	不合谋（$1-y$）
社会投资主体	合谋（x）	$(R+E-C-pK,\ G-pF)$	$(R+E-C-T-pK,\ 0)$
	不合谋（$1-x$）	$(R,\ G-qM)$	$(R,\ G)$

由此可计算出社会投资主体选择"合谋"策略时，期望收益 U_{11} 为：

$$U_{11}=y(R+E-C-pK)+(1-y)(R+E-C-T-pK)$$
$$=yT+(R+E-C-T-pK)$$

同理，社会投资主体选择"不合谋"策略时，期望收益 U_{12} 为：

$$U_{12}=R$$

因此，社会投资主体的平均期望收益 U_1 为：

$$U_1=xyT+x(R+E-C-T-pK)+(1-x)R$$
$$=xyT+x(E-C-T-pK)+R$$

基层政府选择"合谋"策略时，期望收益 U_{21} 为：

$$U_{21}=x(G-pF)+(1-x)(G-qM)$$
$$=x(qM-pF)+G-qM$$

基层政府选择"不合谋"策略时，期望收益 U_{22} 为：

$$U_{22}=(1-x)G$$

因此，基层政府的平均期望收益 U_2 为：

$$U_2=xy(qM-pF)+y(G-qM)+(1-x-y+xy)G$$
$$=xy(G+qM-pF)-yqM-xG+G$$

社会投资主体选择合谋的复制动态方程为：

$$F(x)=\frac{\mathrm{d}x}{\mathrm{d}t}=x(U_{11}-U_{12})=x(1-x)(U_{11}-U_{12})$$
$$=x(1-x)(yT+E-C-T-pK)$$

基层政府选择合谋的复制动态方程为：

$$F(y)=\frac{\mathrm{d}y}{\mathrm{d}t}=y(U_{21}-U_{22})=y(1-y)(U_{21}-U_{22})$$
$$=y(1-y)[x(qM+G-pF)-qM]$$

5.4.2.3　稳定策略求解

令 $F(x)=0,F(y)=0$ 同时成立，可以得到演化模型的 5 个局部均衡点：$(0,0),(0,1),(1,0),(1,1),\left(\dfrac{qM}{qM+G-pF},\dfrac{C+T+pK-E}{T}\right)$。构造雅克比（Jacbian）矩阵，并进行系统均衡点的局部稳定性分析。

构建雅克比矩阵：

$$J=\begin{vmatrix}\dfrac{\partial F(x)}{\partial x} & \dfrac{\partial F(x)}{\partial y}\\[2mm]\dfrac{\partial F(y)}{\partial x} & \dfrac{\partial F(y)}{\partial y}\end{vmatrix}$$

$$=\begin{Bmatrix}(1-2x)[yT+E-C-T-pK] & x(1-x)T\\[2mm] y(1-y)(qM+G-pF) & (1-2y)[x(qM+G-pF)-qM]\end{Bmatrix}$$

通过雅克比矩阵的行列式与迹判断均衡点的稳定性。采用矩阵的行列式 Det. J 和迹 Tr. J 的组合特征来判断平衡点的局部稳定性，当 Det. J>0 且 Tr. J<0 时，平衡点为局部稳定点；当 Det. J>0 且 Tr. J>0 时，均衡点为不稳定点；当 Det. J<0 且 Tr. J 正负不确定时，该均衡点为鞍点。

由表 5-11 可知，在 5 个局部均衡点中，有两个稳定点分别为 A 点、C 点，对应｛社会投资主体，基层政府｝=｛合谋，合谋｝、｛社会投资主体，基层政府｝=｛不合谋，不合谋｝两种策略。此外，B 点和 D 点是两个不稳定点，E 是该系统的鞍点（图 5-17）。

表 5-11　博弈双方的演化稳定点 4

均衡点	Det. J	Tr. J	稳定性
(0，0)	+	—	稳定点
(0，1)	+	+	不稳定点
(1，0)	+	+	不稳定点
(1，1)	+	—	稳定点
$\left(\dfrac{qM}{qM+G-pF},\dfrac{C+T+pK-E}{T}\right)$	—	x	鞍点

情况 1：当 $x<x_3$，$y<y_3$ 时，采取合谋和合谋策略的概率均小于临界值，初始点 (x,y) 落在图 5-17 的区域 I 中，演化博弈结果收敛于 A (0，0)，即当初始状态处于区域 I 时，社会投资主体将选择不合谋，基层政府将选择不合谋。

情况 2：当 $x>x_3$，$y>y_3$ 时，采取合谋和合谋策略的概率均大于临界值，初始点（x，y）落在图 5-17 的区域Ⅲ中，演化博弈结果收敛于 C（1，1），即当初始状态处于区域Ⅲ时，社会投资主体将选择合谋，基层政府将选择合谋。

情况 3：当 $x < x_3$，$y > y_3$ 时，社会投资主体合谋的概率小于临界值，但基层政府合谋的概率大于临界值，初始点（x，y）落在图 5-17 的区域Ⅳ中，演化博弈结果可能收敛于 C（1，1），也可能收敛于 A（0，0）。在这个区域内，该系统动态演化的路径取决于偶然事件下博弈方调整策略的速度。

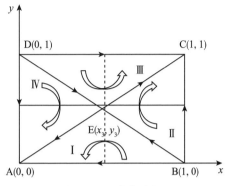

图 5-17　演化路径 4

情况 4：当 $x > x_3$，$y < y_3$ 时，社会投资主体合谋的概率大于临界值，但基层政府合谋的概率小于临界值，初始点（x，y）落在图 5-17 的区域Ⅱ中，演化博弈结果可能收敛于 C（1，1），也可能收敛于 A（0，0）。在这个区域内，该系统动态演化的路径同样取决于偶然事件下博弈方调整策略的速度。

5.4.2.4　影响因素分析

社会投资主体与基层政府最终的演化结果可能是｛合谋，合谋｝，可能是｛不合谋，不合谋｝，如图 5-18 所示。至于收敛于哪一种结果，由临界线上下方对应的四边形 ADEB 与四边形 CDEB 的面积大小决定。当四边形 ADEB 的面积大于四边形 CDEB 的面积时，收敛于

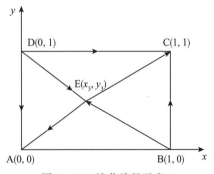

图 5-18　演化路径示意 4

｛不合谋，不合谋｝；当四边形 ADEB 的面积小于四边形 CDEB 的面积时，则收敛于｛合谋，合谋｝；当四边形 ADEB 的面积等于四边形 CDEB 的面积时，收敛为两种结果的概率相等。设折线 DEB 下方的四边形的面积为 S，可以通过分析影响 S 的大小的因素，判断影响博弈演化的结果。

四边形 DABE 的面积 S 为：

$$S = \frac{1}{2}(x_3 + y_3) = \frac{1}{2}\left(\frac{qM}{qM+G-pF} + \frac{C+T+pK-E}{T}\right)$$

对 S 分别求 G、pF、C、qM、T、pK、E 的偏导数，得到：

$$\frac{\partial S}{\partial G} = -\frac{1}{2(qM+G-pF)^2}$$

$$\frac{\partial S}{\partial pF} = \frac{1}{2(qM+G-pF)^2}$$

$$\frac{\partial S}{\partial C} = \frac{1}{2T}$$

$$\frac{\partial S}{\partial qM} = \frac{G-pF}{2(qM+G-pF)^2}$$

$$\frac{\partial S}{\partial T} = \frac{E-C-pK}{2T^2}$$

$$\frac{\partial S}{\partial pK} = \frac{1}{2T}$$

$$\frac{\partial S}{\partial E} = -\frac{1}{2T}$$

进一步总结得到如表 5-12 所示的各参数变化对各主体演化策略变化的影响。

表 5-12　参数变化对博弈主体演化策略变化的影响 4

参数	偏导数符号	对 S 的影响	意　　义
G	—	$G\downarrow$，$S\uparrow$	社会投资主体的投资行为为基层政府带来的收益增大会促进双方演化行为收敛于〔合谋，合谋〕
pF	+	$pF\uparrow$，$S\uparrow$	双方合谋被发现，基层政府面临的处罚和信誉损失增大将阻碍双方演化行为收敛于〔合谋，合谋〕
C	+	$C\uparrow$，$S\uparrow$	社会投资主体为合谋付出的寻租成本增大将阻碍双方演化行为收敛于〔合谋，合谋〕
qM	—	$qM\downarrow$，$S\uparrow$	社会投资主体的投资行为为基层政府带来的收益小于双方合谋被发现后的损失将会促进双方演化行为结果收敛于〔合谋，合谋〕
	+	$qM\uparrow$，$S\uparrow$	社会投资主体的投资行为为基层政府带来的收益大于双方合谋被发现后的损失将会阻碍双方演化行为结果收敛于〔合谋，合谋〕
T	—	$T\downarrow$，$S\uparrow$	社会投资主体参与合谋获得的格外收益小于寻租成本和被发现后的惩罚，将促进双方演化行为收敛于〔合谋，合谋〕
	+	$T\uparrow$，$S\uparrow$	社会投资主体参与合谋获得的格外收益大于寻租成本和被发现后的惩罚，将阻碍双方演化行为收敛于〔合谋，合谋〕

（续）

参数	偏导数符号	对 S 的影响	意　义
pK	＋	$pK\uparrow$，$S\uparrow$	双方合谋被发现，社会投资主体面临的损失增大将阻碍双方演化行为收敛于〔合谋，合谋〕
E	－	$E\downarrow$，$S\uparrow$	社会投资主体与基层政府合谋获得的额外收入增大会促进双方演化行为收敛于〔合谋，合谋〕

　　由表 5 - 12 可知，S 是 G、E 的减函数，社会投资主体投资行为为基层政府带来的收益 G、社会投资主体与基层政府合谋获得的额外收入 E 增加时，S 减小，那么折线 DEB 上方的面积在增大，说明基层政府选择合谋行为的概率在增大，社会投资主体选择合谋行为的概率在增大。而双方合谋被发现后，基层政府受到的损失 pF、社会投资主体面临的损失 pK、社会投资主体为合谋付出的寻租成本 C 增大时，S 在增大，也就是说折线 DEB 下方的面积在增大，即基层政府选择不合谋行为的概率在增大，社会投资主体选择不合谋的概率在增大。社会投资主体没有选择合谋而基层政府选择合谋时，基层政府的行为被上级政府发现后，遭到的处罚和损失 qM 对双方决策策略的影响存在多种结果，需要慎重讨论。若基层政府不愿意合谋，社会投资主体退出项目付出的转移成本 T 与双方选择策略的关系复杂，需要分情况讨论。

5.4.2.5　仿真分析

　　为了进一步模拟各个均衡点及博弈主体的不同初始值点向均衡点演化的轨迹，验证不同参数对博弈双方演化博弈行为的影响，我们采用 Matlab 软件仿真模拟各种参数取值变化下的演化博弈过程。

　　（1）初始状态对参与主体策略演化的影响。取部分可量化的指标进行仿真，令 $T=30$，$E=100$，$C=20$，$K=150$，$M=100$，$G=120$，$F=200$，$p=0.4$，$q=0.3$。

　　由图 5 - 19 可知，取不同的初始状态，参与主体策略将会演化至不同的结果：一部分收敛于（0，0），即〔不合谋，不合谋〕；一部分收敛于（1，1），即〔合谋，合谋〕。

　　为进一步探究参数 p、q、T、M 对演化稳定结果的影响，对参数进行数值仿真分析。

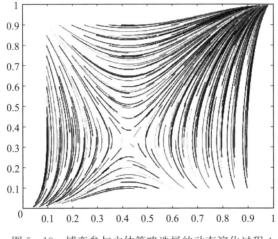

图 5-19 博弈参与主体策略选择的动态演化过程 4

(2) 参数 p 对演化稳定结果的影响。 令 $T=30$，$E=100$，$C=20$，$K=150$，$M=100$，$G=120$，$F=200$，$q=0.3$，使 p 从 0.1 递增到 0.9，从图 5-20 中可以看到：在临界值之前，收敛于（1，1），稳定演化策略为 ｛合谋，合谋｝；大于临界值后，稳定点是（0，0），稳定演化策略为 ｛不合谋，不合谋｝。从现实意义考虑，当社会投资主体与基层政府的合谋行为被上级部门和社会公众知晓的概率较低时，社会投资主体与基层

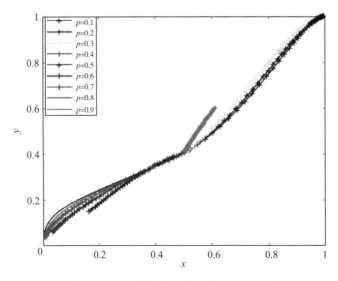

图 5-20 参数 p 对演化策略的影响

政府合谋的概率将会增大。而当被上级部门和社会公众知晓的概率较高时，基层政府会忌惮上级政府的惩罚与社会公众的批评，为了维护政府的正面形象，基层政府将不会选择合谋。若基层政府不愿意与社会投资主体合谋，社会投资主体完成合谋的概率将会减小，且政府对社会投资主体的惩罚也会加大，当社会投资主体由于合谋获得的收益小于各种成本和惩罚时，社会投资主体也不会选择合谋。要维护亲清政商关系，要维护社会的公平，要让社会资源、财政资金用到刀刃上，就需要中央政府加大对基层政府的监督监管，各基层政府应保持自律，不忘初心，社会投资主体应当诚信经营，勇担社会责任。

（3）参数 q 对演化稳定结果的影响。 令 $T=30$，$E=100$，$C=20$，$K=150$，$M=100$，$G=120$，$F=200$，$p=0.4$，使 q 从 0.1 递增到 0.9，从图 5-21 中可以看到：在临界值之前，收敛于（1，1），稳定演化策略为｛合谋，合谋｝；大于临界值后，稳定点将是（0，0），稳定演化策略为｛不合谋，不合谋｝。从现实情况出发，当社会投资主体没有选择合谋，而基层政府选择了合谋的时候，基层政府就形成不作为或者渎职，那么被上级部门与社会公众知晓的概率越小，基层政府合谋的概率就越大；当上级部门加强监督，社会大众的法律意识增强、主人翁意识增强时，对政府部门的监督加强，基层政府选择合谋的概率将减小。

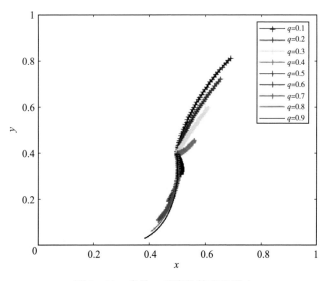

图 5-21　参数 q 对演化策略的影响

(4) 参数 T 对演化稳定结果的影响。 令 $E=100$，$C=20$，$K=150$，$M=100$，$G=120$，$F=200$，$p=0.4$，$q=0.3$，使 T 从 10 递增到 80，从图 5-22 中可以看到：在临界值之前，收敛于（1，1），稳定演化策略为 {合谋，合谋}；大于临界值后，稳定点将是（0，0），稳定演化策略为 {不合谋，不合谋}。因为 T 是政府不愿意合谋，社会投资主体另外寻找合谋对象要付出的转移支付，当转移支付成本较小时，面对高额利润诱惑，社会投资主体会不惜一切代价合谋。当转移支付成本较高，社会投资主体无利可图的时候，社会投资主体将会放弃合谋。

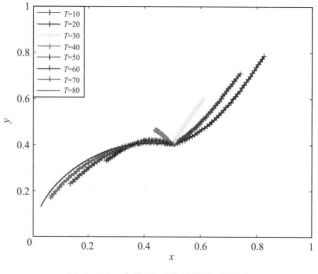

图 5-22　参数 T 对演化策略的影响

(5) 参数 M 对演化稳定结果的影响。 令 $T=30$，$E=100$，$C=20$，$K=150$，$G=120$，$F=200$，$p=0.4$，$q=0.3$，使 M 从 80 递增到 200，从图 5-23 中可以看到：在临界值之前，收敛于（1，1），稳定演化策略为 {合谋，合谋}；大于临界值后，稳定点将是（0，0），稳定演化策略为 {不合谋，不合谋}。当对基层政府的处罚越来越大时，基层政府将会选择不合谋策略，促进演化策略向 {不合谋，不合谋} 转移。因此，对于基层政府的监督管控要体现在实际损失上，以此震慑基层政府打消合谋意图。

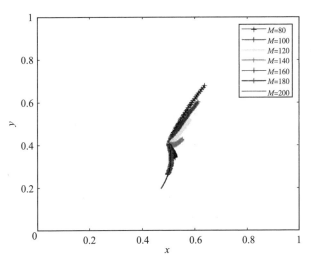

图 5 - 23　参数 M 对演化策略的影响

5.4.2.6　小结

"权力—资本"合谋会造成资源浪费、效率低下等问题，甚至出现管制俘获的后果。在资本与权力之间，合谋背后从来没有停止过博弈。通过研究，两者博弈过程与多种影响因素相关，其中社会投资主体投资行为为基层政府带来的收益 G、社会投资主体与基层政府合谋获得的额外收入 E 增大将促进合谋，而双方合谋被发现后，基层政府受到的损失 pF、社会投资主体面临的损失 pK、社会投资主体为合谋付出的寻租成本 C 增大将会阻碍合谋。为了使"权利—资本"关系更为清朗，一方面要为资本设置"红绿灯"，依法加强对资本的有效监管，防止资本野蛮生长、无序扩张；另一方面也要给权力行使者立规矩，倡导构建亲清政商关系，理顺决策和监督的体制机制，对过度集中的公权力进行拆解，确保有关部门和个人在行使权力时同步受到监管。

5.5　结论与启示

5.5.1　结论

本部分基于演化博弈论的视角，构建了社会投资主体参与农地经营 4 个典型问题中，社会投资主体与基层政府的行为策略选择模型，分别求解出各自的均衡点，通过对其稳定性的分析，得出以下结论：

第一，社会投资主体参与农地经营时所获得的收益、所支付的成本对其行为选择有重要的影响。若成本高于收益，社会投资主体会选择不参与农地经营；若收益高于成本，在两种不同行为中决策时，社会投资主体首先考虑哪一种方式所带来的收益更大，因此博弈均衡不唯一。

第二，各级政府补贴、惩罚的大小对社会投资主体、基层政府的行为选择有重要影响。补贴与惩罚可以在一定程度上改变社会投资主体的收益与成本。在耕地"非粮化"、保护生态环境的问题上，社会投资主体很有可能因为短视选择消极行为策略。而政府的赏与罚可以将社会投资主体短期内"不太看好"的行为策略转变为具有比较优势的策略。

第三，双方积极合作时的协同效应大小对双方的行为选择有重要影响。双方积极合作能够有效地降低交易成本、提高运营效率，从而使双方的收益增加，成本降低。在双方协同效应高于一定数值时，不同行为策略的收益会发生改变，直接影响双方行为选择。

第四，双方积极合作时的社会正效应、双方不合作时的社会负效应对双方行为选择有重要影响。当双方积极合作时，会对社会经济、环境产生积极影响，易得到村民和上级政府的支持，能在一定程度上发挥口碑效应；当双方不合作时，会对社会经济、环境产生负面影响，造成资源浪费、官僚主义倾向等，易受到村民及上级政府的反对，最终不会获得较好的收益。

5.5.2 启示

第一，加强基层政府、上级政府的监管，完善激励机制。完善社会投资主体下乡准入制度，加强对下乡企业的资质审核、信用审核、运营项目审核[1]，尽可能降低具有"套取政府补贴"意图的企业进入的可能性。完善社会投资主体下乡的监管体系，建立健全动态跟踪监管机制[2]，对社会投资主体所经营土地的开垦情况、开发用途、种植规模、资源利用情况进行监督，引导社会投资主体投入农业绿色化生产与粮食生产。加大惩

---

[1] 王敏. 资本下乡：争论、问题与对策 [J]. 现代管理科学，2018 (9).
[2] 曹俊杰. 资本下乡的双重效应及对负面影响的矫正路径 [J]. 中州学刊，2018 (4).

罚力度，对违法违规的行为严加管制，将其列入下乡黑名单中，限制其后期可参与经营的农地面积；增加奖励激励机制，对种植粮食、保护生态环境的企业给予补贴、表彰等。

第二，加强社会投资主体与基层政府之间的合作，优化资源配置，降低生产经营成本，发挥协同效应。完善社会投资主体下乡的配套服务体系，建立集规划、融资、信息等服务于一体的综合服务平台①。定期与企业进行交流，了解社会投资主体的诉求，为其提供配套支持，引导企业利用其技术、管理经验、人才等优势发展现代农业，助力农业可持续发展。加强社会投资主体与基层政府的分工合作，促进优势互补。基层政府方面，动员村民积极配合社会投资主体下乡，促进土地有效、有序流转；社会投资主体方面，利用机械设备进行规模化经营，促进土地经营收益增加。

第三，加强宣传，鼓励社会投资主体投入粮食生产、保护环境。在社会投资主体下乡前期，应大力宣传粮食安全、绿色生产的重要性，鼓励更多企业投入其中。在社会投资主体下乡中后期，应表扬积极响应政府号召、耕种粮食作物、保护生态环境的企业，号召更多企业学习，发挥社会投资主体下乡的积极效应，形成良性循环。

---

① 马彪 . 工商资本进入农业的现状、问题及对策［J］. 中国物价，2020（9）.

6 | 社会投资主体参与农地经营政府管制政策变迁与实践

随着脱贫攻坚战的胜利，实施乡村振兴战略逐渐成为农村发展中的重要命题。深化农村改革离不开农地经营制度的完善和变革，而随着农村土地流转市场化的深入推进，具有资金和技术优势的社会投资主体下乡并参与农地经营有助于推动我国农村现代化进程、贯彻乡村发展战略。但同时，社会投资主体的介入也带来了耕地"非农化""非粮化"等隐患。实际上，国家对社会投资主体参与农地经营问题一直都很谨慎，采取相关政策措施对其进行管制。对社会投资主体参与农地经营政府管制政策变迁进行分析，有利于对国家管制政策变化进行全面把握，并为下一步完善管制手段和政策提供参考。与此同时，我国各地在执行中央政策的过程中，在管制上进行了一定的实践探索，对实践经验进行总结、查找问题，对优化社会投资主体参与农地经营政府管制措施具有重要价值。

6.1 社会投资主体参与农地经营政府管制政策变迁

本部分从国家公开政策平台上收集了 2004—2021 年的 18 个中央 1 号文件①，26 个中共中央办公厅以及国务院办公厅、农业农村部出台的有关农村集体产权、农业产业化经营与乡村振兴的相关意见、通知决定与解

---

① 我国社会投资主体参与农地经营的现象在 20 世纪八九十年代就有出现，国家出台相关管制政策进行规范。这里的政策文本分析之所以选择从 2004 年开始，是因为自 2004 年我国发布了 21 世纪首个针对"三农"问题的中央 1 号文件以来，以后连续每年中央 1 号文件都关注"三农"问题。在我国，中央 1 号文件已经成为农业政策的风向标，具有非常重要的政策含义。同时，2004 年到 2021 年我国连续发布了 18 个针对"三农"的中央 1 号文件，这有利于连续追踪政策变迁。

读，以及 6 个农业相关的规划方案，共 50 个具有代表性、能够体现对社会投资主体直接参与农地经营（租赁农地）管制相关政策变迁的典型政策文本（表 6-1）。本章假定地方政府关于社会投资主体租赁农地的有关政策皆与中央步调一致。

表 6-1　社会投资主体下乡参与农地经营有关政策一览

文件名称	颁布部门	颁布年份
《中共中央 国务院关于做好二〇〇〇年农业和农村工作的意见》	中共中央、国务院	2000
《中共中央关于做好农户承包地使用权流转工作的通知》	中共中央	2001
《中共中央 国务院关于促进农民增加收入若干政策的意见》	中共中央、国务院	2004
《中共中央 国务院关于进一步加强农村工作提高农业综合生产能力若干政策的意见》	中共中央、国务院	2005
《中共中央 国务院关于推进社会主义新农村建设的若干意见》	中共中央、国务院	2006
《中共中央 国务院关于积极发展现代农业扎实推进社会主义新农村建设的若干意见》	中共中央、国务院	2007
《中共中央 国务院关于切实加强农业基础建设进一步促进农业发展农民增收的若干意见》	中共中央、国务院	2008
《中共中央 国务院关于 2009 年促进农业稳定发展农民持续增收的若干意见》	中共中央、国务院	2009
《中共中央 国务院关于加大统筹城乡发展力度进一步夯实农业农村发展基础的若干意见》	中共中央、国务院	2010
《中共中央 国务院印发〈关于加快推进农业科技创新持续增强农产品供给保障能力的若干意见〉》	中共中央、国务院	2012
《中共中央 国务院关于加快发展现代农业 进一步增强农村发展活力的若干意见》	中共中央、国务院	2013
《关于加强国家现代农业示范区农业改革与建设试点工作的指导意见》	农业部、财政部、银监会	2013
《中共中央关于全面深化改革若干重大问题的决定》	中共中央	2013
《中共中央 国务院印发〈关于全面深化农村改革加快推进农业现代化的若干意见〉》	中共中央、国务院	2014
《关于加强农村土地经营权有序流转发展农业适度规模经营的意见》	中共中央、国务院	2014
《关于引导农村产权流转交易市场健康发展的意见》	国务院办公厅	2014

（续）

文件名称	颁布部门	颁布年份
《关于切实抓好粮食生产保障国家粮食安全的通知》	农业部	2014
《中共中央 国务院关于加大改革创新力度加快农业现代化建设的若干意见》	中共中央、国务院	2015
《中共中央办公厅 国务院办公厅印发〈深化农村改革综合性实施方案〉》	中共中央办公厅、国务院办公厅	2015
《关于加强对工商资本租赁农地监管和风险防范的意见》	农业部、中央农办、国土资源部、国家工商总局	2015
《关于进一步调整优化农业结构的指导意见》	农业部	2015
《中共中央 国务院关于落实发展新理念加快农业现代化 实现全面小康目标的若干意见》	中共中央、国务院	2016
《关于推进农村一二三产业融合发展的指导意见》	国务院	2016
《关于完善集体林权制度的意见》	国务院	2016
《关于完善支持政策促进农民持续增收的若干意见》	国务院	2016
《全国农业现代化规划（2016—2020 年）》	国务院	2016
《关于完善农村土地所有权承包权经营权分置办法的意见》	中共中央、国务院	2016
《关于稳步推进农村集体产权制度改革的意见》	中共中央、国务院	2016
《中华人民共和国国民经济和社会发展第十三个五年规划纲要》	十二届全国人大四次会议	2016
《全国农产品加工业与农村一二三产业融合发展规划（2016—2020 年）》	农业部	2016
《关于扎实做好 2016 年农业农村经济工作的意见》	农业部	2016
《中共中央 国务院关于深入推进农业供给侧结构性改革 加快培育农业农村发展新动能的若干意见》	中共中央、国务院	2017
《关于进一步促进农产品加工业发展的意见》	国务院办公厅	2017
《中共中央 国务院关于加大改革创新力度加快农业现代化建设的若干意见》	中共中央、国务院	2017
《中共中央 国务院关于落实发展新理念加快农业现代化实现全面小康目标的若干意见》	中共中央、国务院	2017
《关于加快构建政策体系培育新型农业经营主体的意见》	中共中央办公厅、国务院办公厅	2017
《中共中央 国务院关于实施乡村振兴战略的意见》	中共中央、国务院	2018

（续）

文件名称	颁布部门	颁布年份
《关于进一步放活集体林经营权的意见》	林草局	2018
《关于开展土地经营权入股发展农业产业化经营试点的指导意见》	农业农村部、国家发展改革委、财政部、中国人民银行、国家税务总局、国家市场监督管理总局	2018
《乡村振兴战略规划（2018—2022年）》	中共中央、国务院	2018
《中共中央 国务院关于坚持农业农村优先发展做好"三农"工作的若干意见》	中共中央、国务院	2019
《关于完善支持政策促进农民持续增收的若干意见》	国务院办公厅	2019
《关于促进乡村产业振兴的指导意见》	国务院	2019
《关于进一步加强农村宅基地管理的通知》	中央农村工作领导小组办公室、农业农村部	2019
《中共中央 国务院关于抓好"三农"领域重点工作 确保如期实现全面小康的意见》	中共中央、国务院	2020
《社会资本投资农业农村指引》	农业农村部	2020
《关于防止耕地"非粮化"稳定粮食生产的意见》	国务院办公厅	2020
《关于坚决制止耕地"非农化"行为的通知》	国务院办公厅	2020
《牢牢守住国家粮食安全的生命线——农业农村部负责人解读〈关于防止耕地"非粮化"稳定粮食生产的意见〉》	农业农村部	2020
《中共中央 国务院关于全面推进乡村振兴加快农业农村现代化的意见》	中共中央、国务院	2021

本部分运用内容分析法，以 Nvivo 软件作为研究工具开展政策质性研究，初步筛选后将政策文本划分阶段，运用 Nvivo 中的词频搜索功能得出每个阶段中政策文本的高频词汇，从而对政策文本进行阶段性分析以及对政策变迁的特征进行分析，通过词汇云的方式将其作可视化呈现。

6.1.1　政策变迁过程

据农业农村部统计，截至 2017 年底，全国家庭承包耕地流转面积 5.12 亿亩，比 2016 年底增长 6.9%，流转入企业的面积 0.50 亿亩，占耕地流转面积的 9.8%，同比增长 8.6%，社会投资主体下乡呈现快速发展趋势①。事实上，社会投资主体下乡的概念并非近些年才提出，早在近代，就有爱国实业家张謇、卢作孚等推动社会投资主体下乡，投资农村产业，推动乡村建设与乡村振兴。20世纪80年代，社会投资主体下乡在我国东部开始萌芽，但并未得到充分发展；20世纪90年代，随着农村发展与农业产品商品化的趋势加强，"小农户与大市场"之间的矛盾加剧，社会投资主体下乡的现象开始正式形成②。

结合我国近年来社会投资主体租赁农地有关政策的阶段性特点，本书将政策发展分为三个阶段。

（1）第一阶段（2001—2012年）。此阶段有关社会投资主体租赁农地的典型政策文本高频关键词如图6-1、表6-2所示。

图6-1 2001—2012年典型政策文本高频关键词

表6-2 2001—2012年相关关键词及词频

单位：次

关键词	词频	关键词	词频	关键词	词频
企业	37	农业	32	土地	30
龙头	29	发展	28	农民	26
支持	21	产业化	20	农产品	14
扶持	11	加工	11	鼓励	7

2001年至2012年，社会投资主体租赁农地都未明确出现在政策语言中，但我们还是可以从相关政策中窥见该阶段我国对于此现象的态度。进入21世纪，社会投资主体介入农地经营的现象出现愈加频繁，该种趋势虽然是顺应了经济和农村发展的需要，但也需要国家出手加以约束。2001

① 周振. 工商资本参与乡村振兴"跑路烂尾"之谜：基于要素配置的研究视角 [J]. 中国农村观察，2020（2）：34-46.

② 曾博. 乡村振兴视域下工商资本投资农业合作机制研究 [J]. 东岳论丛，2018，39（6）：149-156.

年,《中共中央关于做好农户承包地使用权流转工作的通知》首次提出农户承包土地使用权流转主要在农户间进行,工商企业投资开发农业,应当主要从事事前、产后服务和"四荒"资源开发,重点是办好农业龙头企业,通过订单农业的方式,带动农户发展农业产业化经营,首次对社会投资主体介入农地流转做了相关约束和阐释。

2002 年《中华人民共和国农村土地承包法》正式颁布,标志着"农村土地集体所有、家庭承包经营、长期稳定承包权、鼓励合法流转"的新型土地制度正式确立[①],农村土地经营权自此可在不同主体之间流转。自 2004 年起至 2012 年,中央 1 号文件多次提及要实行最严格的耕地保护制度,守住耕地红线,严格控制和审批非农建设占用耕地,该阶段对于社会投资主体参与农地流转限制的目的主要是保护农民利益和我国耕地红线以及粮食安全。

但同时,自 2005 年开始,连续 11 年的中央 1 号文件都强调要大力扶持农业龙头企业的发展,并加强农民与农业合作社、龙头企业之间的合作与联系,促进农业产业化,提高农民收入,这是对社会投资主体下乡的有力政策保障,说明在该阶段,社会投资主体虽在耕地流转方面受到了限制,但国家对于社会投资主体发展农业产业的支持没有中止。

将 2001—2012 年有关政策文本经过筛选后导入 Nvivo 进行可视化处理,选取出现频率最高的 50 个词,我们可以发现在这个阶段中,"龙头企业""鼓励""扶持""产业化"等词语的出现频率较高,说明在该阶段,政府对于社会投资主体租赁农地总体态度是较为支持的。

(2) 第二阶段(2013—2014年)。此阶段有关社会投资主体租赁农地的典型政策文本高频关键词如图 6 - 2 和表 6 - 3 所示。

图 6 - 2 2013—2014 年典型政策文本高频关键词

---

① 谷雨,李麟 . 创新农村土地制度是解决我国"三农"问题的关键所在——十一届三中全会以来我国农村土地制度变迁的历史考察 [J]. 农村经济,2012 (6):45 - 47.

表6-3　2013—2014年相关关键词及词频

单位：次

相关关键词及词频			出现新词
经营（26）	土地（19）	农业（16）	
流转（16）	企业（15）	农民（12）	监管、准入、种养业
承包（11）	引导（6）	监管（6）	
严格（5）	准入（5）	制度（5）	

　　随着国家新一轮农村土地制度改革的推进，农业不断向集约化、规模化的方向发展，敏锐的社会投资主体察觉到了商机并蜂拥下乡[①]。2013年，中央1号文件一方面提出要鼓励和引导社会投资主体到农村发展适合企业化经营的种养业，另一方面也强调，探索建立严格的工商企业租赁农户承包耕地（林地、草原）准入和监管制度，这是有关社会投资主体租赁农地的意见首次出现在重要文件中。同年，《关于加强国家现代农业示范区农业改革与建设试点工作的指导意见》中也作了相关表述。2014年，中央1号文件提出要探索建立工商企业流转农业用地风险保障金制度，严禁农用地非农化，为规范社会投资主体租赁农地提供了具体的政策工具。同年，《关于引导农村土地经营权有序流转发展农业适度规模经营的意见》提出工商企业租赁农户承包地要按面积实行分级备案，严格准入门槛，加强事中事后监管，为监管社会投资主体租赁农地提供了又一有力工具。虽然在不断探索管制社会投资主体租赁农地的方式的同时，政府多次在文件中提到要鼓励发展适合企业化经营的现代种养业，但通过 Nvivo 软件将相关政策文本进行可视化处理，"准入""制度""监管"等词汇出现频率的提高体现出在这一阶段中，政府对社会投资主体租赁农地的管制有了显著的收紧。

　　（3）第三阶段（2015年至今）。此阶段有关社会投资主体租赁农地的典型政策文本高频关键词如图6-3和表6-4所示。

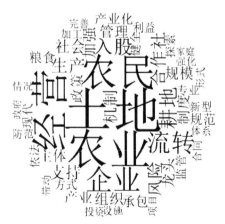

图6-3　2015年至今典型政策文本高频关键词

---

　　① 何展雄，吕蕾莉．工商资本下乡：历史演进及文献梳理 [J]．生产力研究，2020（11）：6．

表 6-4 2015 年至今相关关键词及词频

单位：次

相关关键词及词频			出现新词
土地（152）	农业（130）	经营（123）	入股、非农化、非粮化、监测、审查、保障金、产业链、分红
农民（111）	企业（78）	流转（66）	
耕地（54）	入股（51）	合作社（44）	
生产（43）	风险（42）	机制（41）	

　　截至 2013 年底，全国承包耕地流转面积 3.4 亿亩，是 2008 年底的 3.1 倍，流转比例达到 26%，比 2008 年底提高了 17.1 个百分点。经营面积在 50 亩以上的专业大户超过 287 万户，家庭农场超过 87 万个，2012 年流转入企业的土地面积比上年增长 34%，2013 年比上年又增长了 40%[①]。

　　一方面，为了推动农业产业化的发展、促进农民增收，自 2015 年中央 1 号文件发布起，2016 年农业部下发的《关于进一步调整优化农业结构的指导意见》以及国务院下发的《关于稳步推进农村集体产权制度改革的意见》等多个政策文件都提及了要引导农民以土地经营权入股合作社和龙头企业，发展农业产业化经营联合体，除了土地经营权，2017 年《关于进一步促进农产品加工业发展的意见》还提出引导农民以林权和设施装备等入股农民合作社和企业，发展"农户＋合作社＋企业"模式。

　　另一方面，随着社会投资主体流转土地面积的增加和速度的加快，诸多问题也暴露出来。2015 年《深化农村改革综合性实施方案》提出要对社会投资主体租赁农户承包地作出明确规定，建立严格的资格审查、项目监管和定期督查机制，禁止以农业为名圈占土地从事非农建设，防止耕地"非粮化"现象蔓延，并再次强调探索建立社会投资主体农地租赁风险保障金制度。同年，《关于加强对工商资本租赁农地监管和风险防范的意见》对社会投资主体租赁农地做了详细规范表述，《意见》强调对社会投资主体租赁农地要有严格的门槛，租赁的耕地只能搞农业，不能改变用途；要求坚持土地公有制性质不改变、耕地红线不突破、农民利益不受损三条底线，让农民成为土地流转和规模经营的积极参与者和真正受益者，并集中

---

　　① 本报记者. 农业部农村经济体制与经营管理司司长张红宇就引导农村土地有序流转答记者问 [N]. 农民日报，2014-02-24 (1).

阐述了规范社会投资主体租赁农地的三个有力手段：一是对社会投资主体租赁农地实行分级备案，严格准入门槛；二是探索建立程序规范、便民高效的社会投资主体租赁农地资格审查、项目审核制度；三是建立健全多方参与、管理规范的风险保障金制度。自此，社会投资主体租赁农地的有关政策发展进入成熟期。

2016 年，《关于推进农村一二三产业融合发展的指导意见》在原有政策的基础上提出工商企业应担当起自身社会责任，为流转土地的农民提供技能培训、就业岗位和社会保障，这一意见的提出丰富了社会投资主体下乡的意义，有利于实现社会资本带动老乡而非代替老乡①的美好愿景。

由于社会投资主体租赁农地为粮食安全和耕地安全带来的隐患，从 2020 年开始，社会投资主体租赁农地更多地与防止"非粮化""非农化"联系起来。2020 年 9 月，《关于防止耕地"非粮化"稳定粮食生产的意见》提出，各地区应抓紧建立健全社会投资主体流转土地资格审查和项目审核制度，强化租赁农地监测监管，对社会投资主体违反相关产业发展规划大规模流转耕地不种粮的"非粮化"行为，一经发现要坚决予以纠正，并立即停止其享受相关扶持政策。农业农村部表示将指导各地对本区域耕地种粮情况进行动态监测评价，摸清"非粮化"底数，从实际出发，分类稳妥处置，不搞"一刀切"，同时运用卫星遥感等现代信息技术，每半年开展一次全国耕地种粮情况监测评价，建立耕地"非粮化"情况通报机制。由此可见，为了满足现实需求，政府对社会投资主体租赁农地行为的规范和引导愈加丰富细化。

6.1.2 政策演变特征

（1）双线并行坚持维护农民利益的原则。 虽然社会投资主体租赁农地有关政策一直在不断更替变革，但其维护农民利益的原则始终没有改变。因为社会投资主体先天具有逐利性，再加上其具有天生的资金、规模、技术优势，故而市场竞争中很容易出现社会投资主体与小农户争利、挤出小农户的问题，进而影响农户收入。作为"看得见的手"，政府对维护农户利益具有责任。自第一阶段开始，我国就奉行"两条腿走路"原则，分别

---

① 韩长赋. 社会资本下乡要带动老乡，不能代替老乡［J］. 老区建设，2019（21）：4-5.

从管制农地租赁和推动农户与资本结合发展农业产业化两个方面维护和促进农户利益。就促进农民与资本结合这个方面来说，从 2005 年中央 1 号文件首次提出鼓励龙头企业以多种利益联结方式带动基地和农户发展，到 2013 年中央 1 号文件提出采取保底收购、股份分红、利润返还等方式让参股龙头企业的农民更好地分享农产品加工销售利润，再到 2015 年中央 1 号文件提出引导农民以土地经营权入股合作社和龙头企业，2016 年《关于推进农村一二三产业融合发展的指导意见》提出工商企业优先聘用出让土地的农户并为其提供职业培训，可以看出在维护农民利益原则不变的同时，相关政策的关注点从单纯促进农户经济利益增长逐步转变为提升农户个人素质与职业素养，用社会投资主体的资金与技术、规模优势来促进农户内生性脱贫，促进农民可持续发展，这是实现乡村振兴的一大抓手。然而，通过管制农地租赁来维护农户利益只能保障农户利益不受侵害，而我国政策主要通过推动农户与社会投资主体结合来维护和提升农民利益，或者说，促进农户与社会投资主体之间的利益联结是社会投资主体下乡有关政策的重要着力点，而对资本租赁农地进行管制属于风险防范范畴。

（2）双线的收放具有阶段性特征。我国政策在农地管制和支持社会投资主体发展种养业这两条路线上的收紧和放松在不同时期具有不同的特征。从表 6-5 中可以看出，第一阶段"管制农地租赁"的关键词出现频率明显低于"推动社会投资主体参与农地经营"关键词出现的频率，这个时期是以鼓励社会投资主体参与农地经营为主的。这主要是因为在社会投资主体下乡初期，种种弊端还没有完全显露，国家从推动乡村发展和脱贫事业角度出发，对具有拉动力的下乡资本加以鼓励。而在第二阶段，"管制农地租赁"的词频逐渐高于"推动社会投资主体参与农地经营"的词频，该阶段以加强农地管制为主，说明在市场的调节和资本自发性的驱使下，社会投资主体下乡的同时也诱发了许多潜在问题，资本在市场竞争中对小农户的挤出效应，以及对土地和粮食安全的潜在威胁使国家出台多个文件对其加以规范。在第三阶段，"推动社会投资主体参与农地经营"的词频要高于"管制农地租赁"，近年来，打造新型农业经营主体成为推进农业现代化的一大要点，"农户＋合作社＋公司"利益体的建立也为当代农民生活水平的提升提供了新出路。而值得注意的是，受诸多因素的影响，自 2020 年开始，防止耕地"非农化""非粮化"在有关文件中出现频率提高，这也体现了近年来，我国对"管制农地租赁"的收紧。

表 6-5　关键词出现在政策文件中的频数

单位：次

阶段	管制农地租赁	推动社会投资主体参与农地经营
第一阶段（2001—2012 年）	中央 1 号文件（2）	中央 1 号文件（5）
第二阶段（2013—2014 年）	中央 1 号文件（1） 意见（2）	中央 1 号文件（1）
第三阶段（2015 年至今）	中央 1 号文件（2） 方案（1） 意见（4） 规划（1）	中央 1 号文件（1） 方案（1） 意见（12） 规划（1） 指引（1）

（3）社会投资主体参与农地经营管制方式不断丰富细化。2013 年中央 1 号文件首次提出探索建立严格的工商企业租赁农户承包耕地准入和监管制度，但这只是一个开端，具体的农地准入和监管制度措施在今后的实践中不断具象化。2013 年《关于加强国家现代农业示范区农业改革与建设试点工作的指导意见》提出了管制制度制定的三条原则，即确保不损害农民权益、不改变土地农业用途、不破坏农业综合生产能力；2014 年陆续提出了建立工商企业流转农业用地风险保障金制度和承包地按面积实行分级备案制度；2015 年明确表述了以社会投资主体租赁农地实行分级备案，建立健全资格审查、项目审核制度及风险保障金制度为着力点的事前、事中、事后全面覆盖的社会投资主体租赁农地管制制度，这个表述在2015 年后的多个政策文件中屡次被提及。

由于社会投资主体天生具有逐利性，在租赁农地之后相对于收益率较低的粮食来说，社会投资主体更倾向于选择回报率更高的经济作物、花卉业，甚至是与种植业无关的旅游业和服务业，使得近年来耕地"非农化""非粮化"问题日趋严重。为了遏制该种情况，2020 年《关于防止耕地"非粮化"稳定粮食生产的意见》提出运用卫星遥感技术对全国耕地种粮情况实行监测，并及时更新电子地图和数据库，先进科学技术的介入无疑大大提高了管制耕地"非粮化""非农化"的可操作性和技术性。

对政策文本中有关农地管制的关键词进行编码，统计不同时期的关键词词性及其出现的频数可以得出图6-4，随着社会投资主体租赁农地管制政策的不断成熟，相关的具体政策手段也愈加丰富。

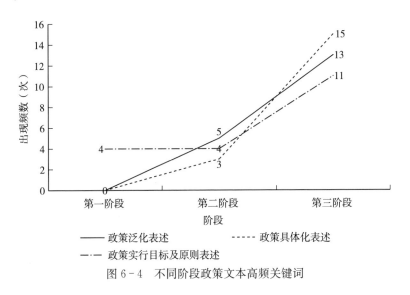

图6-4 不同阶段政策文本高频关键词

6.2 国内实践

2013年中央1号文件提出创新农业生产经营体制，"鼓励和引导城市工商资本到农村发展适合企业化经营的种养业"。党的十八届三中全会明确提出：鼓励和引导工商资本到农村发展适合企业化经营的现代种养业，向农业输入现代生产要素和经营模式。党的十九大报告中首次提出"乡村振兴战略"。社会投资主体是推动乡村振兴的重要力量，引导好、服务好、保护好社会投资主体下乡的积极性是加快实施乡村振兴战略的重要措施。不过农地资本化流转需要政府支持与政策推动，但最终取决于农户的态度，即农户土地转出意愿。近年来，社会投资主体租赁农地呈加快发展态势，我们也要谨慎对待资本的逐利性，个别地方社会投资主体长时间、大面积租赁农地，挤占农民就业空间，也埋下"非粮化""非农化"隐患。并且由于土地相关法律制度不健全，农民维权面临法律救济不足的风险，失地农民无保障，也会影响社会和谐稳定。面对这些隐患和风险，在中央政策指引下，多个省、自治区、直辖市已经出台了相关文件，对社会投资主体参与农地经营进行政府管制。下面对四川省、浙江省、山东省、河南省和安徽省政府管制社会投资主体参与农地经营的实践经验做了梳理。

6.2.1 四川省社会投资主体参与农地经营的政府管制经验

四川盆地是西南地区人口最稠密、交通最便捷、经济最发达的区域。伴随着改革开放，以及农业供给侧结构性改革和乡村振兴战略的深入实施，四川地区农业正在由传统农业向现代农业转变，已逐步建立和完善了农村社会主义市场经济体系。虽然社会投资主体下乡有助于农村经济发展，但同时也带来了一些隐患，所以加强政府管制是很有必要的。在持续推进城乡融合发展的过程中，四川省"三权分置"（农村土地所有权、承包权、经营权分置）格局逐步形成。但实践中仍存在"三权"界限不清、权利主体不明、土地流转机制不健全等问题，导致规模经营率低、土地利用效率不高。四川省非常注重发展适度规模经营与明晰土地产权，从2009年起先后颁布了关于加强政府管制和风险防范的多个文件。并先后实施了规范土地有序流转的规定、贯彻实施土地承包经营权确权登记工作、组织各级人民政府成立土地流转督导组等，2016年底四川省实现了土地承包经营权确权登记完成75%以上的目标。四川省不断推进社会投资主体参与农地经营的政府管制，将其控制在合理的范围内，为深化农村改革发展保驾护航，具体做法如下：

（1）建立健全土地规范有序流转程序和机制。2013年开始四川加大"三农"投入力度，以推动社会投资主体下乡、全面推进农村建设作为全局性抓手和综合性载体。2020年全省农村居民人均可支配收入为15 929元，同比增长8.6%，连续11年保持高于全省城镇居民和全国农民人均可支配收入增幅。自2004年国务院颁布《关于深化改革严格土地管理的决定》，明确"农民集体所有建设用地使用权可以依法流转"之后，四川省逐步建立健全了土地流转的程序：确权登记颁证—平等协商—订立合同—备案归档，要在确保农户土地流转收益持续高于其自主经营土地收入的情况下依法推进流转，并采用"先交租金后用地"的机制。在乡镇农村土地承包管理机构监督下，严格准入门槛，加强事中事后监管，防止浪费农地资源、擅自改变土地用途、损害农民土地权益等情况的发生。对于通过"以租代征"违法违规进行非农建设的行为，擅自将耕地"非农化"用来变相建设度假村、私人会所等行为进行严格的管制，坚决严惩。

（2）**严格规范土地流转，进行用途管制，确定资格审查制度。** 2016年四川省农业厅、省委农工委、省国土资源厅和省工商行政管理局四部门联合下发的《关于进一步加强工商资本租赁农地监管和风险防范的实施意见》中限制了土地流转的面积和租赁期限，简称"双上限控制"，该项规定得到了比较好的落实。对擅自改变农业用途、严重破坏或污染租赁农地等违法违规行为，实施限期整改，依法追究其责任。并规定社会投资主体接受流转的土地未经承包农户书面同意，不得转租。关于资格审查方面，四川省在各个乡镇建立土地流转台账进行详细记录，要求租赁农地30亩及以上的每半年一次逐级汇总上报省农业厅。有些村庄整村流转的，一律逐级报县级农业行政主管部门备案。乡镇政府组织审查流转面积30亩（含）到300亩的，县级政府组织审查300亩（含）以上的。

（3）**创新土地流转形式，推行土地流转保险模式。** 党的十八届三中全会以来，四川将农村改革作为全面深化改革的突破口，鲜明主攻方向，聚力关键突破，创造了一批新的经验，新一轮农村改革正实现"新突破"。随着农村土地经营权流转规模的扩大，在土地流转环节中可能会产生损害农民权益的风险。四川省从2013年开始探索创新土地流转模式——土地"预流转"模式，即在还没有明确投资主体前，在农户自愿的基础上，由村经济合作社牵头，把村里的闲置农田、荒山荒地等进行统一流转，与农户签订协议。在项目投资主体进入前，预流转的土地仍由农户自主经营。项目确定后，则签订统一规范的土地流转合同，这种模式促进土地经营权由分散变集中、项目引进由被动变主动。在农村土地有序流转的过程中，流转土地难以作为抵押物被金融机构认可，无法实现"资源"向"资本"有效转变的问题随之出现。为了解决瓶颈，成都施行了"土地流转保险"模式，可以有效规避土地流转过程中的违约风险，采取"政府投入一点①、项目统筹安排一点、流转主体出资一点"的方式，推出土地流出方（农户）与土地流入方（经营主体）之间的履约保证保险，以经营主体实际缴纳的土地流转费用为保险标的，强化流转风险防控，大大降低了失约风险。2016年，邛崃市全市范围推广土地流转履约保证保险，参保面积

---

① "政府投入一点"指的是对规模经营面积在50亩以上的参保方进行财政补贴，该项规定可以调动农户的积极性。

达十万亩以上。

（4）构建风险防控的短期预警和长效防范体制机制。随着社会投资主体参与农地经营的推行，传统乡村治理的自主性被削弱，村社集体经济也可能遭到弱化，从而影响乡村治理的经济基础。为了应对这些风险，四川省构建了以县级为中枢、乡级为平台、村为网点的土地流转服务平台和土地流转监测体系，从土地违规使用、农民权益等维度构建治理风险指标体系，强化农经管理机构工作职能，发挥其在土地流转工作中的行政监督、行政执法、行政管理的职能作用。并构建相应的应急管理机制，对失信企业通过企业信用信息公示系统向社会公示，并启动联合惩戒机制，及时为流转双方提供信息，防止基层治理风险进一步发展而产生侵害农民土地承包权益的问题。

"十三五"时期四川省的目标是到 2020 年，全省土地流转面积占耕地面积的 40% 以上，适度规模经营面积占流转面积的 2/3 以上，粮食适度规模经营面积达 1 000 万亩。截至 2019 年底，四川省家庭承包耕地流转率为 40.5%，规模经营率为 26.7%，其中流转入专业大户、专业合作社、企业的面积分别为 1 172.0 万亩、706.8 万亩、448.7 万亩，分别占流转总面积的 43%、26%、16%①。

6.2.2 浙江省社会投资主体参与农地经营的政府管制经验

浙江省地处中国东南沿海长江三角洲区域，是中国经济最活跃的省份之一。20 世纪八九十年代起，社会投资主体开始进入农业领域，进入 21 世纪，工商企业参与农地经营的相关政策逐步放宽。引导和推动社会投资主体下乡，有助于促进高新技术、先进理念等要素向农业农村流动，促进农户和现代农业发展有机衔接，全面增强农业农村发展活力，社会投资主体下乡更是乡村振兴不可或缺的驱动器。2015 年 8 月，浙江省莫干山镇以总价 307 万元将原本废弃多年的乡镇企业地块协议出让给醉清风度假酒店，使用权出让年限为 40 年，用作酒店经营，这是全国集体经营性建设用地入市的第一宗交易。近些年来浙江省社会投资主体参与农地经营总体呈现增长态势，并且涉及的农业领域也在不断拓宽。但在此过程中农业规

---

① 廖红霞，刘志琪，李明精. 破局农村土地经营权流转之困 [J]. 四川省情，2021 (8)：50 - 54.

模经营设施用地"难申请"及违法违规占用耕地"难监管"的困境也逐步显现。浙江省为降低风险、加强监管、保障农民利益，陆续发布了多个相关文件，以科学发展观为主导，实施了分类推进改革，促进多种形式的农业适度规模经营，严格各项土地管理政策，建立健全耕地保护长效机制，通过全面摸底调查管制土地用途等。浙江省按照"秉持浙江精神、干在实处、走在前列、勇立潮头"的新要求，多举措防范和降低社会投资主体参与农地经营的风险，通过严格管制保障农户权益。

（1）分类推进农业改革，健全农业经营监管体制。浙江省提出了分类推进国有农场的集团化、公司制和事业性质改革，以防止土地经营碎片化。浙江省国有农场中事业场为 49 家，其中 24 家实行企业化管理，企业场为 47 家，其中 4 家已实行股份制改造。浙江省在鼓励引进优质社会投资主体或战略投资者参与农地经营的同时，对不合理的土地承包关系进行了清理，对于一些地区发生的强迫土地流转、强占承包地等情况进行严格管制，做到承包面积、四至、合同、权证"四到户"，加强土地承包合同、承包经营权证书和承包档案资料"三管理"，规范土地承包、流转行为。构建权利义务关系清晰的土地经营制度，促进土地经营权"依法、自愿、有偿"流动，规定出租方按合同收取费用以及到期收回土地的权利、不得占用流出土地和干涉承租方正常的经营活动等义务，规定了承租方对流入土地享有自主经营权和收益权的权利及其保护流入土地完整且不可擅自改变土地用途的义务。

（2）政府激励约束机制双管齐下，建立健全耕地保护长效机制。习近平总书记在 2020 年底的中央农村工作会议上强调要"落实最严格的耕地保护制度"，在耕地保护作为基本国策的背景下。浙江省政府为了优化激励机制[①]、贯彻落实耕地保护，主动向国家申请并开展了"全域土地综合整治"工作。到 2019 年底共在 410 个乡村推行城乡融合发展新模式[②]。为促进农民参与耕地保护监督与治理，2016 年，浙江省杭州市首创实行基本农田保护"田长制"，完善耕地保护共同责任制度建设，实现保护责任全覆盖，形成了各部门密切合作、共同管理的长效机制。同年，全省实施

---

① "激励机制"主要是指通过财政购买、市场交易等激励不同主体对耕地进行主动保护。

② 谭荣．建立健全耕地保护长效机制需要优化治理体系［EB/OL］．（2021－03－15）.
https：//m. gmw. cn/baijia/2021－03/15/34687560. html.

耕地保护补偿机制，对各地永久基本农田进行资金补助。同时强化约束性保护，2016 年 6 月，浙江在全省范围内开展了为期 3 个月的专项整治，全面清理过去的违法用地，集中整治违法用地未依法处理到位的问题。由于浙江省经济发展水平较高，在监督中充分使用遥感监测、大数据预测等技术手段，提高了监管力度，配合健全了耕地保护长效机制。

(3) 严格落实完善"三权分置"，健全农村土地承包经营纠纷调解仲裁体系。为深化农村土地产权制度改革，响应中央关于完善农村土地所有权、承包权、经营权分置的意见，浙江省结合实际制定并实施了一系列的政策，完善集体所有权行使机制，严格保护农户承包权，加快放活土地经营权。但在实践上还是有多方面的问题：首先土地所有权逐渐被弱化，这一点主要表现为很多农户私下进行土地交易，严重削弱了土地的集体所有权；其次农民有惜地情结，增大了土地流转的难度，个别农户不愿进行土地流转，为推进土地成片流转、规模经营造成困难。浙江省为有效解决这些问题，加强政策宣传和监督指导两手抓，在全省农村地区广泛宣传"三权分置"相关规定，营造良好舆论氛围，建立严格的监督检查机制，对于不合规的流转行为严肃查处，并在监督管理过程中及时调整解决新问题。在全省范围内涉农的县（市、区）等区域，健全土地承包仲裁机制，并按照规定聘任仲裁员，根据地方实际，有针对性地设立农村土地承包仲裁组织，妥善化解农村土地承包经营纠纷。强化农村经营管理队伍建设的措施，切实推动了农村土地"三权分置"的有序实施。

在习近平总书记关于"三农"工作的重要论述指导下，浙江省总结提炼了"后陈经验"（建立村务监督委员会），创新发展了"枫桥经验"（矛盾不上交、问题不出村），并进一步强化农业在全局中的基础地位，以高效生态农业为目标模式，促进现代生态循环农业、畜牧业绿色发展。

6.2.3 山东省社会投资主体参与农地经营的政府管制经验

山东省是我国农业大省，农业发达，工业体系完备，国民经济水平位于我国前列，投资环境良好。2020 年，山东农业总产值达到 10 190.6 亿元，成为中国首个农业总产值超过万亿元的省份。从 1990 年起，山东省农业总产值一直领先其他省份。随着乡村振兴战略的深入实施，山东省农业农村生产方式发生了深刻变化，山东在社会投资主体参与农地经营实践过程中产生的问题以及应对做法都很具有代表性。虽然山东省在土地流转、社会投资主体参与农地经营的改革中取得了可喜成绩，但是由于相关法律法规不完善、流转程序不明确、没有高效的监管体制等各方面问题，流转双方矛盾不断，损害了农户利益，也拖慢了农村经济发展。山东省在社会投资主体参与农地经营的开展过程中严格规定了"红线"，健全资格审查、项目审核、风险保障金制度，引导社会投资主体在公开市场上进行农地租赁，通过这些监管手段加强了对社会投资主体租赁农地的管制和风险防范。截止到 2019 年底，山东省土地流转面积达到 3 890.4 万亩，土地流转率有 42.3%，全省农作物耕种收综合机械化率高达 86% 以上，全省农业科技进步贡献率达 64.56%，高出全国 5% 以上。

(1) 准确把握政策界限，严格准入门槛。 准确把握鼓励社会投资主体进入农业的领域，鼓励社会投资主体为农业引入先进的技术和理念，推动形成一乡一业的发展格局；支持社会投资主体参与农产品加工技术服务平台建设；鼓励发展农业服务业，建立利益联结机制，使农民享受更多的收益。在政策鼓励下，山东省新型农业经营主体不断壮大，2019 年底，全省农业龙头企业达到 9 600 多家、家庭农场达 7.3 万家、农民合作社达 21 万家。为使社会投资主体根据当地的资源禀赋、产业特征参与农地经营，进行合适的农业建设，山东省对其进入农业的门槛进行了相对严格的规定，坚持政府鼓励社会投资主体参与农地经营进而推动乡村振兴的初衷，对相应社会投资主体的主体资格、农业经营能力和农业生产项目等进行审查，要求其有较为清晰的盈利模式，并与对应农地的特征相匹配，做到不与民争利，并对社会投资主体长时间、大规模租赁农地的行为进行限制。严禁土地流转"非农化""非粮化"，明令禁止社会投资主体以基层组织的名义，通过各种手段强迫农户流转土地或者以整村整组的形式流转土地。

(2) 健全风险防范措施，探索建立租赁农地风险保障金制度。 合理确定社会投资主体租赁农地的面积与时间上限，并对应建立审查制度，重点审查非粮产业，施行分级备案制度。按照以土地流入方缴纳为主、政府进行适当补助的原则，建立农地租赁风险保障金制度，即土地流入方要缴纳相当于一年租地费的风险保障金，以此保护农户的利益，并设置专业金融机构托管风险保障金，加强监管。山东省施行的该政策与四川省推行的土地流转保险模式异曲同工。

（3）明确划定三大红线。 明确规定了耕地红线碰不得、土地流转红线踩不得、农民利益红线占不得三大红线。耕地红线不仅是项目开发不能触碰的底线，更是保障国家粮食安全不容动摇的根本。山东省坚持按照土地管理法的规定，全面强化对永久基本农田的管理和保护。土地流转红线是双边制约的。一方面，坚持土地公有制是国情的必然选择，农民流转土地是经营权的流转，而不是土地买卖，土地流转必须在承包期以内进行；另一方面，土地流转过程中社会投资主体与农户签订的流转合同规范合法，明确了土地流转用途、风险保障、土地复垦、能否抵押担保和再流转，以及违约责任事项等内容。农民利益红线占不得，社会投资主体下乡，一般会以租用或合作的形式一次性较长时间承包或流转土地，其中涉及公平性和合理性问题。农民作为乡村的原住民，考虑到土地为其仅有的资本资产和生产保障，应充分保障农民利益不受侵占。只有切实保障农民利益，才能够全面保障企业在乡村中的经营行为稳定和具有可持续性。

6.2.4 河南省社会投资主体参与农地经营的政府管制经验

河南位于我国中东部、黄河中下游，是我国的农业大省、强省和粮食大省、强省。河南是我国的人口大省，土地流转发展较快但是由于农民人均占有耕地不多，流转过程中各种问题逐渐暴露出来。主要有土地流转"非粮化"，操作管理不规范，一般没有书面合同，乡镇也没有建立登记备案制度，中介服务不到位，农业基础设施薄弱等。河南省坚持创新方式方法，狠抓工作落实，在推进"千企帮千村"行动的过程中注重政府管制，截至 2020 年 10 月底，河南省累计有 12 927 家民营企业精准帮扶 18 236 个村，投入产业资金 79.95 亿元。河南省先后开展了农村承包地确权登记颁证等工作，由省统筹安排，县乡负责，做到上下联动，形成整体合力，严格保障农民权益，取得了比较显著的成效，具体做法如下：

（1）严格把握好政策界限，明确各部门职责。 基层政府明确在对社会投资主体进行合理配置后，还要对引入且配置完毕的资本企业生产活动进行监管，引导监督企业按照程序进行生产经营活动。河南省严格执行有关监管的法律政策规定，在现有监管成果基础上，开展试点工作。以流转土地实测面积为确权变更的依据①，但暂时不与其他需要农民承担的费用和劳务标准挂钩，这种方式避免了增加农民负担的风险。对延包不完善、权利不落实和管理工作不规范的，予以依法纠正。利用规划和标准引导设施农业发展，强化设施农用地的用途监管。采取措施保证流转土地用于农业生产，通过停发粮食直接补贴、良种补贴、农资综合补贴等办法遏制撂荒耕地的行为发生。在粮食主产区、粮食生产功能区、高产创建项目实施区，不符合产业规划的经营者不再享受相关农业生产扶持政策。对各级部门的职责进行明确：基层政府的农业部门负责宣传指导工作；财政部门负责统筹安排农村土地承包经营权确权登记颁证试点工作及各项经费；法制部门负责提供有关法律服务，促进农村土地承包经营权确权登记颁证试点工作依法推进，指导处理有关权属的矛盾纠纷；档案部门负责做好农村土地承包经营权确权登记颁证试点工作相关资料的归档和管理工作。这种严格依照政策执行、加强督促检查的形式，利于有序有效地推进试点工作开展。

（2）规范用地管理，推进专项整治，加强基础设施建设。河南省严守耕地红线，严禁违规占用耕地和违背自然规律绿化造林、挖湖造景，深入推进农村乱占耕地建房专项整治行动。明确耕地利用优先序，规范农业设施用地管理，严格控制耕地转为其他类型农用地，例如林地、园地等。强化土地流转用途监管。加快实施新一轮高标准农田建设，2021年新建高标准农田750万亩，目标到2025年建成高标准农田8 000万亩，持续推进"十二五"以来的高标准农田重点设施普查整改工作，建立健全长效管护机制。2019年习近平总书记到河南考察作出重要指示之后，河南努力补齐农村基础设施短板：到2020年，全省所有行政村实现通硬化路、通客车；农田水利、农村饮水、乡村物流、宽带网络等基础设施建设提档升级；整治空落户，建设村史馆、农家书屋等；不断完善公共服务设施，实现农村标准化卫生室行政村全覆盖。良好的基础设施为更好地监管社会投资主体参与农地经营提供了保障。

（3）坚持基层政府主导，引入服务主体。近年来，河南省土地流转以河南省土地流转网为服务主体，该网站为农村土地流转提供统一服务，取

---

① 土地确权将已圈定的承包合同和发放的土地承包经营权证作为依据。

得了较好的成效，得到了流转各方的认同。

6.2.5 安徽省社会投资主体参与农地经营的政府管制经验

安徽省位于中国大陆东部，气候条件优越，地貌类型多样，农业生产区域性特点突出。改革开放以来，安徽省的农业取得了长足发展和巨大成就。2008年党的十七届三中全会提出"鼓励适度规模经营"以来，安徽省的土地流转过程更加趋于市场化、科学化。截至2020年9月底，安徽省耕地流转面积4 060.6万亩，耕地流转率50.4%，比全国高10个百分点。快速发展下，安徽省也不可避免地面临一些问题，例如农民土地流转意愿不强，土地流转信息平台不完善，土地流转区域发展不平衡，监管力度有待加强。安徽省政府为解决这些问题，先后采取了化解土地流转矛盾、建立土地流转信息平台、推动农村土地异地流转等方法，具体做法如下：

(1) 加大宣传力度，规范土地流转行为。利用报刊、电视和广播宣传现行的土地流转相关规定，帮助农民转变观念，淡化传统小农意识，激发农户参与土地流转的积极性，很大程度上解决了农民流转意愿不强的问题。同时政府对流转登记提出了明确要求，要遵循"依法、自愿、有偿"的原则，要签订流转合同，避免产生纠纷。完善社会保障制度，消除了农民流转土地的顾虑，提高了农民参与的积极性，也切实保障了农户的权益。

(2) 建立土地流转信息平台，为供需双方搭建桥梁。安徽省搭建了市、县、镇、村多级土地流转信息服务网络平台——安徽省土地流转网，定期收集发布土地流转供求信息，并在各区域建立线下服务网点。建立土地流转档案，方便各级、各部门查询、分析、统计和汇总。到2020年底，已全面完成土地承包经营权信息管理平台建设，农业补贴、征地补偿、土地流转方面数据应用率达95%以上。为加大监管力度，政府制定了更为明确和严格的土地征用标准，提高征用门槛，引导调控土地流转价格，以克服市场调节的局限性。有了信息平台，发布的所有信息可追溯，解决了一些监管的困难。

(3) 加强政府管制。由于基层政府的监管不到位，省内一些地方的土地租金、转让费等都不是在公平的市场竞争条件下形成的，流转双方都希望首先满足自己的利益诉求，于是带来一些投机主义和资本垄断的问题。面对这些问题和利益冲突，基层政府没有及时进行管制，没有落实应有的政策，在这种无序的状态下，如果发生纠纷，农户的权益很难得到保障。为了防治这些问题，省级政府对租地条件、经营范围和违规处罚等作出了严格的规定，按面积分级备案，强化了质量要求，明确了加强质量监管条款，加强事中事后监管。

6.2.6 启示

社会投资主体进入农业农村，不仅为农业农村输入了资金、技术、人才、信息以及先进的管理经验，还激活了农业农村生产要素，促进农业生产方式发生深刻变革。但由于政府引导和监管的不足，社会投资主体下乡在为农村经济发展带来积极影响的同时也带来了潜在的隐患。从五省的实践来看，是通过规范土地流转程序、严格准入门槛、加强对土地流转及社会投资主体下乡的宣传、建立流转信息平台等，加强了政府管制。

规范土地流转程序是指在坚持"依法、自愿、有偿"原则、"三个不得"原则、"稳制、分权、搞活"原则、"集中、连片、规模"原则的条件下，实行"确权登记颁证—平等协商—订立合同—备案归档"的流转程序。推行统一规范的土地流转合同文本，健全风险防范机制。

严格准入门槛是为了防范风险便于监管，对要参与农地经营的社会投资主体进行限制，通过流转面积、产业方向和支付方式这三道门槛，对社会投资主体进行筛选，降低了土地流转中的一些隐患和风险。

加强宣传是为了营造良好的舆论氛围，弱化农民传统的小农意识，以浙江省为代表，五个省都取得了较为良好的成效。

建立流转信息平台，定期发布土地流转的供求信息，为流转双方提供了便利。例如河南省土地流转网、安徽省土地流转网等。

从党的十九大报告提出乡村振兴战略以来，社会投资主体进入农业领域越来越普遍，有力地推动了我国农业的现代化发展，同时也产生了一些问题。为了趋利避害，国家制定了既积极鼓励和支持，又注重正确引导和加强监管与风险防范的政策机制。多地出台并落实相关文件，加强政府监管。制定政策时应因地制宜，中国各区域农业资源禀赋、经济社会条件、农村发展水平差异巨大，要根据各地实际，在坚决贯彻执行中央总的政策方针的基础上，制定适合本区域农业农村发展的管制政策措施。

以四川省为代表的西南地区为亚热带气候，土地资源丰富，适合农林牧渔发展。但是西南地区的农业发展相对落后，所以促进该地区的农业现代化，不仅有助于乡村振兴战略的实施，对西部大开发也具有重要意义。西南地区可以根据自身农业发展情况，在严格保障农户利益的条件下，对于违法违规的土地流转行为，坚决严惩。针对当地的农户特点，探索对应且恰当的新型土地流转模式，通过对症下药的方式进行监管，可大大降低流转风险，有利于推动西南地区农业现代化进程。

以山东和浙江为代表的华东地区，是我国经济最发达的地区。以上海和浙江为代表，华东地区的乡村旅游业发展迅速，并且自然环境比较优越，具有良好的农业基础。可以在严格划定土地流转红线的同时配合政府支持，补齐基础设施的短板，持续推进农业农村改革，在政策上予以倾斜。浙江省采用大数据预测等技术加强监管效果，也是值得借鉴的做法。

自 2006 年国务院颁布实施《关于促进中部地区崛起的若干意见》以来，中部地区经济迅速发展，展现了巨大的发展潜能。农业在中部六省中占据重要地位，所以也是中部崛起的重要支柱。其中河南省作为农业大省，2020 年第一产业总量全国最大，全年第一产业增加值达 5 353.74 亿元，同比增长 2.2%。"十四五"时期，中部六省积极推进农业现代化，呼吁社会投资主体参与农地经营，从对河南、安徽两省的分析来看，加快农业农村现代化的同时也要注重提升农产品质量和竞争力，按层次有序推进，坚持传统和现代化相结合，因地制宜发展农业经济。

我国西北地区虽然地广人稀，但是水资源不能直接利用，并且气候原因导致耕地不肥沃，农业发展受到不少阻碍。政府应该加大资金投入，整合利用农业资源，解决水资源不足的问题，做好水资源储蓄工作，合理保护耕地，促进西北地区农业可持续发展。

我国东北地区的土地资源具有较大优势，但是粮食发展较为依靠农业补贴，农业结构性矛盾比较突出，要首先注重农业结构调整。积极引进农业新技术，引导社会投资主体进入农业参与农地经营，支持三产结合，逐步使农业发展起来。

整体来看，在加强基层政府对社会投资主体参与农业的监管的同时，要根据不同地区的农业发展特点、当地农村的传统思想、自然地理环境等多方面的因素，因地制宜地制定监管政策。例如安徽、河南等省份建立了土地流转信息平台，浙江省充分利用遥感监测、大数据预测等技术手段辅助监管等。

6.3　当前政府管制面临的主要问题

6.3.1　管制能力不足的问题

对于社会投资主体参与农地经营的准入管制来说，最大的挑战在于如何确保管制措施是适度、可行的。前面讲到，对于社会投资主体参与农地经营的事前审查，必须有一个审查标准。那么，如何确定这样一个标准呢？工商资格审查相对容易，但是如何审查经营能力？如何审查项目可行性呢？一个企业应该有多强的资金实力才能算合格？对于规模控制，多大的规模是适宜的？比如四川全省各地农业生产条件差异很大，土地资源禀赋、劳动力转移情况也各不相同，必须实施差异化管制，但如何合理地设置各地的规模控制标准？更进一步地，在准入审查中，进行审查的机构和人员是否真正具备审查的能力，也是一个值得思考的问题。在审查中，可能会出现审查人员懂农业不懂经营，懂经营不懂农业等复杂的问题，参与审查的人是否足以胜任对项目的审查，很难说清。现实中我们往往看到，对社会投资主体的能力审查更多是形式上的审查，而不是实质性审查，这可能与管制能力不足有很大的关系。

6.3.2　管制失灵的问题

社会投资主体参与农地经营活动涉及政府、工商企业及农户三大主体。首先，工商企业作为被管制对象具有游说监管机构的动机，农户作为利益受影响者，在流转土地后具有寻求稳定社会保障的诉求，但地方政府既作为直接管制主体，又作为相关利益者，同时也是社会公共利益维护者，具有多重身份，尤其是基层政府部门，既是监管执行者也是既得利益者。因此，在社会投资主体参与农地经营的政府管制中，某些领域出现了政府部门被俘获现象。某些情况下，在政府管制活动中，为维护既得利益，政府监管机构容易表现出对监管对象的"溺爱"，出现消极监管、消极执行现象。政府部门被利益集团"俘获",部门利益绑架社会利益,导致政府管制失灵。其次,上下级部门存在连带关系,下级部门作为委托代理机构会根据动态博弈原则相机决策,容易出现道德风险和逆向选择问题,加之信息在上下级之间不对称,可能出现信息接收偏差等,进一步导致政府管制执行力低、管制失灵等问题。然后,我国政府管制机构多元,存在多头管制、管制打架等问题。特别是农业行业主管部门容易过度关注产业利益、追求行业业绩而忽视公众利益①。在社会投资主体参与农地经营活动中,政府主管部门过度关注工商企业拉动的产业产值,而忽视其带来的生态和社会问题,常常成为工商企业利益的"政策保镖",实行社会投资主体保护主义。最后,过去我国政府行业主管部门被赋予了过多的管制权力,而权力集中和利益集中容易导致利益固化,权力结构失衡容易导致"权力寻租"等不良社会现象,弱化管制功能。

6.3.3 过度管制的问题

对于社会投资主体参与农地经营来说,政府管制是必需的,但是又要防止过度管制。社会投资主体参与农地经营,是推动农业农村现代化的重要力量。我们既要防范风险,也要充分支持社会投资主体发挥积极作用。不能因为社会投资主体参与农地经营可能存在一些风险、部分社会投资主体参与农地经营过程中出现了违规违纪问题,就片面看待社会投资主体投资农业问题,放大对其风险的认知,通过过于严格的政府管制阻碍社会投资主体进入,制约社会投资主体的自主经营。在当前的"放管服"改革背景下,要对社会投资主体参与农地经营进行合理的引导,为其创造良好的发展条件。要合理设置社会投资主体参与农地经营的准入条件,不要设置过高的准入门槛。特别是要坚决防止通过准入管制人为"设租",滋生腐败。

---

① 刘华涛. 发达国家自然垄断行业的政府管制改革及启示 [J]. 行政论坛,2018,25 (3): 127-131.

7 | 社会投资主体参与农地经营政府管制的国际经验

社会投资主体参与农地经营是我国传统农业向现代农业转型过程中生产要素流动和组织形式变化的重要表现。社会投资主体投入在一定程度上弥补了我国农业先天投入不足的问题，满足当前农业发展的需要，但同时也存在非农化经营、与农民争利和盲目投资等问题。从 2013 年中央 1 号文件首次提出"鼓励和引导城市工商资本到农村发展适合企业化经营的种养业"，到 2018 年中央 1 号文件的"鼓励引导工商资本参与乡村振兴"，再到 2021 年中央 1 号文件对企业参与农产品供应链、商业化育种、农业产业和经营体系等细化，国家对于社会投资主体在农地经营中的作用不断明晰。2020 年 11 月，国务院办公厅发布《关于防止耕地"非粮化"稳定粮食生产的意见》，明确提出"有序引导工商资本下乡"，对于社会投资主体参与农地经营可能带来的粮食安全隐患提出了严格的管控导向。如何在利用社会投资主体促进农业农村发展的同时，规避其可能带来的"非农化""非粮化"等风险，成为当前我国社会投资主体参与农地经营实践中急需破解的难题。国际上已有不少社会投资主体参与农地经营政府管制实践，充分借鉴和学习其他国家的成功经验、吸取失败教训，有利于探索我国社会投资主体参与农地经营的有效路径。

下面选取社会投资主体参与农地经营较为典型的美国、法国、巴西、日本，对国外政府管制的经验和特色进行总结，以期对我国社会投资主体参与农地经营政府管制的政策选择和优化提供借鉴。

7.1 美国模式：农地流转制度保障下的弱管制强服务

美国土地资源丰富、经济发展水平较高，其社会投资主体参与农地经营的情况较为典型。美国农业与工商企业建立起的经济、组织关系可以追溯至 20 世纪 50 年代，此后美国政府通过立法设制，在健全的制度和良好的经济基础之上，建立起一套社会投资主体参与农地经营的分工、协作关系①。

一是以完善的土地产权制度为基础。美国拥有最全面的土地流转制度和较为完善的土地产权制度，且其土地市场化程度也已达到一定高度，因此对社会投资主体流入农地没有严格的政策限制。与我国地方政府积极引入社会投资主体不同，美国没有特殊的政策引资。此外，美国拥有完善的土地保护制度，实行土地分区管制制度，可有效实现对土地的严格管控，因此不存在工商企业与农民争夺耕地经营权的状况。关于农地流转，政府相继颁布农地保护法、农业完善和改革法等法律，农地流转制度进一步完善，最终建立了以市场调节为主、政府调节为辅，买卖和出租自由的农地流转制度。

二是以家庭农场为社会投资主体参与农地经营的核心主体。家庭农场是美国农业经营组织体系的核心，资本力量雄厚、拥有先进生产技术和设备的工商企业向家庭农场注入资本，可在较短时间内极大程度上激活农村既有闲置或有效利用率低的资源，提高资源配置效率，达到提高农村生产经营效率的目的。社会投资主体以这种模式与农村生产要素结合时存在着多方面的制约因素：美国政府立法限制大型工商企业直接从事农业活动以防止垄断，对社会投资主体参与农地经营的方式采取一定措施加以限制。关于准入主体资格，"资本—家庭农场"合作模式的生产规模很大，实力稍弱的社会投资主体很难下乡。此外，自然环境因素对农业生产的影响很大，大规模农业投资的风险更大。由于这些制约因素的存在，美国农业的发展非但没有受到阻碍，反而实现了可持续②。

三是以合作社为农户和工商企业之间的连接桥梁。合作社向农户传递社会投资主体的需求并安排组织农户生产，有效降低了交易成本，提高了生产经营效率。在一条同时涵盖农户、社会投资主体与合作社的农业产业

---

① 蔡晶晶，唐浩. 工商资本经营农业的国际经验及启示 [J]. 农村经济与科技，2015，26（8）：19－21.

② 时雅杰，蒲应龚. 工商资本与农村生产要素结合模式的国际借鉴研究 [J]. 北京农学院学报，2015，30（4）：128－132.

链中，农户完成生产过程中的基本环节，工商企业投入资金、技术、设备，一个或多个合作社充当中介连接双方、促进社会投资主体与农村生产要素相结合。美国农业合作社体制呈现出工业化大农业经营的特点，政府方面更多的是给予服务和培训教育的机会，而非管制与指导[①]。

7.2 法国模式：强政府协调推动下的行政干预和监督管理

法国是欧盟主要的农业国和世界主要的农业出口国，其农业生产条件优越，农业现代化程度高。其形成的主要经验有以下几方面。

一是对于农地流转实行严格监管，对于农地用途进行限制。自 20 世纪 20 年代开始，法国政府将小农场合并，支持中等农场发展，限制农场过度兼并，并在土地私有制背景下，建立了土地整治和农村安置公司，通过收购土地将分散的土地集中租赁或出售给中等农场。政府禁止对土地进行分割流转，防止土地流转细碎化。同时政府规定，私有农村土地只能农地农用，否则政府有权征购或者提高税收。由此农地用途得以规范化。

二是通过市场划分限制农地流转用途。法国土地市场分为城市土地市场和农业用地市场，这两个市场是严格分开的，不能混淆。城市土地市场以建设用地流转为主，农业用地市场以农业生产用地流转为主。此外，在农地流转方面，法国政府还通过发放养老金的方式鼓励老年农民退出生产，以使土地能够集中起来，扩大农场规模[②]。类似社会保障制度的制定，提高了农地流转的效率并且保护了部分农户的权益。

三是社会投资主体通过投入农村企业参与农地经营。具体形式有二：一是投资参股，包括工商业、金融业在内的社会投资主体向农村企业投入设备、技术和资金，参与农村企业的生产活动；二是社会投资主体直接在农村创办企业，参与农村企业的经营活动，解决农村闲置劳动力资源的配置问题。社会投资主体通过上述两种路径实现与农村生产要素的结合。在这种模式下，乡镇企业得到了快速发展，为农村经济的发展注入了强大的

---

① 李含悦，张润清 . 基于国际经验的农业产业化联合体建设研究 [J]. 世界农业，2018（12）：162-167，188，252.

② 吕晖 . 农地流转制度国际比较研究 [J]. 世界农业，2017（9）：82-88.

活力。

四是通过干预合作社实现农业政策落地。区别于大规模农场是美国农业经营主体，中等规模的家庭农场在法国农业经营主体中占据很大比重，法国得以实现农业规模化经营，合作社起到了至关重要的作用。据统计，法国合作社中仅农业合作社就包含3 800多个企业、130万名社员和12万多名雇员，涉及90％的农业领域，深入农业发展的各个环节[①]，大约83％的农场主参与了农产品产前、产后流通领域的合作社[②]。法国合作社实行强政府协调推动型体制[③]，政府对其进行较强的行政干预和监督管理，以实现农业政策的有效执行。

7.3 巴西模式：以政府投资吸引社会投资主体参与农地经营

巴西是南美超级农业大国，其可用农业用地占国土面积的一半以上，拥有丰富的农业资源和适宜的生产条件。

一是农业联合体为社会投资主体参与农地经营提供服务。巴西目前已经拥有一套比较完善的现代化农业服务制度，政府一直在努力为巴西的农民群众提供生产技术指导和科学技术支持，为巴西的农业产业化、集约式发展提供了有力的保障。农业联合体是巴西最主要的一个从事农业科学技术宣传推广的组织。巴西所有州均设有特定的农业宣传推广联合组织，主要负责向农户提供支持农业可持续发展的技术、市场资料、农业经济理论知识等。巴西政府对于社会投资主体参与农业持鼓励支持的态度且积极推动，出台了信贷、税收等多项农业投资领域的优惠政策。

二是以政府投资吸引社会投资主体参与农地经营。政府牵头建立农工企业，参与农业生产，此种农工企业具有国有性质。政府投

---

① 柏宗春，孟洪，李梦涵，等．国内外农业科技成果转化模式及现状分析［J］．江苏农业学，2020，48（12）：302－306.

② 时雅杰，蒲应燹．工商资本与农村生产要素结合模式的国际借鉴研究［J］．北京农学院学报，2015，30（4）：128－132.

③ 李含悦，张润清．基于国际经验的农业产业化联合体建设研究［J］．世界农业，2018（12）：162－167，188，252.

资建立的农工企业和国内工商企业及外国资本联合建立起新型农工商一体化企业，这种模式更能体现政府对于社会投资主体经营农业的推动作用，充足的资本和先进的生产设备及技术大幅提高了巴西农业集约化程度和生产力水平①。例如巴西东北部的开发管理局和斯特列食品公司共同投资建厂，在南巴伊亚地区共同创办了可可、乳牛的生产基地，同时还在那里建立了乳制品的加工厂。由于巴西政府的大力扶持和积极参与，巴西的农工商联合企业发展迅速。日本、美国、加拿大等国家都与巴西国有或私人企业共同在巴西建立了大批具有巴西特色的农工商企业，使得巴西的特色农产品精深加工和自然资源综合利用水平都得到了很大的改善和提高②。2007 年，巴西政府再次进一步研究制定了巴西乡镇基础设施改善的加速方案，通过政府直接投资以及吸引民间和私人融资，投入 13 亿美元开展了农村水利、供电、生物燃油管道以及与农业生产和交通运输紧密相关的道路、铁路等公共道路网络的施工和修建③。基础设施水平的提升，吸引了更多国内外社会投资主体投资参与农地经营。

7.4 日本模式：制度建设助推社会投资主体参与农地经营

相较于欧美发达国家，日本自然资源稀缺、人地矛盾十分尖锐，与我国人均资源少、劳动生产率低的状况更为接近。下面对日本在社会投资主体下乡方面的先行经验进行分析。

一是逐步放宽对社会投资主体参与农地经营的限制。在 20 世纪 50—80 年代，政府自上而下推动形成农协，以立法确定其地位，从金融政策、税收等多方面给予支持，使农协在日本农业中占据主导地位，至今已形成稳定体系。在此期间，政府对于社会投资主体和企业进入农村则有较多的限制。在 20 世纪 90 年代后，日本出现农业劳动力恶性流失的状况，人口

---

① 蔡晶晶，唐浩. 工商资本经营农业的国际经验及启示 [J]. 农村经济与科技，2015，26 (8)：19 - 21.

② 时雅杰，蒲应奏. 工商资本与农村生产要素结合模式的国际借鉴研究 [J]. 北京农学院学报，2015，30 (4)：128 - 132.

③ 马文荣. 巴西农业发展及支持政策 [J]. 农业发展与金融，2020 (11)：99 - 101.

老龄化和人口过疏化的趋势在农村和偏远地区日益明显，为解决农业兼业和抛荒现象严重、粮食自给率快速下降的问题①，日本政府修改法律，逐渐放宽对工商企业进入农业的限制，转排斥为鼓励，支持工商业资本流入农业。政府提倡以租赁为主的规模化经营，并相继颁布农业经营基础强化促进法、新农业基本法等法律，进一步推动规模化经营。纵观日本农地法的改革：1993 年打开工商企业参与农地经营的大门，十年后放宽对工商企业出资农业生产法人的额度限制，在 2005 年认可工商企业以租赁形式获得农地，随后是在特定区域内允许工商企业直接购买农地，经历 2009 年改革后，工商企业进入农地和农业经营的限制条件更加宽松②。

二是依托农协提升小农组织化程度。日本农业发展并非依靠资本改造和消灭小农，而是根据经济发展和国情需要多次进行改革，在此基础之上对大规模社会投资主体下乡进行限制并对小农组织的发展积极扶持，将传统小农转变为组织化的现代小农。避免社会投资主体进入农村后挤兑农村劳动力，将农民挤出农地的状况发生。农协为农民提供可以分享种植业、养殖业的收益和金融保险、流通储藏等项目的绝大部分收益的平台③，社会投资主体联合农协，利用农协与农户已经建成的密切关系进入农业，激活现有农业要素与之结合，实现"资本—农协"的合作模式，实现小农户和大市场的有效联系。

7.5 启示

本章对美国、法国、巴西、日本四个社会投资主体进入农业较为典型的国家的国情、主要发展模式和特殊政策进行了总结，结合目前我国社会投资主体下乡过程中存在的突出问题，可以得到如下启示：

（1）完善土地流转制度，规范社会投资主体参与农地经营行为。完善的法律制度是社会投资主体参与农地经营的基础。我国社会投资主体下乡

---

① 陈慧萍，王玉斌，武拉平. 日本农业产业化发展对中国的启示 ［J］. 世界农业，2010（9）：58 - 60.

② 王国华. 日本工商企业投资农业的准入机制及现状特征 ［J］. 世界农业，2017（6）：42 - 46.

③ 长子中. 资本下乡需防止"公司替代农户"［J］. 红旗文稿，2012（4）：29 - 31.

的进程较短，尚未形成完善的法律制度。首先要健全流转交易机制，使农户的合法权益在土地交易的过程中得到政府的支持和保护，有效防止社会投资主体将农民挤出农地，维护农民的主体地位。其次要完善农地保护制度，对农地实行用途管制，避免社会投资主体改变农地用途。再次要完善社会投资主体参与农地经营的准入制度，政府需通过明确的法律制度规定社会投资主体可以进入的农业范围，对社会投资主体进入农业的投资方向进行强力且具有针对性的引导，同时需要对可进入的社会投资主体涉农的主体资格进行确认。最后要完善流转过程中的监管制度及社会投资主体的退出制度。部分工商企业与农户签署短期合同，合同完成后迅速退出土地，在此期间因追求产量而对土地造成的伤害却永久地留在了土地上，留给了以地为生的农户。对此，有必要设立土地流转风险保证金[①]，对社会投资主体实施经济约束。同时针对社会投资主体和农户的制裁制度也应加以完善，防止社会投资主体或者农户在流转期间单方面改变决定，造成生产要素的浪费。

(2) 积极发挥合作社的纽带作用，提升社会投资主体参与农地经营效率。 合作社可以加强政府和农户之间的联系，农户可以从合作社处得到生产领域的服务，合作社的参与降低了工商企业和农户沟通的成本。目前多由村"两委"成立土地股份公司或经济合作社，缺乏规范化、高效化的合作社。可以由村"两委"牵头建立民营非营利性合作社，政府出台相关扶持政策，引导更多分散农户加入实现信息共享。同时政府可以从立法和监督等方面规范合作社或农协的组织和经营活动，引导其以正确的方式在社会投资主体参与农地经营的过程中发挥积极作用，带动农民与工商企业展开积极的合作[②]，充分发挥合作组织的独特优势，早日实现农工商的有机结合。

(3) 加强政府行政干预与过程监管。 资本具有趋利性，农业又属弱质性产业，社会投资主体在没有政府引导的情况下自主参与农地经营，势必会导致国家农业经济长期发展的需要与资本追求短期利益的现状之间的矛

---

① 杨雪锋. 资本下乡：为农增利还是与农争利?：基于浙江嵊州 S 村调查 [J]. 公共行政评论，2017，10 (2)：67-84，194.

② 时雅杰，蒲应燊. 工商资本与农村生产要素结合模式的国际借鉴研究 [J]. 北京农学院学报，2015，30 (4)：128-132.

盾，造成农民经济受损、生态环境受创、农业可持续发展受阻的不良局面。在上述国家社会投资主体参与农地经营的实践中，政府在其中都充当着管理者、引导者的角色，参与度很高，尤其是在对土地使用的管理方面。一方面为社会投资主体发展农业搭建信息服务平台，加大"三农"政策宣传力度，及时发布土地流转、农产品产销等信息，为资本企业提供有关政策和法律法规方面的服务信息。另一方面加大对各大高校的科研组织的支持，帮助其与农户、工商企业建立联系，利用科学技术降低生产成本，提高土地利用率和农产品产量，实现农民增收、土地增产的目标。

8 | 社会投资主体参与农地经营政府管制的制度构建

在我国推进乡村全面振兴、努力实现农业农村现代化的战略背景下，引导、支持社会投资主体有序参与农地经营，发展适度规模经营，通过"公司＋合作社＋农户"等利益联结模式开展农地经营，带动农户增收，是我国农业农村发展的长期趋势。因此，对待社会投资主体参与农地经营活动宜疏不宜堵。但由于农地公共产品特性、经营活动外部性、信息不对称性等的存在，社会投资主体过度参与农地经营具有显著的外部溢出效应，直接体现在土地景观及生态系统的变化、土地利用的方式及程度的变化，将直接影响土地生态系统服务功能的发挥。与此同时，在追求利润最大化的市场机制中，私人市场缺乏将生态效益与社会效益纳入农地经营的决策机制中的动力，社会投资主体参与农地经营潜存负外部性问题，可能损害社会福祉。为了维护社会公共利益、保障国家粮食安全、保护生态环境，政府机构适时实施政府管制势在必行，而如何有效实施政府管制是当前面临的重要问题。

对于社会投资主体参与农地经营进行政府管制，必须构建一套制度体系。从社会投资主体参与农地经营的实践来看，需要进行全过程的监管，进而建立全过程的管制制度体系。因此，必须坚持以习近平新时代中国特色社会主义思想为指导，坚持维护社会公共利益，坚持公平与效率相结合，坚持稳定与适宜相结合，坚持惩戒与引导相结合，建立准入审查制度、经营监管制度和风险救济制度，科学界定政府的管制职能，构建有效的管制体制，建立有效的公共治理结构，建立健全规范的管制程序，建立完善的土地流转制度，充分协调各方的利益诉求，以对社会投资主体参与农地经营进行有效的政府管制，发挥社会投资主体的积极作用，尽量减少其消极影响，更好地促进农业农村发展。

8.1 制度构建的基本原则

8.1.1 坚持以习近平新时代中国特色社会主义思想为指导

习近平新时代中国特色社会主义思想是马克思主义中国化的最新成果，是党和人民实践经验和集体智慧的结晶，是中国特色社会主义理论体系的重要组成部分，是全党全国人民为实现中华民族伟大复兴而奋斗的行动指南。构建我国社会投资主体参与农地经营政府管制的制度体系，必须以习近平新时代中国特色社会主义思想为指导，全面贯彻党的路线、方针和政策，确保管制制度体系科学合理。

8.1.2 坚持维护社会公共利益

对社会投资主体参与农地经营进行政府管制，是为了维护各方利益、实现利益协调，首要的就是维护社会公共利益。作为管制主体的政府，代表人民的利益。各项管制措施的出台，都是为了维护广大人民的根本利益、维护整个社会的公共利益。这是我们在制定社会投资主体参与农地经营政府管制的制度体系时的首要目标。这里的公共利益，包括保障农业基础地位、保障国家粮食安全、促进农业农村现代化、促进绿色可持续发展、促进社会和谐等。

8.1.3 坚持公平与效率相结合

对社会投资主体参与农地经营进行政府管制，必须坚持公平与效率相结合。公平，就是要在程序上公平对待利益相关方，在制度设计中充分考虑利益相关方的诉求，不偏不倚，充分保障制度运行中的公平和制度运行结果的公平。既要保证各主体公平参与农地经营，又要使其公平分享农地经营成果，还要充分考虑非直接参与的第三方、下一代的公平。效率，就是要以促进发展为目标。发展才是硬道理，实现农业农村现代化，必须依靠发展。农地是农业农村发展中的核心生产要素，社会投资主体是促进乡村振兴的重要力量，能够为农业农村发展带来稀缺的资本、技术等生产要素，实现社会投资主体要素与农地要素的有机结合，对于促进农业农村发展具有十分重要的意义。市场在资源配置中起决定性作用，要在农地经营上充分发挥市场的力量，一切管制制度的设计都是为了促进市场更好发挥配置资源的决定性作用，而不是去限制其作用发挥。充分发挥社会投资主体、农户等各类市场主体的主观能动性，促进、保护各类市场主体按照市场原则在农地市场中公平交易、合理经营，提高农地资源配置效率，提高农业生产效率和效益，促进乡村振兴发展。

8.1.4　坚持稳定与适宜相结合

政府管制制度必须对管制对象的行为产生影响，进而导向一定的经济社会结果。一方面，作为一种管制对象必须遵守的规范，管制制度要具备一定的稳定性，使管制对象能够形成稳定的行为预期，从而规范和指导其行为。如果制度没有稳定性，那么管制对象就不能形成稳定的预期，进而无所适从。因此，社会投资主体参与农地经营的政府管制制度必须具有稳定性，至少在一定时间内，要能够保持基本稳定，不会出现大的变动。另一方面，制度的稳定性是相对的，制度必须与产生制度的外界环境相适宜。既定的制度，总是与外界经济、社会条件相适应，任何制度的设计都不是一成不变的。从制度变迁的角度而言，社会投资主体参与农地经营政府管制制度的设计，必须与时俱进，与经济、社会发展的需求相适应，要在既定的农业农村发展政策、经济社会发展环境下，推出适宜的社会投资主体参与农地经营政府管制制度。

8.1.5　坚持惩戒与引导相结合

制度作为一种社会规范，必须具有权威性。这种权威性，体现为对违反制度的行为的惩戒。因此，社会投资主体参与农地经营的政府管制制度中必须包含一定的惩戒措施，对于违背契约、破坏农地、破坏环境、损害他人利益的行为进行惩戒。这些惩戒措施可以体现在相关的法律条文中，也可以体现在政府相关规章制度中，还可以体现在一些非正式制度约束中。但惩戒并非目的，管制制度更要发挥引导作用，明确哪些事可为、哪些事不可为，从而引导社会投资主体更好地参与农地经营、引导相关参与方更好地在规则范围内共同利用好农地资源。特别要强调的是，不能为了管制而管制，更不能通过管制去限制社会投资主体参与农地经营，而是要制定一套社会投资主体参与农地经营的规范，指导和约束各方行为，发挥社会投资主体优势，激活社会投资主体活力，防范失范行为，尽量多发挥社会投资主体的积极作用，减少其负面影响，从而使社会投资主体更好地服务于农业农村现代化。

8.2 主要制度构成

8.2.1 准入审查制度

"准入管制"又称"事先许可"，是对市场经营主体进入某一行业、某一领域设置的以一定进入条件为依据的管制措施。如果不能获得许可，则经营主体不能作出相应的市场行为。合理的准入管制措施能够防患于未然，通过设定准入规则，筛选出合意的进入者。社会投资主体流转农地的准入管制，以维护社会福祉为目的，针对进入农业大规模流转农地的工商企业，从需求端防止农地过度流转，防止出现强制征地和耕地"非粮化""非农化"等问题，减少社会投资主体参与农地经营的负外部效应对社会公共利益的损害。如《关于加强工商企业租赁农户承包地监管的指导意见》（川农业〔2013〕158号）提出，对工商企业经营农业的资质做全盘审查，比如企业的资金实力、技术力量、产业规划、风险意识及风险规避机制等是否完备，审查工商企业是否具备农业经营能力，从源头上制止耕地"非农化"的倾向。准入管制是对社会投资主体参与农地经营进行政府管制的最基本、最主要的措施，是一种事前的管制措施。

（1）资格审查制度。 资格审查制度是最基本的准入管制制度。严格依法按照"公益正当性"原则对工商企业的准入资质进行考察审核，主要考察社会投资主体是否进行工商登记、税务登记，是否具备涉农资格。《中华人民共和国农村土地承包法》规定，土地经营权流转"受让方须有农业经营能力或者资质"，县级以上地方人民政府应当建立工商企业等社会资本通过流转取得土地经营权的资格审查制度。《农村土地经营权流转管理办法》（农业农村部2021年第1号令）规定"土地经营权流转的受让方应当为具有农业经营能力或者资质的组织和个人""县级以上地方人民政府对工商企业等社会资本流转土地经营权，依法建立分级资格审查和项目审核制度""县级以上地方人民政府可以根据本办法，结合本行政区域实际，制定工商企业等社会资本通过流转取得土地经营权的资格审查、项目审核和风险防范实施细则"。但是对于具体审查何种"资格"或者"资质"，并未进行明示，也没有具体的标准，需要各地在制定具体的实施办法或者细则的时候进行明确。从可行性来看，这种资格审查可能更多是一种形式审查，主要审查主体自身的合法性和资信等。例如，四川省《关于加强工商企业租赁农户承包地监管的指导意见》（川农业〔2013〕158 号）提出，要审查工商企业是否进行工商登记、税务登记，是否具备良好资信。

（2）能力审查制度。能力审查制度是指政府相关部门或机构对有意向参与农地经营的企业或个人的资金投入、财务状况、拥有的农业生产加工等技术、人力资本、管理能力以及信誉等指标进行审核评估，以判定其是否具有参与农地经营的能力的活动。审核应紧抓资本投入、技术能力、人力资本、管理能力、信用评价五大方面，审查其是否具有相应的经营能力和承担农业风险的资本实力、是否具有租金支付能力和违约赔付能力。这并不是表示不欢迎社会投资主体，而是为了防止耕地"非农化"和"非粮化"的问题发生。社会投资主体进入农业，不管是选择规模化种养，还是选择进入农产品加工领域，都离不开大量的资金，如果社会投资主体没有足够的资金投入，容易导致企业中途退出农业经营活动，一方面增加了企业的负担，另一方面损害了农民的利益。传统农业已经无法满足市场的需要，在现代化农业发展的进程中，迫切需要先进的农业技术、优秀的农业人才，一旦进入农业的企业缺少这两大要素，农业生产达不到预期效果，企业损失增加，就会提前终止流转合同，给农户带来极大损失。制定社会投资主体信用评价制度，一方面是通过评价过程了解企业投资农业的情况，另一方面，当工商企业进入其他领域时，可提供一个信用参考，简化审核步骤。

《农村土地经营权流转管理办法》明确规定土地流转的受让方要具有农业经营能力，但是同样没有明确何为"农业经营能力"，如何去评判受让方是否具备农业经营能力。因此，这一制度设计仍然是原则性的，尚缺乏可操作性。从农业经营的角度来看，最基本的是农业生产经营管理能力，最基本的指征是是否有专业的农业工人和技术人员，是否有足够的资本投入。当然，对于有农业经营经验的社会投资主体来说，可以考察其既往的经营管理业绩。从信息不对称的角度而言，社会投资主体的农业经营能力是非常难以评判的，特别是事前审查，社会投资主体完全有可能隐藏信息，为经营能力评价造成困难。一个可行的办法是要求社会投资主体提供额外的信息进行佐证，或者增加社会投资主体事前隐藏真实信息的成本。如要求社会投资主体提供雇佣农业工人和技术人员的合同，要求提供有资质的农业职业经理人的聘用合同等。对于有农业经营经验的社会投资主体和无经营经验的社会投资主体，可以提出有差别的能力证明要求。

（3）**项目审核制度。**社会投资主体参与农地经营的项目审核制度应该包括区域农业相关规划、经济社会需求、主体功能区建设以及项目可行性研究四大方面。政府首先要对区域内农业进行规划，形成相应的农产品经济带，建设经济带不仅能够有效地保障农产品批发的数量，还能形成旅游景观，带动区域旅游产业，为农户或企业创收。在农业供给侧结构性改革背景下，农产品生产的数量增多，但是质量不高，导致我国农产品的进口量不减反增，农产品仓储量也增加。对于想要进入农业生产环节的工商企业，政府应该针对当前市场情况，审核企业农业生产方向是否正确，做好风险预警，防止企业盲目参与农地流转，增加自身经营风险。要求工商企业提供农地经营项目的可行性研究报告，审核其是否符合总体土地利用规划、乡村振兴规划、用地要求、环境测评等。

《农村土地经营权流转管理办法》规定县级以上地方人民政府对工商企业等社会资本流转土地经营权建立项目审核制度和项目审核实施细则，但目前尚未看到有可操作性的实施细则。从操作方面来看，重点审核项目是否符合农业生产功能区规划、是否符合国家农业宏观政策、是否符合本区的农业产业规划，以及项目可行性研究报告。《国务院关于促进乡村产业振兴的指导意见》（国发〔2019〕12号）对社会投资主体投入乡村产业的方向作出了指导，2020年农业农村部办公厅印发了《社会资本投资农业农村指引》，2021年农业农村部办公厅和国家乡村振兴局综合司印发《社会资本投资农业农村指引（2021年）》，对社会资本投资农业农村进行了宏观指引。各地应在国家相关政策文件基础上，细化出台符合本地实际的项目指南，引导社会投资主体进行合理投资。

（4）**规模控制制度。**规模经济理论指出，在一特定时期内，企业产品绝对量增加时，其单位成本下降，也就是说扩大经营规模可以降低平均成本，从而提高利润水平。土地经营也符合这一理论，要使得企业经营成本低、收益高，只能选择规模化经营。但是目前在土地细碎化程度非常高、部分农户生产生活对土地还有较高依赖性的情况下，土地的大规模流转可能面临着多方面的风险。一方面，规模越大，意味着牵涉的农户越多，可能挤占农户就业空间。社会投资主体租赁农地开展农业生产活动后，土地原来的种植户就需要寻找其他就业机会，大部分务农的农户只熟悉农业生产，无法轻易投入工业生产中，难以找到合适的工作赚钱养家糊口。同时，农户越多，就意味着交易成本越高，在农户难以达成一致流转意向的情况下，可能会出现强制性或隐性强制的土地流转交易，甚至村委会、基层政府中可能产生腐败现象。另一方面，有的企业，对于自身能够经营的土地规模不加以评估测算，盲目扩大土地规模，导致土地经营不善，损失惨重。实施规模控制制度，一是为了防止企业盲目扩大生产规模，累积风险，二是为了防止大规模的土地流转置换出大量的劳动力，对农业劳动力转移就业形成巨大压力，影响农民生计和社会稳定。《中华人民共和国农村土地承包法》和《农村土地经营权流转管理办法》都没有明确的规模控制的提法，只在《农村土地经营权流转管理办法》中规定"对整村（组）土地经营权流转面积较大、涉及农户较多、经营风险较高的项目，流转双方可以协商设立风险保障金"。这一规定一是并没有对"土地经营权流转面积较大"作出数量型规定，二是设立风险保障金虽然是一种保障措施，但是对于规模风险的控制远远不够。

对于经营规模的管制，可以从以下几个方面考虑：一是根据区域特征进行分区域控制。对于人地矛盾相对不突出的区域、平原等适宜机械化操作的区域适度放宽规模上限规定，而对于人地矛盾突出以及丘陵、山区等区域采用相对较低的规模上限。二是根据产业特征进行分类控制。根据项目的具体用途、不同的农业产业特点来限定规模。比如对于粮油等机械化程度较高的产业可以适度采取较高的规模上限，对于蔬菜、水果等机械化程度较低的产业采取相对较低的规模上限。三是根据交易涉及的农户面来分类控制。对于涉及农户数量较少的，可以略微放宽规模控制标准，而对整村整组流转涉及较多农户的，应严格控制。中国各地的农地资源禀赋、耕作制度、农业经营水平差异较大，应该因地制宜探索不同的规模控制方式。

8.2.2 经营监管制度

对社会投资主体参与农地经营进行管制，需要一套系统的管制制度和程序，准入管制只是其中最基本的一环。资本的天性是逐利的，有不少社会投资主体打着农业生产经营的旗号流转土地，但土地流转一到手就修建私人别墅豪宅，或开发旅游休闲度假村，占用农业生产用地，对耕地造成不可逆的破坏。为满足社会投资主体逐利的诉求，同时发挥资本在农业现代化过程中的生产要素特性、合理控制社会投资主体参与农地经营的风险、切实维护社会公共利益，除了要进行准入管制，还必须对其实际经营行为进行监管，对社会投资主体参与农地经营的全过程进行管制。

(1) 经营行为监管制度。要加强对社会投资主体在农地利用中的具体生产经营行为的监管，防止社会投资主体农地经营行为异化。一是要严格监管社会投资主体是否按照项目审核时的条件进行农业生产经营，严防社会投资主体项目经营"说一套，做一套"。尽管社会投资主体获得了土地的使用权，但是必须要明确这是有限的使用权，坚持以下几个"不得"：不得损害农民权益，不得改变土地用途，不得破坏农业综合生产能力，不得破坏农业生态环境，不得撂荒耕地。对社会投资主体经营行为的监管，重点在于对耕地保护、合理利用的监管。应将社会投资主体获取的各项支持、补助与其具体的经营行为挂钩，对于随便变更生产经营方向、将耕地"非农化""非粮化"利用的主体，要及时纠正其不当行为。要充分运用日常抽查、遥感监测等手段，对社会投资主体农地经营情况进行监测。

(2) 经营能力监管制度。在准入阶段，对社会投资主体进行能力审查后，还应对其经营能力实行常态化的监管。对工商企业要定期检查与不定期抽查经营范围、投资能力、技术资格，流转土地面积、用途、价格、期限以及流转后规模经营风险和吸纳当地农民就业情况，对社会投资主体租赁农地经营中的风险防范能力进行动态监控。特别是要高度关注企业负债率、现金流等重要指标，加强跟踪监管。通过审查劳动力雇佣合同备案、五险一金缴纳情况等，监测工商资农业工人、农业技术人员、农业职业经理人的配备情况。建立社会投资主体经营农地年报制度，每年向县级以上农业农村主管部门提交年度经营报告，并以此作为社会投资主体获取后续政策支持的必要条件。

8.2.3 风险救济制度

在社会投资主体参与农地经营中,不可避免地存在各种风险。除了企业自身的经营风险外,还有由企业风险带来的社会风险。现阶段社会投资主体投资农业仍存在在"资本潮涌"过程中盲目投资、土地流转契约关系不稳定等隐患。因此,除了要完善准入审查制度、经营监管制度外,还应该建立风险救济制度,未雨绸缪,尽量降低风险损失。

(1)土地租金预付制度。要求提前支付土地租金,以防止少数工商企业做出拖欠、逃逸租金的行为,把风险降低到最低。

(2)土地流转风险保障金制度。风险保障金既是一种信誉保障机制,也是对社会投资主体自身实力、经营意愿的一种信号披露。《农村土地经营权流转管理办法》规定"对整村(组)土地经营权流转面积较大、涉及农户较多、经营风险较高的项目,流转双方可以协商设立风险保障金"。但是从实践来看,一些地方要求社会投资主体缴纳土地流转风险保障金,比如提前交付一年的租金作为风险保障金,这在一定程度上增加了社会投资主体的资金成本压力,对其生产经营产生不利影响。《农村土地经营权流转管理办法》还规定,"鼓励保险机构为土地经营权流转提供流转履约保证保险等多种形式保险服务",这不失为一个好办法。在健全农业保险制度,积极探索风险保障金与农业保险、担保相结合这一方面,四川成都邛崃市土地流转履约保证保险机制是一个较为成功的案例①。

(3)惩戒制度。如果没有惩戒措施,那么相关的管制制度就缺乏威慑力。因此,必须建立相应的惩戒制度。一是完善相关法律。具体而言,要通过民法典、土地管理法、土地承包法、食品安全法等相关法律,对包括社会投资主体在内的各类农业生产主体的农地利用、农业生产行为进行有效的规范。一旦发现违法行为,严格执法,严惩不贷。二是完善相关规章制度和政策。对于利用农地时有不当行为的社会投资主体,可以采取停止政策支持、追回补贴款项、纳入失信名单等方式进行非法律性惩戒。三是

---

① 成都邛崃市首创土地流转履约保证保险机制,保费按土地流转交易额的3%收取,其中农民承担20%,业主承担80%,财政将对自愿参加履约保证保险的主体采取以奖代补的方式补贴50%的保费。以一年一亩地1 000元的租金来计算,保费是30元,农民应交6元,业主交24元,政府对两者各补贴一半的费用。

建立退出机制。从社会投资主体参与农地经营的退出而言，通过自愿退出激励机制、改造及复耕机制、退出成本测算机制、信息披露和信誉机制四种机制，可以实现社会投资主体的激励性自愿退出和惩戒性强制退出①。激励性自愿退出主要是指引导企业退出农业生产环节进行间接投资，不具有强制力，故将其视为政府的管制措施较为勉强。对于一些具有不当经营行为的社会投资主体，应该采取措施，对其进行惩戒性强制退出，使其失去农地经营资格。同时，完善退出后的相关善后措施。

8.3 优化社会投资主体参与农地经营政府管制的建议

8.3.1 科学界定政府的管制职能

经济学在论证政府管制的合理性时以市场失灵为根据，但值得注意的是，在市场失灵的领域，并不一定要进行政府管制，因为同样存在政府失灵的可能，市场失灵只是进行政府管制的必要条件而不是充分条件。政府部门作为社会性管制的执行主体，具有自利性，使得政府管制失灵危机潜存，在某些情况下政府部门并不是理想的维护公共利益的"代理者"。

实行政府管制的前提是科学界定政府职能范围和市场的作用空间。政府部门具有立法、执法、监督的职能，具体表现在社会投资主体参与农地经营的事前、事中及事后的行政行为上。近年来，政府从市场准入、土地用途、退出机制等方面出台相关政策对社会投资主体参与农地经营活动进行管制，如《中华人民共和国农村土地承包法》《农村土地经营权流转管理办法》《关于加强工商企业租赁农户承包地监管的指导意见》《国务院关于促进乡村产业振兴的指导意见》《国务院办公厅关于坚决制止耕地"非农化"行为的通知》《关于防止耕地"非粮化"稳定粮食生产的意见》《社会资本投资农业农村指引（2021 年）》等，一定程度上有效遏制了圈地套补、耕地"非农化""非粮化"问题，但在政府部门具有自利性的前提下，政府管制中存在管制措施形式大于实践、管制范

---

① 刘润秋，李鸿，张尊帅. 工商资本投资农业的土地退出机制研究 [J]. 贵州财经大学学报，2018（1）：39-46.

围过广、干预市场过多、多部门管制交叉重复又矛盾等问题，出现政府管制失灵[①]。

在社会投资主体参与农地经营的管制中，政府更多的是扮演引导、监督、监管的角色，职能范围应涵盖政策指引、信息共享、相关标准的制定及严格执行、落实惩处制度并开展后续监管、构建相关参与主体合法权益保障机制等方面。主要体现在事前加强进入管制，严格执行审查制度，排除资质不符企业，再采用不同层级的财政补贴等手段引导社会投资主体理性、有序投入农业领域。事中发挥监督监管职能：一是避免企业"圈地套补"等；二是避免企业擅自变更土地用途，造成耕地"非粮化""非农化"等问题；三是避免企业和农户擅自毁约，损害双方合法利益；四是避免出现企业经营不善但退出困难的问题。事后加大执法力度，严格依法惩处违法企业，健全退出机制。在不损害社会公共利益、不危及国家战略安全的前提下，对于农业产业选择、地区选择、市场选择、经营方式选择等问题，应按照产业着眼全局、企业盈亏自负的原则，交由企业根据市场信息自行决策，避免过多干预市场。

8.3.2　构建有效的管制机构体系

构建有效的管制机构体系，加强管制部门的独立性、保障其公正性，是避免政府寻租的有效路径。由于制度建设的滞后、权力制衡机制的不完善，以及利益集团的阻挠，往往出现政府管制机构被俘获的现象。管制俘获易导致危险的政府管制失灵状况[②]。政府管制过度或管制不足都会造成管制机构运行不畅、执行能力低等问题，缺乏有效的管制机构与监督机制又极易诱发机会主义行为，进一步加剧管制失灵。因此构建有效的管制机制、提高管制能力，是实现有效管制的关键。当前对社会投资主体参与农地经营进行准入管制的，是以政府行业主管部门（农业农村主管部门）为主导的管制机构。可以参考借鉴美国经验，探索建立以推进企业有效竞争和保护社会福祉为首要目标的独立管制机构，并赋予其相应的管制权

---

①② 余晖．政府管制失败的经典案例 评《管制成本与社会公正：透过北京市出租车业看政府管制的失败》[C] // 北京天则经济研究所．中国制度变迁的案例研究（第四集），2005：11.

利①。但在管制机构组建过程中，由于我国长期存在的政府体制惯性、管理工作经验和转轨过程中既得利益的影响，新设立的独立管制机构不可能超脱于原有体系。鉴于此，在组建新的独立的政府管制机构时，需要整合农业、财政、工商、国土、发改等部门资源，招聘相关专业人才，组建一支层次分明、架构合理、运行有效、独立公正、责任与权力明晰的专业化队伍。为了保持管制机构的独立性，可以考虑限制政府行政部门人员加入独立管制机构。为了防止管制机构被俘获，必须加强立法，通过法律对管制机构进行监督，确保管制的公正性和防止管制权力滥用②。

8.3.3 建立有效的公共治理结构

在市场经济体制下，加强有效的政府管制是提高政府治理能力的核心内容。但从目前的政府管制现状来看，在部分垄断性行业中仍存在利益分配扭曲、生产效率低下、资源配置低效等问题，食品安全、药物管制、环境污染、垃圾处理等方面的社会性问题严重。这也表明在市场失灵的领域政府管制也可能存在失灵，完全依靠政府治理难以有效解决某些社会性问题。同时，在地方政府治理的利益内驱力缺失、地方政府监管机制建设滞后、政府治理成效偏低以及公众与政府之间互动不强等多因素背景下，当前人们对政府治理存在较为严重的信任流失，这使得我国政治民主化、经济市场化和社会自治化存在相当大的阻碍③。而公共治理模式对此具有一定的修补作用，以政府为主体、社会多元主体广泛参与决策与治理的模式，能够有效弥补政府管制的不足。

从社会性管制视角出发，社会投资主体参与农地经营的政府管制是为了实现公共治理目标，消除外部不经济等负面影响，维护社会公共利益。具体来看，政府管制具有管制主体单一化的特征，即主要由政府机构通过

---

① 丁捷，周佑勇. 美国独立管制机构的兴衰及其对我国的启示 [J]. 南京社会科学，2018 (3)：105-111.

② 刘华涛. 发达国家自然垄断行业的政府管制改革及启示 [J]. 行政论坛，2018，25 (3)：127-131.

③ 彭建交，谢中起，臧红松，等. 环境治理中的政府信任重塑 [J]. 生态经济，2018，34 (11)：40-46.

行政手段等对企业经营活动进行管制，但管制手段具有多样性，包含正式制度手段与非正式制度手段，这与公共治理相似。针对工商企业的社会性管制应当集中在政府与社会之间的伙伴关系、集体目标与私人目标的关系处理上，其中管制者、被管制者及利益相关者之间的权益冲突与平衡是核心要点。因此，加强政府与企业、农户的互动交流是强化政府管制、实现治理目标的应有之义，以多元主体参与为基础，构建有效的公共治理结构是实现有效管制的重要举措。

公共治理结构影响公共治理实践。建立有效的公共治理结构是破解部门权力结构失衡、利益冲突的有效路径，也是实现政府管制决策民主化、科学化的关键举措①。在如今的大数据时代，海量数据对政府治理提出了新的挑战。政府与企业都掌握着大量数据信息，但由于政府与企业缺乏良性互动，资源投入与基础设施配套服务供给出现错配，造成社会公共资源的浪费，损害了社会福祉。这一点在社会投资主体参与农地经营的政府管制中表现得尤为明显。第一，企业掌握着事关社会公共福祉的运营数据，为逃避责任、弱化危害、降低成本，往往在上报数据时瞒报、虚报、漏报或不报，造成社会成本的误估，最终导致农村环境污染严重、耕地"非粮化""非农化"现象普遍、耕地质量下降等问题。第二，地方政府作为工商企业投身乡村振兴的引导者，也是公共服务的主要供给者，理应配套完善相关基础设施建设，吸引、扶持企业发展，但目前我国基本公共服务仍存在供需错位，主要体现在主体错位、空间错位、时间错位上，政府资源投放内容、地点等与企业需求不匹配，造成社会资源的浪费②。第三，我国为积极推动服务型政府构建，在政府治理中不断完善听证制度、咨询制度和公示制度等，鼓励公众参与社会治理，但从实践情况来看，很大程度上公民在地方政府治理中的参与范围过窄，仅限于行政处罚、行政立法政策等方面，而与公民切身相关的事务则不能深入参与，政府依然大包大揽，进行封闭式治理，导致政府提供的服务与公民需求不符、资源投入与社会需求错位。特别是在社会投资主体参与农地经营的政府管制中，村集

---

① 黄显中，何音. 公共治理的基本结构：模型的建构与应用 [J]. 上海行政学院学报，2010 (2)：41-50.

② 向俊杰，陈威. 论环境基本公共服务供给侧结构性改革的逻辑起点与方向 [J]. 生态经济，2018，34 (2)：209-215.

体既是农户承包地流转的代理者，也是企业规模流转农户土地的代理者，具有双向代理身份，在信息不对称的背景下，道德风险和逆向选择问题的存在极易诱发村集体主体越位，有关人员为寻求政绩或个人利益而参与到社会投资主体对农地的流转过程中。社会投资主体参与农业涉及多元利益主体，对其进行管制也要有多元主体参与，多元主体参与将有利于增强管制的合法性和有效性。

8.3.4 建立健全管制程序

实施社会投资主体参与农地经营的政府管制，应确立一套完整的管制体系，设定合理的管制程序。一般来说，重点要对资格审查、能力审查、项目审核等审批事项制定明确的程序，对规模控制明确规模标准，同时将备案管理作为准入的基本程序予以执行。

审批事项规定。一是合理确定审批机构和人员组成。一般来说，在准入阶段，参与审查的人员应该由农业农村、自然资源、市场监督管理和发展改革等相关部门，以及乡村干部代表、农民代表、农业专家、法律工作者等组成，具体由农业农村部门牵头组织实施调查审核工作，建立适宜的、多方参与的社会投资主体参与农地经营准入审查机制。二是合理确定审核内容。应该对社会投资主体的资金、人力资源、生产加工技术、农业经营能力、市场销售能力、流转土地的用途、流转合同履行情况、经营风险防范，以及项目是否满足经济社会发展的需求、是否符合当地区域农业规划等进行查验审核。三是合理确定审核方式。一般来说，可以采取以现场实地摸底查看为主、社会投资主体书面报告为辅的审查方式。四是实行分级审查。《农村土地经营权流转管理办法》规定，县级以上地方人民政府应当建立工商企业等社会资本通过流转取得土地经营权的资格审查、项目审核和风险防范制度，这实际上是规定县级以上政府才具有审批权限。但具体执行中，建议根据项目性质、经营规模进行分级审查，对于涉及永久基本农田流转、粮食生产功能区或者生态脆弱区的农地流转，以及较大面积（如 5 000 亩以上）的土地流转，建议由省级政府农业农村部门审查。对于面积较小的、非粮用地的流转，可以由基层政府审批，甚至一些小项目，可以由乡镇政府组织完成审批，结合备案制度，向县级部门备案。

备案管理规定。对社会投资主体参与农地经营必须进行备案管理，将备案制度作为准入的基本程序来执行。实践中可以根据经营规模、经营性质等实行分级备案。一是合理确定备案标准。一般来说，如果社会投资主体流转经营的农地规模较小，可以由乡镇农业管理部门进行备案管理。若流转经营的农地达到一定面积，则要由县级以上农业管理部门进行备案管理。影响面特别大、整村流转等社会投资主体流转农地行为，更要合理确定备案管理权限。对于涉及粮食生产功能区、重要农产品生产保护区和特色农产品优势区的农地流转，予以重点备案关注。涉及永久基本农田的土地流转，建议由省级农业管理部门予以备案。二是明确备案事项。一般来说，社会投资主体自身的基本信息、农地流转合同、土地经营用途等必须作为备案事项予以明确规定。三是明确备案方式。原则上对于社会投资主体参与农地经营的准入备案，实行书面备案方式，小规模的社会投资主体参与农地经营可以采用网络备案方式。若涉及整村整组流转农地、永久基本农田流转、粮食生产功能区农地流转等，必须实行书面备案。

8.3.5 建立完善的土地流转制度

建立土地流转市场、完善公开流转制度，有利于规范社会投资主体参与农地经营的行为。首先要加强土地流转片区价格指导。各地区农业主管部门应根据当地经济发展水平、地理位置、土地常年收益和基础设施配套等综合情况，因地制宜，分类制定本区域农村土地流转指导价格。完善土地流转价格市场化机制，土地流转价格应与物价指数相结合，提倡以稻谷实物折价。同时，也要严格防范社会投资主体哄抬土地流转价格、扰乱土地流转市场、挤压一般家庭农场和种养大户的生产经营空间。其次要加强信息收集、完善发布交易机制。在产权清晰的基础上，完善流转土地信息收集管理机制，按照"农户流转土地意向信息——村级土地流转服务站收集、登记、汇总、上报——乡镇农村土地流转服务中心审核、筛选、分类和汇总——上报县（市）区和市、省级农业主管部门"的程序进行。完善土地流转公开公平发布交易机制，土地流转信息可在属地乡镇、县（市）区和市、省级农业信息网及相关部门网站发布。土地流转经营权交易可采取竞价等方式公开进行，单宗流转土地在 500 亩及以上的，可进入县（市）、市产权交易平台进行交易。

8.3.6 充分协调各方的利益诉求

社会投资主体参与农地经营整体涉及农户、企业和政府三个主体的利益分配问题，需要协调好三方面的利益。

一是协调农户和企业的利益。社会投资主体流转农地经营种养业的过程中，由于企业拥有资金、技术、人才以及良好的经营能力等生产要素，加上集约化经营的模式，利润收益高，而农民只能获取一定的土地流转租金，没有享受到利益分红，导致农民心理不平衡，激发了农民与企业的矛盾。解决这一问题的方法是构建工商企业与农民间紧密的利益联结机制，即形成"企业＋农户""专合社＋农户""企业＋基地＋农户"的社会投资主体投入模式，对农户进行技术指导，提高农产品的生产率和竞争力。激励工商企业与农户的关系由单纯的雇佣关系向投资支持关系转变。通过土地入股、劳动入股、农户资产综合管理的形式，委托第三方资产管理公司对农户和企业间的合作建立关联机制，形成良好的利益联结机制，实现共享利益、共担风险。企业在生产经营中，必须做好农户返聘工作，尽可能多地提供农业生产、加工等就业岗位，搞好与农户的关系，为社会稳定做出相应的贡献。社会投资主体应加强对流转土地农民的优先雇佣与培训，提高农民可持续发展能力。

二是协调农户、企业与基层政府之间的利益。个别地方基层政府单纯追求政绩，或者是为了完成上级下达的土地流转的指标，不遵守"依法、自愿、有偿"的流转原则，对不愿意流转土地的农民强制推进流转，损害了农民利益。要解决这一问题，应加强对基层政府的管理，不搞"一刀切"，对基层政府的考核评估不以是否完成指标作为唯一标准，成立土地流转监察委员会，设置监督投诉热线，为农民提供免费的法律援助。若有社会投资主体强制农民流转土地，直接取消其进入农地经营的资格，并且一定期限内将其列入农业投资"黑名单"。政府部门要引导土地流转后的农业劳动力，鼓励他们创业或参与技术培训，进入其他领域就业谋生。政府还可以将一部分脱离土地的农民迁入小城镇，并将他们纳入城市人口保障的范围。

9 | 研究结论与展望

9.1　主要结论

本研究聚焦"对社会投资主体参与农地经营进行有效管制"的战略目标，基于社会投资主体参与农地经营对农民、农业、农村造成的影响，围绕"管制什么""如何管制"两大核心问题，遵循"理论研究—现状分析—实证分析—政策研究"和"宏观分析—微观考察—个案解析"的研究思路，在对社会投资主体参与农地经营政府管制相关理论和学术界既有研究进行梳理的基础上，分析了社会投资主体参与农地经营政府管制的现实依据，从社会投资主体参与农地经营影响农业生产结构进而影响国家粮食安全和农民农业就业两个方面探明了需要管制的风险的生成机制，运用演化博弈分析对管制过程中参与主体的互作机制进行了研究，通过政策文本分析法对我国管制社会投资主体参与农地经营的政策变迁进行了剖析，结合国内东、中、西部五个典型农业省份的管制实践，总结经验、研判问题，对比剖析国外对社会投资主体参与农地经营进行管制的主要模式，提出了构建社会投资主体参与农地经营政府管制制度的基本原则、主要制度构成和对策建议。主要结论如下：

第一，近年来，在国家政策鼓励、市场需求拉动、资本逐利驱动等多重因素作用下，社会投资主体成为农地经营的重要主体，既对推动农业农村发展具有积极意义，也带来了负面影响，政府对其进行管制具有重大现实意义。伴随着农村土地流转规模的不断扩大，家庭承包耕地流转入企业的面积持续增长，所占比例已经超过了10%，社会投资主体成为农地经营的重要主体。从空间分布来看，社会投资主体参与农地经营具有区域差异性，西部地区土地流入社会投资主体的比例最高，中部最低。社会投资主体参与农地经营的方式主要有直接和间接两种方式。直接方式是指社会投资主体流转入土地，雇佣农业工人，自行组织农业生产。间接方式是指社会投资主体不直接流转土地，而是采用与其他主体进行合作、提供社会化服务等方式介入农业生产过程。社会投资主体参与农地经营具有积极意义：一是为农业注入所需的要素，推动农业产业发展；二是催生新的农业组织方式，推动合作组织发展；三是延长了农业产业链价值链，促进农村一二三产业融合发展；四是提高了农产品的附加值和农业的产出效益，推动农村经济发展。但是由于资本的逐利性、农业的弱质性，社会投资主体参与农地经营也存在一些突出问题：一是盲目投资风险积聚，企业跑路、项目烂尾时有发生；二是土地利用逐利而为，耕地"非农化""非粮化"问题突出；三是挤占农民就业空间，造成"挤出效应"；四是圈占农村集体土地，套取各级财政补贴；五是破坏农业生态环境，威胁农业可持续发展。由于资本的逐利性，个人利益与社会利益存在偏离，社会投资主体参与农地经营的负外部性问题逐渐凸显，为保障我国粮食安全、保障土地可持续发展、维护社会公共利益，加强政府管制势在必行。

第二，社会投资主体参与农地经营需要管制的风险的生成机制，主要在于其影响农业生产结构进而影响国家粮食安全和影响农民农业就业，这是政府进行管制的着力点所在。风险点就是管制政策制定的着力点，必须判明风险发生机制，才能找到政府管制措施的作用对象和路径。社会投资主体直接参与农地经营，因资本的逐利性而具有强烈的耕地"非农化""非粮化"动机，而社会投资主体的示范效应和技术溢出，还会带动农户追随、模仿耕地"非农化""非粮化"行为。实证分析发现，2011年至2019年，社会投资主体参与农地经营对粮食种植有显著负向影响，农地流转到工商企业的比例每增加1个百分点，粮食种植面积占农作物播种面积的比例就会下降1.02个百分点。社会投资主体参与农地经营，改变了农地要素的配置，必然也将对承载于农地之上的农业劳动力配置产生影响，会排挤农民、挤占农民的就业空间。实证分析表明，社会投资主体租赁土地直接参与农地经营正向显著影响农户家庭单位土地的农业就业密度，社会投资主体提供社会化服务间接参与农地经营显著降低了单位土地农业就业密度。因此，政府以保障粮食安全为目的对社会投资主体参与农地经营进行管制，就要着力解决如何防止耕地"非粮化"的问题，对社会投资主体参与农地经营后的粮食生产意愿，包括其自身的粮食生产意愿和其他农户的粮食生产意愿进行干预，遏制耕地"非农化""非粮化"利用，保证良田粮用。为了减少社会投资主体参与农地经营对农民的就业排斥和挤压，政府应该对社会投资主体直接参与农地经营设置高门槛、进行严管制，鼓励、支持社会投资主体以提供社会化服务等方式间接参与农地经营，对这类社会投资主体的准入可予以放宽。

第三，政府对社会投资主体参与农地经营进行管制的过程，实际上是多个利益主体的博弈过程。社会投资主体与基层政府在参与农地经营或监管时存在有限理性且不能获得完全信息，需要不断学习、模仿他人的做法寻找自己的最优策略。本书运用动态博弈分析，寻找长期博弈的均衡点，求解演化稳定策略（ESS），以制定有效的管制措施。研究发现，社会投资主体参与农地经营时所获得的收益、所支付的成本对其行为选择有重要的影响，由于成本收益的不确定性，博弈均衡不唯一。各级政府补贴、惩罚的大小对社会投资主体、基层政府的行为选择有重要影响。在耕地"非粮化"、保护生态环境的问题上，社会投资主体很有可能因为短视选择消极的行为策略，而政府赏与罚可以将社会投资主体短期内"不太看好"的行为策略转变为具有比较优势的策略。双方积极合作时的协同效应大小对双方的行为选择有重要影响。双方积极合作能够有效地降低交易成本、提高运营效率，从而使双方的收益增加、成本降低。在双方协同效应高于一定数值时，不同行为策略的收益会发生改变，直接影响双方行为选择。双方积极合作时的社会正效应、双方不合作时的社会负效应对双方行为选择有重要影响。当双方积极合作时，会对社会经济、环境产生积极影响，易得到村民和上级政府的支持，能在一定程度上发挥口碑效应；当双方不合作时，会对社会经济、环境产生负面影响，造成资源浪费、官僚主义倾向等，易受到村民及上级政府的反对，最终不会获得较好的收益。

第四，国家对社会投资主体参与农地经营的管制进行了积极探索，根据不同时期内外环境的变化，管制政策不断趋于成熟，各地的管制实践积累了经验，也暴露了一些问题。运用政策文本分析发现，2004年以来，我国对社会投资主体参与农地经营的管制政策不断完善，政策演变具有三个鲜明特征。一是双线并行坚持维护农民利益的原则，从管制农地租赁和推动农户与资本结合发展农业产业化两个方面维护和提高农户利益。二是双线的收放具有阶段性特征，在农地管制和支持社会投资主体发展种养业这两条路线上的收紧和放松在不同时期都根据具体情况有所调整。三是社会投资主体参与农地经营管制方式的不断丰富细化，管制措施的可操作性和技术性不断增强。从四川、浙江、山东、河南、安徽的管制实践来看，规范土地流转程序、落实确权办证登记工作、加强落实"三权分置"、严格准入门槛、加强对土地流转及社会投资主体下乡的宣传、建立流转信息平台等都是行之有效的措施。实践中也发现存在管制能力不足、管制失灵、过度管制等问题。

第五，构建适应我国国情的社会投资主体参与农地经营政府管制制度体系。从社会投资主体参与农地经营的实践来看，需要进行全过程的监管，进而建立全过程的管制制度体系。必须坚持以习近平新时代中国特色社会主义思想为指导，坚持维护社会公共利益，坚持公平与效率相结合，坚持稳定与适宜相结合，坚持惩戒与引导相结合，建立准入审查制度、经营监管制度和风险救济制度，科学界定政府的管制职能，构建有效的管制机构体制，建立有效的公共治理结构，建立健全管制程序，建立完善的土地流转制度，充分协调各方的利益诉求，以对社会投资主体参与农地经营进行有效的政府管制，发挥其积极作用，尽量减少其消极影响，以更好地促进农业农村发展。

9.2　研究展望

任何制度的设计都不是一成不变的，都必须与一定的制度环境相适应。当前我国正在为实现第二个百年奋斗目标而努力奋斗。在农业农村领域，深入实施乡村振兴战略、推进农业农村现代化，是重要的战略任务。与此同时，国内外发展环境都在发生深刻变化。对于制度环境出现的新变化、呈现出的新特点，管制重点、管制措施也必须与时俱进、与之相适应。因此，有必要对社会投资主体参与农地经营政府管制相关问题进一步研究，针对新问题、新需求，不断优化管制制度设计，制定行之有效的管制措施。未来还有以下几个问题值得重点关注：

一是在实施乡村振兴战略进程中鼓励社会投资主体下乡的同时如何进

行合理管制。随着脱贫攻坚战取得伟大胜利，实现乡村全面振兴成为我国面临的新的战略任务。在乡村振兴视域下，社会投资主体的资金、技术、人才、管理等一系列优势对于乡村具有极大的拉动作用。《国务院关于促进乡村产业振兴的指导意见》（国发〔2019〕12号）要求有序引导社会投资主体下乡，引导社会投资主体到乡村投资兴办农民参与度高、受益面广的乡村产业，支持发展适合规模化集约化经营的种养业。《社会资本投资农业农村指引（2021年）》提出"引导好、保护好、发挥好社会资本投资农业农村的积极性、主动性，切实发挥社会资本投资农业农村、服务乡村全面振兴的作用""支持社会资本发展规模化、标准化、品牌化和绿色化种养业"。《中华人民共和国乡村振兴促进法》提出"引导社会资本投向乡村"。从这些政策措施来看，需要积极引导社会投资主体下乡发展乡村富民产业。乡村产业的范畴显然大于农业，社会投资主体下乡可以有多种方式，参与农地经营只是其中一种。引导、支持、激励与管制并非对立关系，应着力研究如何在乡村振兴背景下既引导、激励、支持社会投资主体下乡发展乡村产业，又对其参与农地经营进行合理有效管制、实现多目标协同。同时，在新的背景下，如何更好地始终如一地坚持保护农民利益原则也需要持续关注。一直以来，我国对于社会投资主体参与农地经营的各项政策，始终坚守保护农民利益原则。未来如何探索保护农民利益的更多方式？如何实现多方主体的共赢？通过鼓励农民以经营权、技术、劳动等入股，形成"农户＋合作社＋公司"的利益共同体，不仅能让农民更多分享产业链增值收益，也能让有限的土地资源在更高的技术水平和管理水平下实现生产的最大值。在将来，要探索更多农民入股社会投资主体的方式，创新农业新型主体建立方式。在鼓励农民入股社会投资主体的同时，加强对农民保障制度的完善，同时督促社会投资主体加强对流转土地农民的优先雇佣与培训，提升农民可持续发展能力，促进共同富裕实现。

二是逆全球化背景下如何更好地对社会投资主体参与农地经营进行管制。当今世界在多种突然事件冲击下，全球化趋势受阻，各国纷纷出台粮食出口保护禁令，对全球粮食供应链形成冲击，据联合国粮农组织在《全球粮食危机报告》（*Global Report on Food Crisis*）中的数据，受新冠疫情影响，预计2020年底全球面临严重粮食不安全状况的人数将增至2.65亿，比2019年的1.35亿增加近一倍。粮食问题事关国计民生，一旦触及粮食安全的红线，必将影响社会经济稳定发展。近年来日益严峻的耕地利用"非粮化""非农化"问题引起了中央的高度关注，2020 年中央连续出台《关于坚决制止耕地"非农化"行为的通知》和《关于防止耕地"非粮化"稳定粮食生产的意见》对于解决耕地"非粮化""非农化"问题作出了部署。但目前全国只有约 30% 的县（市、区）建立了对社会投资主体参与农地经营监管的具体保障制度，且在实施中受限于能力，往往难以落实①。当前我国粮食安全面临国内耕地资源约束日益趋紧和国际粮食市场供给不稳的双重压力，合理管控耕地种植用途，确保良田粮用是当前稳定粮食生产、保障国家粮食安全的重要抓手。2023 年中央 1 号文件明确指出，要"探索建立耕地种植用途管控机制，明确利用优先序，加强动态监测，有序开展试点"，首次明确将耕地用途管控细化到"种植用途"。为了保障国家粮食安全，"确保中国人的饭碗牢牢端在自己手中""饭碗主要装中国粮"，国家提出健全保障耕地用于种植基本农作物管理体系。在农地利用上，国家不断完善管制制度体系，持续推进解决耕地"非粮化""非农化"问题相关措施的落地落实，运用卫星遥感等现代信息技术，对农地利用进行更精准、及时的监测和管制。

三是如何以管制措施解决好"烂尾""跑路"等社会投资主体遗留问题。农业本就是弱质性产业，具有回报周期长、回报率较低、脆弱性高的特点，即使是投资收益率较高的花卉蔬菜业也具有较高的投资风险，部分社会投资主体跟风下乡，缺乏经营农业的能力，造成社会投资主体"跑路"、项目"烂尾"，并造成系列遗留问题。针对这些问题，如何进一步完善风险救济制度，既不能管死，又要管好，还有待探索。目前风险保障金制度在实践中存在的增加资金压力、缺乏合意保管主体等问题一时难以解决，履约保险制度是一个值得进一步探索和推广的做法。但履约保险运行中，政府的补贴起到了主导作用。如何正确处理好政府和市场的边界，建设服务型政府，在管制中做到补位不缺位、到位不越位，这些是需要进一步深入研究的问题。

四是提升政府管制能力和解决管制俘获问题。管制是为了解决市场失灵，但管制同样也会失灵。管制俘获问题也始终是管制经济学无法绕开的

---

① 马彪. 工商资本进入农业的现状、问题及对策 [J]. 中国物价，2020（9）：18-21.

话题。笔者在对政府与工商企业策略行为的动态博弈分析中得出需要采取措施调整参与主体的成本—收益，以达到理想的稳定均衡点的结论。需要提升政府的管制能力、建立有效的机制设计来防范管制俘获，确保管制目标的实现。这需要在理论和实践上持续深化，是一个需要长期深入持久研究的难题。

参考文献
REFERENCES

安东尼·奥格斯，2008. 规制：法律形式与经济学理论［M］. 北京：中国人民大学出版社.

柏宗春，孟洪，李梦涵，等，2020. 国内外农业科技成果转化模式及现状分析［J］. 江苏农业科学，48（12）：302-306.

贝燕威，2016. 利弊交织下的挑战与出路：关于工商资本进入现代农业的案例调研报告［J］. 发展改革理论与实践（3）：20-22.

本报记者，2014. 农业部农村经济体制与经营管理司司长张红宇就引导农村土地有序流转答记者问［N］. 农民日报，02-24（1）.

蔡晶晶，唐浩，2015. 工商资本经营农业的国际经验及启示［J］. 农村经济与科技，26（8）：19-21.

蔡瑞林，陈万明，朱雪春，2015. 成本收益：耕地流转非粮化的内因与破解关键［J］. 农村经济（7）.

曹俊杰，2018. 资本下乡的双重效应及对负面影响的矫正路径［J］. 中州学刊（4）：38-43.

柴鹏，2011. 资本下乡、土地规模流转与企业家精神培育：鲁西南Y村个案［J］. 社科纵横（新理论版）（3）：66-68.

陈慧萍，王玉斌，武拉平，2010. 日本农业产业化发展对中国的启示［J］. 世界农业（9）：58-60.

陈露，叶宗宋，2014. 工商资本投资农业问题文献综述研究［J］. 中国乡镇企业会计（3）：191-192.

陈默语，郭平，2015. 工商资本进入农地流转对现代农业发展的作用［J］. 商丘师范学院学报（10）：111-115.

陈锡文，韩俊，2014. 中国特色"三农"发展道路研究［M］. 北京：清华大学出版社.

陈锡文，2010. 工商资本下乡后农民从业主蜕变成雇工［N/OL］. （08-08）［2015-08-03］. http：//news. sina. c；om. c；n/n/2010-08-08/105217931639s. shtml.

陈锡文，2012. 我国城镇化进程中的"三农"问题［J］. 国家行政学院学报（6）：4-11.

陈贤银，2010. 基于产业安全视角的我国农业产业外资并购效应研究［D］. 重庆：西南大学.

陈义媛，2020. 资本下乡：中国农业转型的双重路径［M］. 北京：社会科学文献出版社.

陈振，郭杰，欧名豪，等，2018. 资本下乡过程中农地流转风险识别、形成机理与管控策略［J］. 长江流域资源与环境，27（5）：988 - 995.

陈振，郭杰，欧名豪，2018. 资本下乡过程中农户风险认知对土地转出意愿的影响研究：基于安徽省 526 份农户调研问卷的实证［J］. 南京农业大学学报（社会科学版），18（2）：129 - 137.

成霄霞，2019. 日本农业生产法人制度对我国培育新型农业经营主体的启示［J］. 山东农业大学学报（社会科学版），21（2）：98 - 102.

程国强，2013. 投资农业要深刻把握农业的本质特征［J］. 中国合作经济（1）：21 - 22.

程乐夫，2003. 政企博弈与企业政策［J］. 经济与管理研究（6）.

程新友，2009. "资本下乡"意味着什么？［J］. 社会观察（3）：38 - 39.

丁关良，2013. 工商企业租赁与使用农户"家庭承包地"的法律对策研究［J］. 华中农业大学学报（社会科学版）（5）：38 - 45.

丁关良，2010. 国外农用土地流转法律制度对中国土地承包经营权流转的启示［J］. 世界农业（8）：44 - 48.

丁捷，周佑勇，2018. 美国独立管制机构的兴衰及其对我国的启示［J］. 南京社会科学（3）：105 - 111.

董越君，2016. 工商资本参与农地流转的研究［D］. 长沙：湖南农业大学.

杜鑫，2013. 劳动力转移、土地租赁与农业资本投入的联合决策分析［J］. 中国农村经济（10）：63 - 75.

杜鹰，关锐捷，1996. 关于积极引导大型工商企业进入农业领域的战略构想［J］. 经济研究参考（D5）.

冯芝军，易松强，宋祥燕，等，2014. 用好工商资本投资农业这把"双刃剑"［J］. 江西农业（6）：37 - 40.

高瀚，董雨檬，张莞滢，等，2018. 基于三大视角下探寻资本下乡之路［J］. 中国乡镇企业会计（4）：46 - 47.

高娟，2012. 保障农民利益 引领资本下乡［J］. 合作经济与科技（9）：34 - 35.

高晓燕，赵宏倩，2021. 工商资本下乡"非粮化"现象的诱因及长效对策［J］. 经济问题（3）：92 - 99.

高云才，冯华，2015. 四部门发文规范工商资本下乡，防范耕地"非农化"限制长时间大面积租赁农地［J］. 农村·农业·农民（5）.

公茂刚，王如梦，黄肖，2021. "三权分置"下农村宅基地流转演化博弈分析［J］. 重庆社会科学（3）.

龚梦君，刘袁，宁天赦，等，2014. 工商资本经营农业对农村发展的影响：以益阳沅江市草尾镇为例［J］. 新疆农垦经济（4）：18 - 23.

桂华，2013. "没有资本主义化"的中国农业发展道路 [J]. 战略与管理（11/12）：8 - 36.

郭朝阳，2016. "资本下乡"进程中的基层治理困境研究 [D]. 金华：浙江师范大学.

郭剑雄，2019. 劳动力转移、资本积累与农户的双向分化 [J]. 内蒙古社会科学（汉文版），40（1）：118 - 124，195.

郭晓鸣，2015. 新常态下中国三农问题六大挑战 [J]. 中国乡村发现（4）.

郭艺奇，郭志龙，2016. 工商资本投资农业的福利损失与补偿 [J]. 发展（11）：47.

韩启民，丁琳琳，2016. 资本下乡：城乡统筹背景下的实践逻辑：以四川省成都市青白江区为例 [J]. 福建论坛（人文社会科学版）（12）：123 - 130.

韩庆霞，2017. 对工商资本进入农业产业运行管理的调查分析 [J]. 河南农业（34）：61 - 62.

韩长赋，2019. 社会资本下乡要带动老乡，不能代替老乡 [J]. 老区建设（21）：4 - 5.

何展雄，吕蕾莉，2020. 工商资本下乡：历史演进及文献梳理 [J]. 生产力研究（11）.

贺军伟，王忠海，张锦林，2013. 关于工商资本进农业的思考和建议 [J]. 中国发展观察（7）.

贺军伟，王忠海，张锦林，2013. 工商资本进入农业要"引"更要"导"：关于工商资本进农业的思考和建议 [J]. 农村经营管理（7）：14 - 17.

贺雪峰，2014. 工商资本下乡的隐患分析 [J]. 中国乡村发现（3）：125 - 131.

侯江华，2015. 资本下乡：农民的视角：基于全国 214 个村 3 203 位农户的调查 [J]. 华中农业大学学报（社会科学版）（1）：81 - 87.

胡松，2009. 博弈论视角下我国政府与企业的关系 [J]. 当代经济（1）.

胡穗，2005. 农业用地经营机制的创新 [J]. 湖南师范大学社会科学学报（6）：84 - 88.

胡学良，2019. 乡村振兴背景下工商资本下乡对农村发展的影响 [J]. 广西质量监督导报（1）.

黄飙，2006. 农业产业化及其法律规制 [D]. 福州：福州大学.

黄伟，2014. 农地流转中的非农化与非粮化风险及其规避 [J]. 当代经济管理（8）：39 - 43.

黄显中，何音，2010. 公共治理的基本结构：模型的建构与应用 [J]. 上海行政学院学报（2）：41 - 50.

贾晋，艾进，王珏，2009. 工商业资本进入农业的路径选择：一个分析框架 [J]. 经济问题探索（12）.

江光辉，胡浩，2021. 工商资本下乡会导致农户农地利用"非粮化"吗?：来自 CLDS 的经验证据 [J]. 财贸研究，32（3）：41 - 51.

姜长云，席凯悦，2014. 关于引导农村土地流转发展农业规模经营的思考 [J]. 江淮论坛（4）：62 - 66.

蒋永穆，鲜荣生，张尊帅，2015. 工商资本投资农业的现状、问题及对策建议：一个基于四川省省际调研的样本分析 ［J］. 农村经济（4）.

蒋永穆，张尊帅，2014. 浅析工商资本投资农业实现机制的构建 ［J］. 福建论坛（人文社会科学版）（10）：25 - 30.

焦长权，周飞舟，2016. "资本下乡"与村庄的再造 ［J］. 中国社会科学（1）：100 - 116.

匡远配，刘洋，2018. 农地流转过程中的"非农化"、"非粮化"辨析 ［J］. 农村经济（4）：1 - 6.

李谷成，李烨阳，周晓时，2018. 农业机械化、劳动力转移与农民收入增长：孰因孰果？［J］. 中国农村经济（11）：112 - 127.

李国祥，2002. 美国农业管制及其启示 ［J］. 农业经济问题（4）.

李含悦，张润清，2018. 基于国际经验的农业产业化联合体建设研究 ［J］. 世界农业（12）：162 - 167，188，252.

李会利，2016. 对工商资本投资农业占用耕地问题的调查与思考 ［J］. 乡村科技（5）：87 - 88.

李继志，封美晨，2016. 农民专业合作社中工商资本与农户的合作机制研究：基于演化博弈论的视角 ［J］. 中南林业科技大学学报，36（8）.

李家祥，2016. 工商资本下乡经营农业：机遇与挑战 ［J］. 求实（7）：89 - 96.

李建川，2008. 对工商资本投资农业的思考 ［J］. 北方经济（12）：65 - 66.

李静，2013. 劳动力转移、资本深化与农业劳动生产率提高 ［J］. 云南财经大学学报（3）：31 - 38.

李珂，高晓巍，2009. 发达国家农村土地流转的经验及对中国的启示 ［J］. 世界农业（6）：14 - 16.

李连友，罗帅，2014. 信息不对称与非逆向选择 ［J］. 经济学动态（5）：125 - 132.

李全一，闫峰，骆敏，2018. 法国农业土地经营流转制度及公证的特点 ［J］. 中国公证，192：48 - 56.

李欣，2014. 论工商企业租赁农户承包地的利弊与对策 ［C］// "深化农村改革"理论研讨会论文集.

李欣怡，曾雄旺，李艺璇，2017. 工商资本投资农业的效应分析与发展策略 ［J］. 农业经济（12）：58 - 60.

李亚雄，2021. 基于土地流转对农业经济影响分析 ［J］. 农业开发与装备（3）：48 - 49.

李云新，王晓璇，2015. 资本下乡中利益冲突的类型及发生机理研究 ［J］. 中州学刊（10）：43 - 48.

李长健，胡月明，2016. 工商资本参与农村土地流转的风险防范研究 ［J］. 农业经济（9）：86 - 88.

李中，刘卫柏，2013. 农村土地流转中应关注的几个问题 ［J］. 经济纵横（3）.

李中，2013. 工商资本进入现代农业应注意的几个问题［J］. 农业展望，9（11）：35－37.

李重阳，2021. 粮食大省耕地"非粮化"的表象、成因及对策分析［J］. 乡村科技（12）：76－77.

理查德·施马兰西，罗伯特·D. 威利格，2009. 产业组织经济学手册（第二卷）［M］. 北京：经济科学出版社.

廉高波，2005. 中国农村经济组织：模式、变迁与创新［D］. 陕西：西北大学.

梁江艳，马海霞，2018. 资本下乡、要素置换与农业生产体系转型［J］. 西部论坛（3）.

廖红丰，2005. 发挥政府的引导作用将工商资本引入农业领域［J］. 农业科研经济管理（1）：14－16.

廖红霞，刘志琪，李明精，2021. 破局农村土地经营权流转之困［J］. 四川省情（8）：50－54.

廖曦，2015. 工商资本助推农业规模经营的动力与机制研究［J］. 农业经济（4）：93－95.

廖祖君，郭晓鸣，2015. 中国农业经营组织体系演变的逻辑与方向：一个产业链整合的分析框架［J］. 中国农村经济（2）.

林晶，2007. 政府与国企间的信息不对称及其博弈分析［J］. 商业时代（17）.

刘畅，2020. 粮食安全视角下土地流转现状及其对策分析：以河南省为例［J］. 行政事业资产与财务（10）：31－33.

刘成玉，熊红军，2015. 我国工商资本下乡研究：文献梳理与问题讨论［J］. 西部论坛（6）：1－9.

刘闯，仝志辉，陈传波，2019. 小农户现代农业发展的萌发：农户间土地流转和三种农地经营方式并存的村庄考察：以安徽省D村为个案分析［J］. 中国农村经济（9）：30－47.

刘华涛，2018. 发达国家自然垄断行业的政府管制改革及启示［J］. 行政论坛，25（3）：127－131.

刘慧，2016. "资本下乡"对农民收益的影响［D］. 乌鲁木齐：新疆师范大学.

刘俊，2013. 防范"资本下乡"造成"非粮化"［J］. 中国粮食经济（5）：24－25.

刘明娟，2019. 新型城镇化背景下农村土地流转问题研究：以安徽省为例［J］. 淮海工学院学报（人文社会科学版）（9）：113－116.

刘润秋，李鸿，张尊帅，2018. 工商资本投资农业的土地退出机制研究［J］. 贵州财经大学学报（1）：39－46.

刘魏，张应良，李国珍，等，2018. 工商资本下乡、要素配置与农业生产效率［J］. 农业技术经济（9）：4－19.

刘先辉，2014. 论农村土地承包经营权流转的法律管制［C］//中国环境资源法学研究会，

中山大学 . 生态文明法制建设：2014 年全国环境资源法学研讨会（年会）论文集（第一册）.

刘铮，赵志浩，2016. 对工商资本租赁农地的冷思考 ［J］. 黑龙江社会科学（3）：52 - 56.

卢超群，宁小花，2010. 博弈视角下的政企关系改革历程及趋势：基于国有企业改革的分析 ［J］. 经济体制改革（3）.

鹿梅，2012. 完善社会资本参与农村土地流转的机制研究：以湖北省为例 ［J］. 农村经济与科技，23（4）：96 - 98.

罗必良，张露，仇童伟，2018. 小农的种粮逻辑：40 年来中国农业种植结构的转变与未来策略 ［J］. 南方经济（8）：1 - 28.

罗伯特·鲍德温，马丁·凯夫，马丁·洛奇，2017. 牛津规制手册 ［M］. 上海：上海三联书店：207.

罗亚轩，2015. 工商资本下乡对农村的影响 ［J］. 农村经济与科技（2）：175 - 176.

吕晖，2017. 农地流转制度国际比较研究 ［J］. 世界农业（9）：82 - 88.

吕军书，张鹏，2014. 关于工商企业进入农业领域需要探求的几个问题 ［J］. 农业经济（3）.

吕亚荣，王春超，2012. 工商业资本进入农业与农村的土地流转问题研究 ［J］. 华中师范大学学报（人文社会科学版），51（4）：62 - 68.

吕运涛，2014. 构筑工商资本下乡新机制 ［J］. 农村工作通讯（16）：32 - 33.

马彪，2020. 工商资本进入农业的现状、问题及对策 ［J］. 中国物价（9）：18 - 21.

马洪伟，2014. 试论中国家庭农场的法律规制 ［J］. 河南师范大学学报（哲学社会科学版）（5）.

马军，2016. 工商资本下乡助推农业现代化的实践与对策：以江苏省宿迁市为例 ［J］. 中小企业管理与科技（上旬刊）（3）：128.

马文荣，2020. 巴西农业发展及支持政策 ［J］. 农业发展与金融（11）：99 - 101.

茅铭晨，2005. 传统行政法与政府管制法的关系 ［J］. 西南政法大学学报（4）：10 - 18.

茅铭晨，2007. 政府管制理论研究综述 ［J］. 管理世界（2）：137 - 150.

宁夏平罗农村合作经济经营管理站课题组，2017. 农村土地流转中工商资本风险防范机制研究：以宁夏罗罗县为例 ［J］. 当代农村财经（4）：2 - 10.

潘长胜，唐国强，殷明，等，2015. 工商资本投资种养业的江苏观察 ［J］. 农村经营管理（2）：30 - 32.

潘长胜，唐国强，殷明，等，2015. 工商资本：现代种养业的新动力 ［J］. 江苏农村经济（1）：17 - 21.

彭继权，吴海涛，程威特，等，2020. 机械化水平对农户种植结构的影响研究：基于IVGMM 和 IVTobit 的估计方法 ［J］. 中国农业资源与区划（1）：55 - 65.

彭建交，谢中起，臧红松，等，2018. 环境治理中的政府信任重塑 [J]. 生态经济，34 (11)：40-46.

钱龙，洪名勇，2016. 非农就业、土地流转与农业生产效率变化：基于 CFPS 的实证分析 [J]. 中国农村经济 (12)：2-16.

邱海兰，唐超，2020. 劳动力非农转移对农机外包服务投资影响的异质性分析 [J]. 农林经济管理学报，90 (6)：34-42.

曲晓燕，2017. 引入城市工商资本，积极构建新型农业经营体系 [J]. 农业工程技术，37 (2)：8.

任晓娜，孟庆国，2015. 工商资本进入农村土地市场的机制和问题研究：安徽省大岗村土地流转模式的调查 [J]. 河南大学学报 (社会科学版)，55 (5)：53-60.

尚海杰，2012. 农村土地流转过程中农民权益保障政策研究 [D]. 武汉：华中师范大学.

邵科，2013. 关注正能量正视隐风险：如何看待社会资本进入农业与家庭农场 [J]. 农村工作通讯 (17)：17-19.

邵爽，肖家建，刘亚男，2016. 工商资本与构建新型农业经营体系的关系研究 [J]. 井冈山大学学报 (社会科学版)，37 (1)：85-91.

申立军，2018. 当前我国农村信用体系建设实践、问题与对策研究 [J]. 改革与开放 (19)：78-81.

神门善久，2013. 日本现代农业新论 [M]. 上海：文汇出版社.

石敏，李大胜，吴圣金，2021. 资本下乡中农户的合作行为、合作意愿及契约选择意愿研究 [J]. 贵州财经大学学报 (2)：100-110.

石霞，2013. 工商资本下乡要扬长避短 [N]. 农民日报，07-13 (3).

时雅杰，蒲应爽，2015. 工商资本与农村生产要素结合模式的国际借鉴研究 [J]. 北京农学院学报，30 (4)：128-132.

宋雅杰，2014. 河南省工商资本投入农业领域问题研究 [J]. 商业经济研究 (22).

宋永宜，2009. 公共利益研究的文献综述 [J]. 中外企业家 (24)：38-39.

苏尹馨，曾雄旺，李佳男，2016. 工商资本投资农业的效益、风险与发展策略：以湖南雪峰山集团为例 [J]. 当代经济 (23)：37-39.

孙飞翔，郑永利，宋主荣，等，2019. 浙江省国有农场改革发展研究 [J]. 农业展望 (11)：35-39.

孙新华，2013. 农业经营主体：类型比较与路径选择：以全员生产效率为中心 [J]. 经济与管理研究 (12)：59-66.

谭荣，2021. 建立健全耕地保护长效机制需要优化治理体系 [EB/OL]. (03-15).

檀竹平，洪炜杰，罗必良，2019. 农业劳动力转移与种植结构"趋粮化" [J]. 改革 (7)：111-112.

唐琼，2014. 新形势下工商企业租赁农户承包地准入面临的问题分析 [J]. 中国集体经济（7）.

唐胜军，2009. 美国发展现代农业的经验及其借鉴意义 [J]. 世界农业（1）：50-53.

陶立峰，2013. 跨国公司在我国农业投资的法律规制 [J]. 法学（7）.

田明津，上官彩霞，2017. 工商资本进入农业的动机与政策启示 [J]. 农业科技管理，36
（4）：12-15.

田欧南，2012. 工商企业介入农地经营的风险研究：基于省际面板数据的实证分析 [J].
社会科学战线（9）：245-247.

田欧南，2016. 基于工商企业参与农地经营的风险与防范策略分析 [J]. 企业技术开发，
35（17）：113-114.

田勇，2010. 耕地产出经济效益及其影响因素研究：基于湖北农户调查的分析 [D]. 武
汉：华中农业大学.

涂圣伟，周振，张义博，2020. 工商资本：新时代乡村振兴的重要变量 [M]. 北京：中
国社会科学出版社.

涂圣伟，2013. 工商资本进入农业领域的影响与挑战 [J]. 黑龙江粮食（12）：10-12.

涂圣伟，2014. 工商资本下乡的适宜领域及其困境摆脱 [J]. 改革（9）：73-82.

万震，张朔禹，杨皖宁，2017. 辽宁省工商企业租赁农户承包地现状与建议 [J]. 农业经
济（2）：37-39.

王彩霞，2017. 工商资本下乡与农业规模化生产稳定性研究 [J]. 宏观经济研究（11）：
157-162.

王传伦，2020. 农村土地流转对农业经济的影响与思考 [J]. 环渤海经济瞭望（5）：94.

王国华，2017. 日本工商企业投资农业的准入机制及现状特征 [J]. 世界农业（6）：
42-46.

王海娟，2015. 资本下乡的政治逻辑与治理逻辑 [J]. 西南大学学报（社会科学版）（4）：
47-54.

王海娟，2020. 资本下乡与乡村振兴的路径：农民组织化视角 [J]. 贵州社会科学（6）.

王敬尧，王承禹，2018. 农地制度改革中的村治结构变迁 [J]. 中国农业大学学报（社会
科学版），35（1）：35-46.

王静，殷海善，2015. 对工商资本进入农村土地经营的探讨 [J]. 华北国土资源（1）：
120-122.

王俊豪，2007. 管制经济学在中国的发展前景 [N]. 光明日报，07-31（10）.

王俊豪，2008. 政府管制经济学导论 [M]. 北京：商务印书馆.

王敏，2018. 资本下乡：争论、问题与对策 [J]. 现代管理科学（9）.

王淑贞，2012. 外部性理论综述 [J]. 经济视角（下）（9）：52-53，8.

王小燕，杜金向，2021. 工商资本下乡"非粮化""非农化"的原因及解决路径研究 [J].
山西农经（5）：29-30.

王鑫，2015. 技术进步、资本积累对劳动力就业影响的理论分析 ［J］. 技术经济（2）：
　　77－83.

王雨濛，杨志海，2013. 劳动力转移，资本投入与耕地集约利用 ［J］. 江西财经大学学报
　　（5）：8.

王玉娜，2015. "粮"是目的别跑偏 "转"是手段要依规 ［N］. 中国国土资源报，05－
　　16（7）.

王振华，李明文，孙学涛，等，2017. 劳动力转移、资本深化与产业结构收敛 ［J］. 中国
　　科技论坛（7）.

望超凡，2021. 资本下乡与小农户农业收入稳定性研究：兼论农村产业振兴的路径选择
　　［J］. 南京农业大学学报（社会科学版），21（1）：11－21.

温铁军，孙永生，2012. 世纪之交的两大变化与三农新解 ［J］. 经济问题探索（9）：
　　10－14.

吴国强，2014. 关于工商资本从事大田种植业的调研与思考 ［J］. 农产品市场周刊（9）：
　　26－29.

吴国强，2014. 应正确认识工商资本务农的非粮化倾向 ［J］. 农产品市场周刊（20）：
　　40－43.

吴学娟，2016. 建立工商资本租赁农地监管和风险防范机制 ［J］. 河南农业（11）：8.

武舜臣，于海龙，储怡菲，2019. 农业规模经营下耕地"非粮化"研究的局限与突破
　　［J］. 西北农林科技大学学报（社会科学版），19（3）：142－151.

相天起，2017. 日本农业生产法人制度借鉴及中国培育新型农业经营主体的演进思路
　　［J］. 世界农业（8）：130－134.

向俊，陈晓，2013. 城市工商资本下乡问题研究 ［J］. 中国市场监管研究（10）：25－29.

向俊杰，陈威，2018. 论环境基本公共服务供给侧结构性改革的逻辑起点与方向 ［J］. 生
　　态经济，34（2）：209－215.

肖林，2007. 市场进入管制研究 ［M］. 北京：经济科学出版社：3.

肖微，方堃，2009. 基于博弈论思维框架的政府与企业关系重塑：从"囚徒困境"到"智
　　猪博弈"的策略选择 ［J］. 华中农业大学学报（社会科学版）（1）.

谢地，2004. 政府规制经济学 ［M］. 北京：高等教育出版社.

谢天成，刘盾，施祖麟，2015. 工商资本投资农业问题与对策研究：基于对嘉兴、开封两
　　市的调研 ［J］. 当代经济管理，37（8）：30－34.

辛琳，2001. 信息不对称理论研究 ［J］. 嘉兴学院学报（3）：38－42.

徐桂华，杨定华，2004. 外部性理论的演变与发展 ［J］. 社会科学（3）：26－30.

徐章星，王善高，金宇，2021. 工商资本下乡：问题缘起、基本逻辑与治理机制 ［J］. 农
　　业经济（1）：103－105.

许娇娇，2016. 工商资本下乡经营农地法律规制探析 ［J］. 山东农业工程学院学报，33

（10）：119-120.

阎其华，2017. 农地规模经营行为法律规制问题研究 [M]. 北京：法律出版社.

杨传峰，梁亮，霍秀娜，等，2014. 工商资本进入农村发展情况的调研与思考：以济南市为例 [J]. 安徽农学通报（15）：5-7.

杨道迎，2021. 浅议工商资本下乡在乡村振兴中的作用 [J]. 质量与市场（11）：171-172.

杨帆，曾雄旺，张哲昊，2016. 工商资本投资农业背景下农民利益提升策略：以湖南省为例 [J]. 经济师（10）：197-198.

杨华，2016. 论中国特色社会主义小农经济 [J]. 农业经济问题（7）：60-73.

杨磊，2019. 工商资本下乡的多维效应及其发生根源探析：基于湖北省 Y 县的经验调查 [J]. 华中农业大学学报（社会科学版）（6）：106-113，164-165.

杨立，郝晋珉，2014. 工商企业参与土地流转的思考：基于江苏省南通市的调研 [J]. 江苏农业科学，42（6）：423-425.

杨鹏程，周应恒，2016. 工商资本投资农业的经济分析 [J]. 广西社会科学（8）：62-66.

杨秋霞，陈昭玖，徐慧婷，2018. 农户家庭劳动力配置效率及其影响因素：基于江西省 637 家农户调查数据 [J]. 湖南农业大学学报（社会科学版），19（5）：11-18.

杨思雨，蔡海龙，2020. 农机社会化服务对小规模农户劳动力转移的影响研究 [J]. 农业现代化研究，238（3）：47-55.

杨雪锋，2017. 资本下乡：为农增利还是与农争利？：基于浙江嵊州 S 村调查 [J]. 公共行政评论，10（2）：67-84，194.

叶敬忠，2018. "三农问题"：被夸大的学术概念及其局限 [J]. 东南学术（5）：112-123.

叶前林，何伦志，2015. 农村土地流转中的潜在风险及防范策略研究：基于企业参与农地经营框架下的分析 [J]. 农业经济（1）：26-27.

叶子胜，2014. 新形势下社会资本投入农业的思考 [J]. 中国农业信息（24）：39-41.

尹庆民，2004. 政企博弈中国有企业的效率分析 [J]. 商业研究（15）.

尤建新，陈强，2002. 对城市建设活动中政企博弈问题的探析 [J]. 同济大学学报（社会科学版）（2）.

于立，肖兴志，2001. 规制理论发展综述 [J]. 财经问题研究（1）：17-24.

余发英，2020. 资本下乡对农村家庭收入影响的异质性研究 [J]. 太原城市职业技术学院学报，231（10）：24-28.

余晖，2005. 政府管制失败的经典案例评《管制成本与社会公正：透过北京市出租车业看政府管制的失败》 [C] //北京天则经济研究所. 中国制度变迁的案例研究（第四集）：11.

袁慧，2017. 政府主导下"工商资本下乡"的配置与监管 [J]. 经贸实践 (16)：87-88.

袁威，2020. 工商资本参与下农民主体作用的困境与破解思路：基于 S 省 20 个乡镇 59 个
　　村庄的调查 [J]. 行政管理改革 (11)：78-85.

岳伟华，2012. 引导城市资本参与农村土地流转的几点思考 [J]. 新课程学习（下）
　　(3)：1.

曾博，2018. 乡村振兴视域下工商资本投资农业合作机制研究 [J]. 东岳论丛，39 (6)：
　　149-156.

张秉福，2008. 政府社会性管制与和谐社会构建 [J]. 财经科学 (9)：63-70.

张红凤，杨慧，2011. 规制经济学沿革的内在逻辑及发展方向 [J]. 中国社会科学 (6).

张红凤，杨慧，2007. 西方国家政府规制变迁与中国政府规制改革 [M]. 北京：经济科
　　学出版社.

张红宇，禤燕庆，王斯烈，2014. 工商资本如何发挥对现代农业的引领作用：联想佳沃集
　　团发展蓝莓、猕猴桃产业情况的调查与分析 [J]. 农村经营管理 (11)：24-29.

张红宇，张海阳，李维毅，等，2015. 中国特色农业现代化：目标定位与改革创新 [J].
　　中国农村经济 (1).

张红宇，2013. 农业规模经营与农村土地制度创新 [J]. 中国乡村发现 (6).

张洪源，周海川，孟祥海，2015. 工商资本投资农业面临的问题及投资模式探究 [J]. 现
　　代经济探讨 (2).

张华，李全新，2013. 社会资本进入现代农业的动力及政府行为的协调分析 [J]. 改革与
　　战略，29 (8)：43-47.

张佳书，2016. 2009 年日本农地制度改革之"企业参入"政策 [J]. 现代日本经济 (2)：
　　56-67.

张利庠，张喜才，2011. 农业产业链关键环节的产业安全与政府管制 [J]. 教学与研究
　　(2).

张良，2016."资本下乡"背景下的乡村治理公共性建构 [J]. 中国农村观察 (3)：
　　16-26.

张敏，2008. 试论我国对农业领域外商直接投资的管制 [J]. 南京农业大学学报（社会科
　　学版）(12).

张曙光，2011. 博弈：地权的细分、实施和保护 [M]. 北京：社会科学文献出版社.

张晓山，2015. 辩证地看待工商资本进入农业问题 [J]. 江苏农村经济 (1)：21.

张晔，1998. 德国的"绿色证书"职业培训 [J]. 世界农业 (9).

张义博，2019. 工商资本下乡的用地问题研究 [J]. 宏观经济管理 (4)：53-59.

张永丽，黄祖辉，2008. 中国农村劳动力流动研究述评 [J]. 中国农村观察 (1)：
　　69-79.

张寓萌，2015. 辉县市工商资本投资农业问题研究 [J]. 河南农业 (23)：50-52.

张尊帅，马泽伟，2017. 工商资本投资农业：理论综述与改革思考 ［J］. 当代经济管理，39（5）：24-29.

张尊帅，2013. 工商资本投资农业的风险及其防范 ［J］. 现代经济探讨（8）：33-37.

章新国，宋伟，许海涛，2015. 引导和规范好工商资本进入农业：基于湖北省的调查与思考 ［J］. 农村工作通讯（1）：60-62.

长子中，2012. 资本下乡需防止"公司替代农户"［J］. 红旗文稿（4）：29-31.

赵建才，1994. 日本农业发展概况 ［J］. 河南农业（4）：33.

赵俊臣，2011. 土地流转：工商资本下乡需规范 ［J］. 红旗文稿（4）.

赵思诚，许庆，刘进，2020. 劳动力转移，资本深化与农地流转 ［J］. 农业技术经济，299（3）：6-21.

赵祥云，赵晓峰，2016. 资本下乡真的能促进"三农"发展吗？［J］. 西北农林科技大学学报（社会科学版），16（4）：17-22.

赵晓峰，任雨薇，杨轩宇，2021. 资本下乡与农地流转秩序的再造 ［J］. 北京工业大学学报（社会科学版），21（5）：30-38.

赵颖文，吕火明，卢波，2020. 建国70年四川农业农村经济发展：成就、经验与愿景 ［J］. 农业经济（12）：9-11.

浙江省财政厅农业处，2019. 财政引导推动工商资本"上山下乡"的对策研究 ［J］. 当代农村财经（12）：15-18.

植草益，1992. 微观规制经济学 ［M］. 北京：中国发展出版社.

中国人民银行达州市中心支行课题组，2018. 四川省工商资本投资农业的运作模式及发展路径研究 ［J］. 西南金融（7）：67-76.

中国人民银行达州市中心支行课题组，2019. 乡村振兴背景下工商资本与农村生产要素融合机制研究 ［J］. 西南金融（8）：63-70.

中国社会科学院农村发展研究所"农村集体产权制度改革研究"课题组，2015. 关于农村集体产权制度改革的几个理论与政策问题 ［J］. 中国农村经济（2）.

钟甫宁，陆五一，徐志刚，2016. 农村劳动力外出务工不利于粮食生产吗？：对农户要素替代与种植结构调整行为及约束条件的解析 ［J］. 中国农村经济（7）：36-47.

周飞舟，王绍琛，2015. 农民上楼与资本下乡：城镇化的社会学研究 ［J］. 中国社会科学（1）：66-83，203.

周婕，2017. 国外农业经营方式比较研究：以美国和日本为例 ［J］. 世界农业（11）：205-210.

周立，2018. "城乡中国"时代的资本下乡 ［J］. 人民论坛（28）.

周晓时，2017. 劳动力转移与农业机械化进程 ［J］. 华南农业大学学报：社会科学版，16（3）：49-57.

周振，涂圣伟，张义博，2019. 工商资本参与乡村振兴的趋势、障碍与对策：基于8省14

县的调研［J］. 宏观经济管理（3）：58 - 65.

周振，2020. 工商资本参与乡村振兴"跑路烂尾"之谜：基于要素配置的研究视角［J］.
　　中国农村观察（2）：34 - 46.

朱俊峰，苗海民，2017. 新常态下的工商资本下乡［J］. 中国发展观察（15）：33 - 35.

祝华军，楼江，等，2018. 农业种植结构调整：政策响应、相对收益与农机服务：来自湖
　　北省 541 户农民玉米种植面积调整的实证［J］. 农业技术经济（1）：111 - 121.

Carter M R，Yao Y，2002. Local versus global separability in agricultural household mod-
　　els：The factor price equalization effect of land transfer rights［J］. American Journal of
　　Agricultural Economics，84（3）：702 - 715.

Deininger K，Jin S Q，Nagarajan H K，2008. Efficiency and equity impacts of rural land
　　rental restrictions：Evidence from India［J］. European Economic Review，52（5）：
　　892 - 918.

Woodhouse P，2010. Beyond industrial agriculture? Some questions about farm size, pro-
　　ductivity and sustainability［J］. Journal of Agrarian Change，10（3）：437 - 453.

关于引导农村土地经营权有序流转
发展农业适度规模经营的意见

中办发〔2014〕61 号

伴随我国工业化、信息化、城镇化和农业现代化进程，农村劳动力大量转移，农业物质技术装备水平不断提高，农户承包土地的经营权流转明显加快，发展适度规模经营已成为必然趋势。实践证明，土地流转和适度规模经营是发展现代农业的必由之路，有利于优化土地资源配置和提高劳动生产率，有利于保障粮食安全和主要农产品供给，有利于促进农业技术推广应用和农业增效、农民增收，应从我国人多地少、农村情况千差万别的实际出发，积极稳妥地推进。为引导农村土地（指承包耕地）经营权有序流转、发展农业适度规模经营，现提出如下意见。

一、总体要求

（一）指导思想。全面理解、准确把握中央关于全面深化农村改革的精神，按照加快构建以农户家庭经营为基础、合作与联合为纽带、社会化服务为支撑的立体式复合型现代农业经营体系和走生产技术先进、经营规模适度、市场竞争力强、生态环境可持续的中国特色新型农业现代化道路的要求，以保障国家粮食安全、促进农业增效和农民增收为目标，坚持农村土地集体所有，实现所有权、承包权、经营权三权分置，引导土地经营权有序流转，坚持家庭经营的基础性地位，积极培育新型经营主体，发展多种形式的适度规模经营，巩固和完善农村基本经营制度。改革的方向要明，步子要稳，既要加大政策扶持力度，加强典型示范引导，鼓励创新农业经营体制机制，又要因地制宜、循序渐进，不能搞大跃进，不能搞强迫命令，不能搞行政瞎指挥，使农业适度规模经营发展与城镇化进程和农村劳动力转移规模相适应，与农业科技进步和生产手段改进程度相适应，与农业社会化服务水平提高相适应，让农民成为土地流转和规模经营的积极参与者和真正受益者，避免走弯路。

（二）基本原则

——坚持农村土地集体所有权，稳定农户承包权，放活土地经营权，以家庭承包经营为基础，推进家庭经营、集体经营、合作经营、企业经营等多种经营方式共同发展。

——坚持以改革为动力，充分发挥农民首创精神，鼓励创新，支持基层先行先试，靠改革破解发展难题。

——坚持依法、自愿、有偿，以农民为主体，政府扶持引导，市场配置资源，土地经营权流转不得违背承包农户意愿、不得损害农民权益、不得改变土地用途、不得破坏农业综合生产能力和农业生态环境。

——坚持经营规模适度，既要注重提升土地经营规模，又要防止土地过度集中，兼顾效率与公平，不断提高劳动生产率、土地产出率和资源利用率，确保农地农用，重点支持发展粮食规模化生产。

二、稳定完善农村土地承包关系

（三）健全土地承包经营权登记制度。建立健全承包合同取得权利、登记记载权利、证书证明权利的土地承包经营权登记制度，是稳定农村土地承包关系、促进土地经营权流转、发展适度规模经营的重要基础性工作。完善承包合同，健全登记簿，颁发权属证书，强化土地承包经营权物权保护，为开展土地流转、调处土地纠纷、完善补贴政策、进行征地补偿和抵押担保提供重要依据。建立健全土地承包经营权信息应用平台，方便群众查询，利于服务管理。土地承包经营权确权登记原则上确权到户到地，在尊重农民意愿的前提下，也可以确权确股不确地。切实维护妇女的土地承包权益。

（四）推进土地承包经营权确权登记颁证工作。按照中央统一部署、地方全面负责的要求，在稳步扩大试点的基础上，用5年左右时间基本完成土地承包经营权确权登记颁证工作，妥善解决农户承包地块面积不准、四至不清等问题。在工作中，各地要保持承包关系稳定，以现有承包台账、合同、证书为依据确认承包地归属；坚持依法规范操作，严格执行政策，按照规定内容和程序开展工作；充分调动农民群众积极性，依靠村民民主协商，自主解决矛盾纠纷；从实际出发，以农村集体土地所有权确权为基础，以第二次全国土地调查成果为依据，采用符合标准规范、农民群众认可的技术方法；坚持分级负责，强化县乡两级的责任，建立健全党委和政府统一领导、部门密切协作、群众广泛参与的工作机制；科学制定工作方案，明确时间表和路线图，确保工作质量。有关部门要加强调查研究，有针对性地提出操作性政策建议和具体工作指导意见。土地承包经营权确权登记颁证工作经费纳入地方财政预算，中央财政给予补助。

三、规范引导农村土地经营权有序流转

（五）鼓励创新土地流转形式。鼓励承包农户依法采取转包、出租、互换、转让及入股等方式流转承包地。鼓励有条件的地方制定扶持政策，引导农户长期流转承包地并促进其转移就业。鼓励农民在自愿前提下采取互换并地方式解决承包地细碎化问题。在同等条件下，本集体经济组织成员享有土地流转优先权。以转让方式流转承包地的，原则上应在本集体经济组织成员之间进行，且需经发包方同意。以其他形式流转的，应当依法报发包方备案。抓紧研究探索集体所有权、农户承包权、土地经营权在土地流转中的相互权利关系和具体实现形式。按照全国统一安排，稳步推进土地经营权抵押、担保试点，研究制定统一规范的实施办法，探索建立抵押资产处置机制。

（六）严格规范土地流转行为。土地承包经营权属于农民家庭，土地是否流转、价格如何确定、形式如何选择，应由承包农户自主决定，流转收益应归承包农户所有。流转期限应由流转双方在法律规定的范围内协商确定。没有农户的书面委托，农村基层组织无权以任何方式决定流转农户的承包地，更不能以少数服从多数的名义，将整村整组农户承包地集中对外招商经营。防止少数基层干部私相授受，谋取私利。严禁通过定任务、下指标或将流转面积、流转比例纳入绩效考核等方式推动土地流转。

（七）加强土地流转管理和服务。有关部门要研究制定流转市场运行规范，加快发展多种形式的土地经营权流转市场。依托农村经营管理机构

健全土地流转服务平台，完善县乡村三级服务和管理网络，建立土地流转监测制度，为流转双方提供信息发布、政策咨询等服务。土地流转服务主体可以开展信息沟通、委托流转等服务，但禁止层层转包从中牟利。土地流转给非本村（组）集体成员或村（组）集体受农户委托统一组织流转并利用集体资金改良土壤、提高地力的，可向本集体经济组织以外的流入方收取基础设施使用费和土地流转管理服务费，用于农田基本建设或其他公益性支出。引导承包农户与流入方签订书面流转合同，并使用统一的省级合同示范文本。依法保护流入方的土地经营权益，流转合同到期后流入方可在同等条件下优先续约。加强农村土地承包经营纠纷调解仲裁体系建设，健全纠纷调处机制，妥善化解土地承包经营流转纠纷。

（八）合理确定土地经营规模。各地要依据自然经济条件、农村劳动力转移情况、农业机械化水平等因素，研究确定本地区土地规模经营的适宜标准。防止脱离实际、违背农民意愿，片面追求超大规模经营的倾向。现阶段，对土地经营规模相当于当地户均承包地面积 10 至 15 倍、务农收入相当于当地二三产业务工收入的，应当给予重点扶持。创新规模经营方式，在引导土地资源适度集聚的同时，通过农民的合作与联合、开展社会化服务等多种形式，提升农业规模化经营水平。

（九）扶持粮食规模化生产。加大粮食生产支持力度，原有粮食直接补贴、良种补贴、农资综合补贴归属由承包农户与流入方协商确定，新增部分应向粮食生产规模经营主体倾斜。在有条件的地方开展按照实际粮食播种面积或产量对生产者补贴试点。对从事粮食规模化生产的农民合作社、家庭农场等经营主体，符合申报农机购置补贴条件的，要优先安排。探索选择运行规范的粮食生产规模经营主体开展目标价格保险试点。抓紧开展粮食生产规模经营主体营销贷款试点，允许用粮食作物、生产及配套辅助设施进行抵押融资。粮食品种保险要逐步实现粮食生产规模经营主体愿保尽保，并适当提高对产粮大县稻谷、小麦、玉米三大粮食品种保险的保费补贴比例。各地区各有关部门要研究制定相应配套办法，更好地为粮食生产规模经营主体提供支持服务。

（十）加强土地流转用途管制。坚持最严格的耕地保护制度，切实保护基本农田。严禁借土地流转之名违规搞非农建设。严禁在流转农地上建设或变相建设旅游度假村、高尔夫球场、别墅、私人会所等。严禁占用基本农田挖塘栽树及其他毁坏种植条件的行为。严禁破坏、污染、圈占闲置耕地和损毁农田基础设施。坚决查处通过"以租代征"违法违规进行非农建设的行为，坚决禁止擅自将耕地"非农化"。利用规划和标准引导设施农业发展，强化设施农用地的用途监管。采取措施保证流转土地用于农业生产，可以通过停发粮食直接补贴、良种补贴、农资综合补贴等办法遏制撂荒耕地的行为。在粮食主产区、粮食生产功能区、高产创建项目实施区，不符合产业规划的经营行为不再享受相关农业生产扶持政策。合理引导粮田流转价格，降低粮食生产成本，稳定粮食种植面积。

四、加快培育新型农业经营主体

（十一）发挥家庭经营的基础作用。在今后相当长时期内，普通农户仍占大多数，要继续重视和扶持其发展农业生产。重点培育以家庭成员为主要劳动力、以农业为主要收入来源，从事专业化、集约化农业生产的家庭农场，使之成为引领适度规模经营、发展现代农业的有生力量。分级建立示范家庭农场名录，健全管理服务制度，加强示范引导。鼓励各地整合涉农资金建设连片高标准农田，并优先流向家庭农场、专业大户等规模经营农户。

（十二）探索新的集体经营方式。集体经济组织要积极为承包农户开展多种形式的生产服务，通过统一服务降低生产成本、提高生产效率。有条件的地方根据农民意愿，可以统一连片整理耕地，将土地折股量化、确权到户，经营所得收益按股分配，也可以引导农民以承包地入股组建土地股份合作组织，通过自营或委托经营等方式发展农业规模经营。各地要结合实际不断探索和丰富集体经营的实现形式。

（十三）加快发展农户间的合作经营。鼓励承包农户通过共同使用农业机械、开展联合营销等方式发展联户经营。鼓励发展多种形式的农民合作组织，深入推进示范社创建活动，促进农民合作社规范发展。在管理民主、运行规范、带动力强的农民合作社和供销合作社基础上，培育发展农村合作金融。引导发展农民专业合作社联合社，支持农民合作社开展农社对接。允许农民以承包经营权入股发展农业产业化经营。探索建立农户入股土地生产性能评价制度，按照耕地数量质量、参照当地土地经营权流转价格计价折股。

（十四）鼓励发展适合企业化经营的现代种养业。鼓励农业产业化龙头企业等涉农企业重点从事农产品加工流通和农业社会化服务，带动农户和农民合作社发展规模经营。引导工商资本发展良种种苗繁育、高标准设施农业、规模化养殖等适合企业化经营的现代种养业，开发农村"四荒"资源发展多种经营。支持农业企业与农户、农民合作社建立紧密的利益联结机制，实现合理分工、互利共赢。支持经济发达地区通过农业示范园区引导各类经营主体共同出资、相互持股，发展多种形式的农业混合所有制经济。

（十五）加大对新型农业经营主体的扶持力度。鼓励地方扩大对家庭农场、专业大户、农民合作社、龙头企业、农业社会化服务组织的扶持资金规模。支持符合条件的新型农业经营主体优先承担涉农项目，新增农业补贴向新型农业经营主体倾斜。加快建立财政项目资金直接投向符合条件的合作社、财政补助形成的资产转交合作社持有和管护的管理制度。各省（自治区、直辖市）根据实际情况，在年度建设用地指标中可单列一定比例专门用于新型农业经营主体建设配套辅助设施，并按规定减免相关税费。综合运用货币和财税政策工具，引导金融机构建立健全针对新型农业经营主体的信贷、保险支持机制，创新金融产品和服务，加大信贷支持力度，分散规模经营风险。鼓励符合条件的农业产业化龙头企业通过发行短期融资券、中期票据、中小企业集合票据等多种方式，拓宽融资渠道。鼓励融资担保机构为新型农业经营主体提供融资担保服务，鼓励有条件的地方通过设立融资担保专项资金、担保风险补偿基金等加大扶持力度。落实和完善相关税收优惠政策，支持农民合作社发展农产品加工流通。

（十六）加强对工商企业租赁农户承包地的监管和风险防范。各地对工商企业长时间、大面积租赁农户承包地要有明确的上限控制，建立健全资格审查、项目审核、风险保障金制度，对租地条件、经营范围和违规处罚等作出规定。工商企业租赁农户承包地要按面积实行分级备案，严格准入门槛，加强事中事后监管，防止浪费农地资源、损害农民土地权益，防范承包农户因流入方违约或经营不善遭受损失。定期对租赁土地企业的农业经营能力、土地用途和风险防范能力等开展监督检查，查验土地利用、合同履行等情况，及时查处纠正违法违规行为，对符合要求的可给予政策扶持。有关部门要抓紧制定管理办法，并加强对各地落实情况的监督检查。

五、建立健全农业社会化服务体系

（十七）培育多元社会化服务组织。巩固乡镇涉农公共服务机构基础条件建设成果。鼓励农技推广、动植物防疫、农产品质量安全监管等公共服务机构围绕发展农业适度规模经营拓展服务范围。大力培育各类经营性服务组织，积极发展良种种苗繁育、统防统治、测土配方施肥、粪污集中处理等农业生产性服务业，大力发展农产品电子商务等现代流通服务业，支持建设粮食烘干、农机场库棚和仓储物流等配套基础设施。农产品初加工和农业灌溉用电执行农业生产用电价格。鼓励以县为单位开展农业社会化服务示范创建活动。开展政府购买农业公益性服务试点，鼓励向经营性服务组织购买易监管、可量化的公益性服务。研究制定政府购买农业公益性服务的指导性目录，建立健全购买服务的标准合同、规范程序和监督机制。积极推广既不改变农户承包关系，又保证地有人种的托管服务模式，鼓励种粮大户、农机大户和农机合作社开展全程托管或主要生产环节托管，实现统一耕作，规模化生产。

（十八）开展新型职业农民教育培训。制定专门规划和政策，壮大新型职业农民队伍。整合教育培训资源，改善农业职业学校和其他学校涉农专业办学条件，加快发展农业职业教育，大力发展现代农业远程教育。实施新型职业农民培育工程，围绕主导产业开展农业技能和经营能力培养培训，扩大农村实用人才带头人示范培养培训规模，加大对专业大户、家庭农场经营者、农民合作社带头人、农业企业经营管理人员、农业社会化服务人员和返乡农民工的培养培训力度，把青年农民纳入国家实用人才培养计划。努力构建新型职业农民和农村实用人才培养、认定、扶持体系，建立公益性农民培养培训制度，探索建立培育新型职业农民制度。

（十九）发挥供销合作社的优势和作用。扎实推进供销合作社综合改革试点，按照改造自我、服务农民的要求，把供销合作社打造成服务农民生产生活的生力军和综合平台。利用供销合作社农资经营渠道，深化行业合作，推进技物结合，为新型农业经营主体提供服务。推动供销合作社农产品流通企业、农副产品批发市场、网络终端与新型农业经营主体对接，开展农产品生产、加工、流通服务。鼓励基层供销合作社针对农业生产重要环节，与农民签订服务协议，开展合作式、订单式服务，提高服务规模化水平。

土地问题涉及亿万农民切身利益，事关全局。各级党委和政府要充分认识引导农村土地经营权有序流转、发展农业适度规模经营的重要性、复杂性和长期性，切实加强组织领导，严格按照中央政策和国家法律法规办事，及时查处违纪违法行为。坚持从实际出发，加强调查研究，搞好分类指导，充分利用农村改革试验区、现代农业示范区等开展试点试验，认真总结基层和农民群众创造的好经验好做法。加大政策宣传力度，牢固树立政策观念，准确把握政策要求，营造良好的改革发展环境。加强农村经营管理体系建设，明确相应机构承担农村经管工作职责，确保事有人干、责有人负。各有关部门要按照职责分工，抓紧修订完善相关法律法规，建立工作指导和检查监督制度，健全齐抓共管的工作机制，引导农村土地经营权有序流转，促进农业适度规模经营健康发展。

关于加强对工商资本租赁
农地监管和风险防范的意见

农经发〔2015〕3 号

各省、自治区、直辖市农业（农牧、农村经济）厅（局、委、办）、国土资源厅、工商局：

按照中共中央、国务院《关于加大改革创新力度加快农业现代化建设的若干意见》（中发〔2015〕1 号）和中共中央办公厅、国务院办公厅《关于引导农村土地经营权有序流转发展农业适度规模经营的意见》（中办发〔2014〕61 号）要求，现就加强对工商资本（指工商业者投入的资本）租赁农地（指农户承包耕地）监管和风险防范提出以下意见。

一、充分认识加强工商资本租赁农地监管和风险防范的重要性

近年来，在农村土地流转中，工商资本下乡租赁农地呈加快发展态势。一方面，工商资本进入农业，可以带来资金、技术和先进经营模式，加快传统农业改造和现代农业建设；但另一方面，工商资本长时间、大面积租赁农地，容易挤占农民就业空间，加剧耕地"非粮化""非农化"倾向，存在不少风险隐患。中央对此高度重视，明确要求在农村土地流转中不能搞大跃进，不能搞强迫命令，不能搞行政瞎指挥；强调对工商资本租赁农地要有严格的门槛，租赁的耕地只能搞农业，不能改变用途；要求坚持土地公有制性质不改变、耕地红线不突破、农民利益不受损三条底线，让农民成为土地流转和规模经营的积极参与者和真正受益者。

各地要原原本本贯彻落实党中央确定的方针政策，准确把握对工商资本进入农业鼓励什么、限制什么、禁止什么的政策界限。在土地流转中，既要加大政策扶持力度，鼓励创新农业经营体制机制，又要因地制宜，循序渐进。坚持以保障国家粮食安全、促进农业增效和农民增收为目标；坚持依法自愿有偿，尊重农民主体地位，发挥市场配置功能，强化政府扶持引导；坚持经营规模适度和农地农用，避免片面追求超大规模经营。要加强工商资本租赁农地监管和风险防范，对工商资本租赁农地实行分级备案，严格准入门槛，探索建立程序规范、便民高效的工商资本租赁农地资

格审查、项目审核制度，健全多方参与、管理规范的风险保障金制度。加强事中事后监管，防止出现一些工商资本到农村流转土地后搞非农建设、影响耕地保护和粮食生产等问题，确保不损害农民权益、不改变土地用途、不破坏农业综合生产能力和农业生态环境。

二、引导工商资本到农村发展适合企业化经营的现代种养业

对工商资本进入农业，主要是鼓励其根据当地资源禀赋、产业特征，重点发展资本、技术密集型产业，从事农产品加工流通和农业社会化服务，把产业链、价值链、供应链等现代经营理念和产业组织方式引入农业，推动传统农业加速向现代农业转型升级，优化要素资源配置，促进一二三产业融合发展。鼓励工商资本发展良种种苗繁育、高标准设施农业、规模化养殖等适合企业化经营的现代种养业，开发农村"四荒"资源发展多种经营，投资开展土地整治和高标准农田建设。引导工商资本增强社会责任，鼓励开展农业环境治理和生态修复，在生产发展中切实保护耕地等农业资源，严禁占用基本农田挖塘栽树及其他毁坏种植条件的行为。

工商资本进入农业，应通过利益联结、优先吸纳当地农民就业等多种途径带动农民共同致富，不排斥农民，不代替农民。鼓励"公司＋农户"共同发展，支持农业企业通过签订订单合同、领办创办农民合作社、提供土地托管服务等方式，带动种养大户、家庭农场等新型农业经营主体发展农业产业化经营，实现合理分工、互利共赢，让农民更多地分享产业增值收益。

三、加强工商资本租赁农地规范管理

对工商资本以企业、组织或个人等形式租赁农地的行为要加强规范管理。各地要按照中央关于对工商资本长时间、大面积租赁农户承包地要有明确上限控制的要求，制定相应控制标准。对租赁期限，应视项目实施情况合理确定，可以采取分期租赁的办法，但一律不得超过二轮承包剩余时间；对租赁面积，由各地综合考虑人均耕地状况、城镇化进程和农村劳动力转移规模、农业科技进步和生产手段改进程度、农业社会化服务水平等因素确定。既可以确定本行政区域内工商资本租赁农地面积占承包耕地总面积比例上限，也可以确定单个企业（组织或个人）租赁农地面积上限。

首次租赁面积一律不得超过本级规定的规模上限；确有良好经营业绩的，经批准可进一步扩大租赁规模。

要按照工商资本租地面积的多少，以乡镇、县（市）为主建立农村土地经营权流转分级备案制度。备案事项应包括农地租赁合同、农地使用情况等内容。对租赁农地超过当地上限控制标准或者涉及整村整组流转的，要作为备案重点，提出明确要求。对租地超过县级备案标准的，应在市（地）一级备案，超大规模的应在省一级备案。要通过备案审查准确掌握工商资本租地情况，以利更好实施监督。

鼓励各地依法探索建立工商资本租赁农地资格审查、项目审核制度。可通过建立职能部门、农村集体经济组织代表、农民代表、农业专家等多方参与的农地流转审查监督机制，采取书面报告和现场查看等方式，对租赁农地企业（组织或个人）的主体资质、农业经营能力、经营项目、土地用途、风险防范，以及是否符合当地产业布局和现代农业发展规划等事项进行审查审核，并在规定时限内提出审查审核意见。符合审查审核条件的，可以享受相关产业扶持政策和优惠措施；不符合相应条件的，不得享受相关产业扶持政策和优惠措施；与国家法律政策相抵触的，要进行限制或禁止。为稳定发展粮食生产，对企业（组织或个人）租赁农地发展粮食规模化生产的可适当放宽条件；对在粮食主产区、粮食生产功能区、高产创建项目实施区、全国新增 1 000 亿斤粮食生产能力规范实施区租赁农地的，要采取有效措施防止"非粮化"。

四、健全工商资本租赁农地风险防范机制

坚持以保障承包农户合法权益为核心，加强风险防范。工商资本租赁农地应通过公开市场规范进行。鼓励各地加快发展多种形式的土地经营权流转市场，建立健全市场运行规范，明确交易原则、交易内容、交易方式、交易程序、监督管理及相关责任等事项。严禁工商资本借政府或基层组织通过下指标、定任务等方式强迫农户流转农地，凡是整村整组流转的，必须经全体农户书面委托，不能以少数服从多数的名义，将农户承包地集中对外招商经营，防止强迫命令，搞一刀切，防止少数基层干部私相授受，谋取私利。对工商资本租赁农地，要指导其与农户签订规范的流转合同。流转合同中应明确土地流转用途、风险保障、土地复垦、能否抵押担保和再流转，以及违约责任等事项。加强流转合同的履约监督，建立健全纠纷调解仲裁体系，引导流转双方依法依规解决流转矛盾。

工商资本租赁农地应先付租金、后用地。各地可按照流入方缴纳为主、政府适当补助的原则，建立健全租赁农地风险保障金制度，用于防范承包农户权益受损。租地企业（组织或个人）可以按一定时限或按一定比例缴纳风险保障金。租赁合同期满租赁者无违约行为的，应当及时予以退还。抓紧研究制定租赁农地风险保障金使用管理办法，有条件的地方可以探索与开展农业保险、担保相结合，提高风险保障能力。

五、强化工商资本租赁农地事中事后监管

坚持最严格的耕地保护制度，切实保护基本农田，切实保障农地农用。租地企业（组织或个人）要严格按照合同约定在租赁农地上直接从事农业生产经营，未经承包农户同意，不得转租。要指导租地企业（组织或个人）合理使用化肥、农药等投入品，防止出现掠夺性经营，确保耕地质量等级不下降。

各地要强化租赁农地的用途管制，采取坚决措施严禁耕地"非农化"。对租赁农地经营、项目实施、风险防范等情况要定期开展监督检查，探索利用网络、遥感等现代科技手段实施动态监测，及时纠正查处违法违规行为。对撂荒耕地的，可以停发粮食直接补贴、良种补贴、农资综合补贴。对在粮食主产区、粮食生产功能区、高产创建项目实施区、全国新增1 000亿斤粮食生产能力规范实施区违反产业规划的，停止享受相关农业生产扶持政策。对失信租赁农地企业要通过企业信用信息公示系统向社会公示，并启动联合惩戒机制。特别对擅自改变农业用途、严重破坏或污染租赁农地等违法违规行为，一经发现，责令限期整改，并依法追究相关责任。鼓励和支持农村集体经济组织和承包农户对租赁农地利用情况进行监督。对违反合同约定的，流出农户和农村集体经济组织可依法解除农地租赁合同，并要求赔偿。

六、切实加强组织领导

引导农村土地经营权有序流转，加强工商资本租赁农地规范管理，事关广大农民切身利益、农村社会稳定和国家粮食安全，各地要高度重视，

强化组织领导，各有关部门要各司其职，协作配合，制定和落实相关政策措施。农业部门要认真做好土地流转日常管理和服务工作，发现违反法律政策规定的，应及时通报有关部门并联合查处；国土部门要重点加强对租赁农地"农转非"情况的监管，及时查处违法违规行为；工商行政管理部门负责通过企业信用信息公示系统向社会公开租赁农地企业的基本信息；有关部门要按照政策要求配合实施相关产业扶持政策和优惠措施。要建立部门责任追究制，确保事有人干、责有人担。

文件下发后，各地要结合实际抓紧制定实施办法，及时组织力量对工商资本租赁农地进行全面核查，依法进行规范。对已超出当地上限标准的，在不影响农业生产的情况下，可按照合同约定继续履行，合同到期后按照新的规定进行调整；对违法改变农地用途搞非农建设的，要组织力量立即查处；对违约拖欠农户租金的，要督促企业（组织或个人）尽快清偿。各地要及时总结典型经验，加大舆论宣传监督力度，更好规范工商资本租赁农地行为，引导农村土地经营权健康有序流转。

农业部

中央农村工作领导小组办公室

国土资源部

国家工商行政管理总局

2015 年 4 月 14 日

四川省工商企业等社会资本
通过流转取得土地经营权审批实施办法

第一条 根据《中华人民共和国农村土地承包法》《中华人民共和国行政许可法》《农村土地经营权流转管理办法》《农业农村部办公厅关于做好工商企业等社会资本通过流转取得土地经营权审批相关工作的通知》等有关规定，结合四川省实际，制定本实施办法。

第二条 工商企业等社会资本通过流转取得土地经营权审批事项的实施机关包括省级、市（州）级、县级、乡镇人民政府（街道办事处），具体由县级以上农业农村（农村经营管理）部门、乡镇人民政府（街道办事处）农村土地承包管理部门承办。

第三条 纳入审批范围的农村土地，是指除林地、草地以外的，农民集体所有和国家所有依法由农民集体使用的耕地和其他依法用于农业的土地。

第四条 纳入审批范围的主体是指流转农村土地的工商企业等社会资本，包括有限责任公司、股份有限公司和其他企业法人等营利法人；社会团体等非营利法人；农民专业合作社法人；个人独资企业、合伙企业、不具有法人资格的专业服务机构等非法人组织；从事工商业经营、经依法登记的个体工商户；本集体经济组织（发包方）成员以外的自然人。本集体经济组织（发包方）内部流转土地暂不纳入审批范围。

第五条 工商企业等社会资本流转土地经营权准予行政许可的条件，一般包括：

（一）土地经营权流转程序合法合规，遵循依法、自愿、有偿的原则；

（二）不得改变土地所有权的性质和土地的农业用途，不得破坏农业综合生产能力和农业生态环境；

（三）受让方须有农业经营能力或者资质；

（四）流转期限不得超过承包期的剩余期限；

（五）经营项目须符合粮食生产等产业规划。

第六条 审批实施机关组织农业农村、自然资源、生态环境、市场监督管理等相关职能部门、农村集体经济组织代表、农民代表、专家等进行审查审核。市、县两级可根据本地区实际情况进一步细化审查审核方式。

第七条 工商企业等社会资本流转土地经营权 100 亩及以上实行分级审批，100 亩以下纳入日常监管：

（一）以平原为主的地区（成都、德阳）：对单个经营主体单次流转土地规模在 100 亩（含）～800 亩（不含）的，由乡镇人民政府（街道办事处）组织审查审核；800 亩（含）以上的，由县级人民政府组织审查审核。

（二）以丘陵为主的地区（眉山、绵阳、自贡、遂宁、内江、南充、广安、达州、资阳、泸州、宜宾）：对单个经营主体单次流转土地规模在 100 亩（含）～500 亩（不含）的，由乡镇人民政府（街道办事处）组织审查审核；500 亩（含）以上的，由县级人民政府组织审查审核。

（三）以山区及高原为主的地区（巴中、乐山、广元、雅安、攀枝花、阿坝州、甘孜州、凉山州）：对单个经营主体单次流转土地规模在 100 亩（含）～300 亩（不含）的，由乡镇人民政府（街道办事处）组织审查审核；300 亩（含）以上的，由县级人民政府组织审查审核。

（四）跨乡（镇）、跨县（市、区）、跨市（州）的流转，由上一级地方人民政府组织审查审核。

第八条 审批应当按照以下程序：

（一）受让主体与承包方（委托流转方）就流转面积、期限、价款等进行协商并签订流转意向协议书。涉及未承包到户集体土地等集体资源的，应当按照法定程序经本集体经济组织成员的村民会议三分之二以上成员或者三分之二以上村民代表的同意，并与集体经济组织签订流转意向协议书。

（二）受让主体按照分级审批规定，分别向乡镇人民政府（街道办事处）或县、市、省级人民政府政务（便民）服务中心综合窗口提交申请材料。

（三）各级人民政府应当依法组织相关职能部门、农村集体经济组织代表、农民代表、专家等按照要求进行审查审核，并出具审批意见。

（四）审批通过的，受让主体与承包方签订土地经营权流转合同。未按规定提交申请或者审批未通过的，不得开展土地经营权流转活动。

第九条 乡镇人民政府（街道办事处）或县级以上地方人民政府农业

农村（农村经营管理）部门收到申请后，在 5 个工作日内作出是否受理决定。审批实施机关于受理之日起 20 个工作日内作出审批意见。

第十条　申请审批应当提供如下材料：

（一）工商企业等社会资本通过流转取得土地经营权审批申请表；

（二）营业执照或法人资格证明，自然人有效身份证明；

（三）资信证明和信用报告，自然人个人信用报告；

（四）章程或合伙协议（个人独资企业和个体工商户除外）；

（五）农业经营项目规划书（包括守信承诺书）；

（六）土地经营权流转意向协议书，涉及委托流转需提供书面委托书，未承包到户集体土地，需提供集体经济组织成员大会或成员代表大会会议纪要。

申请人对所提供资料的真实性、准确性负责。发现提供虚假申请材料的，不予受理或者不予审批同意；已经审批的，撤销审批意见。

第十一条　县级以上地方人民政府应当依法建立工商企业等社会资本流转土地经营权的风险防范制度，保障流转当事人合法权益，强化事中事后监管，及时查处纠正违法违规行为。严禁地方人民政府或基层组织通过下指标、定任务等方式强迫农户向工商企业等社会资本流转土地经营权，严格把握好规模经营的尺度，防止强行收回农民承包地搞"返租倒包"。

第十二条　对于流转时间较长、面积较大、涉及农户较多的流转项目，特别是整村整组流转的，要以能否及时支付农户流转费和有效避免抛荒撂荒、破坏农业综合生产能力、损害农业生态环境、"非农化""非粮化"以及通过流转取得土地经营权融资担保出现风险等为重点进行审查审核。

第十三条　各级农业农村（农村经营管理）部门要按照当地人民政府统一部署，建立健全工商企业等社会资本通过流转取得土地经营权审批、监管和服务工作机制，发挥好组织协调作用，强化部门分工合作，确保责任落实。

各级农业农村（农村经营管理）部门要严格工作纪律，对农村土地流转和审查审核工作中的徇私舞弊、失职渎职等行为，依法严肃追究相关人员责任。

第十四条　各级农业农村（农村经营管理）部门应加强对工商企业等

社会资本大规模流转土地经营权行为的日常监管，要针对本行政区域内工商企业等社会资本流转农村土地的总体情况、本级审查审核工作质量和风险防范制度建设等采取适当形式开展年度评估，评估报告报上级农业农村（农村经营管理）部门备案。

县级农业农村（农村经营管理）部门应当加强对乡镇人民政府（街道办事处）工作的指导并开展日常检查，乡镇人民政府（街道办事处）要加强土地经营权流转台账管理，及时准确记载流转情况。

第十五条 乡镇人民政府（街道办事处）要加强农村土地经营权流转合同的日常管理，应当向达成流转意向的双方提供统一文本格式的流转合同并指导签订，引导使用农业农村部制定的流转合同示范文本。流转合同中有违反法律法规的，应当及时予以纠正。

流转合同共一式四份，双方当事人、农村集体经济组织和乡镇人民政府（街道办事处）各执一份。

第十六条 县级以上地方人民政府农业农村（农村经营管理）部门和乡镇人民政府（街道办事处）应当对工商企业等社会资本流转土地经营权审查审核有关文件、资料及流转合同等进行归档并妥善保管。

第十七条 县级以上地方人民政府可以根据本办法，结合本行政区域实际，制定工商企业等社会资本通过流转取得土地经营权审批实施细则。

第十八条 本办法由农业农村厅负责解释，原有规定与本办法不一致的，以本办法为准。本办法自 2024 年 1 月 13 日起施行，有效期 5 年。

成都市农村土地经营权流转管理实施办法

第一章 总 则

第一条 为推进农村土地"三权分置",引导农村土地经营权(以下简称土地经营权)规范有序流转,发展多种形式农业适度规模经营,推动现代都市农业加快发展,助力全面实施乡村振兴战略,根据《中华人民共和国农村土地承包法》和农业农村部《农村土地经营权流转管理办法》(农业农村部令 2021 年第 1 号)等法律及有关规定,结合实际,制定本办法。

第二条 本市行政区域内土地经营权流转管理适用本办法。

本办法所称农村土地,是指除林地、草地以外的,农民集体所有和国家所有依法由农民集体使用的耕地和其他用于农业的土地。

本办法所称农村土地经营权流转,是指在承包方与发包方承包关系保持不变的前提下,承包方依法在一定期限内将土地经营权部分或者全部交由他人自主开展农业生产经营的行为。

第三条 土地经营权流转应当遵循依法、自愿、有偿原则,任何组织和个人不得强迫或者阻碍承包方流转土地经营权,不得擅自截留、扣缴承包方土地经营权流转收益。

第四条 土地经营权流转不得损害农村集体经济组织和利害关系人的合法权益,不得破坏农业综合生产能力和农业生态环境,不得改变承包土地的所有权性质及其农业用途。禁止闲置、荒芜耕地,禁止占用耕地建窑、建坟或者擅自在耕地上建房、挖砂、采石、采矿、取土等,禁止占用永久基本农田发展林果业和挖塘养鱼,制止耕地"非农化"、防止永久基本农田"非粮化"。

耕地主要用于粮食和棉、油、糖、蔬菜等农产品及饲草饲料生产,永久基本农田重点用于发展粮食生产,优先种植稻谷、小麦、玉米三大谷物,高标准农田原则上全部用于粮食生产。

第五条 本市行政区域内土地经营权流转实行属地管理。

市、区(市)县人民政府(含管委会,下同)农业农村主管部门依照职责,负责本行政区域内土地经营权流转及流转合同管理。

镇人民政府（含涉农街道办事处，下同）负责本行政区域内土地经营权流转及流转合同管理。

第二章　流转条件与方式

第六条　土地经营权流转，应具备以下条件：

（一）土地经营权权属明晰、界址明确、无争议；

（二）受让方应为具有农业经营能力（具备农业相关知识、技术或经验等）或资质的组织和个人。

第七条　同等条件下，本集体经济组织成员享有优先受让权；流转期限届满后，受让方享有以同等条件优先续约的权利。

第八条　土地经营权流转，可以采取以下方式：

（一）出租（转包）方式；

（二）入股方式；

（三）其他符合有关法律和国家政策规定的流转方式。

第九条　土地流转双方可以采取以下方式，平等协商确定土地经营权流转价格：

（一）通过农村产权交易市场招标、挂牌、拍卖、网络竞价等；

（二）委托土地经营权流转价格评估机构评估；

（三）参考所在区域土地经营权流转基准价格或同类土地经营权流转市场价格。

第十条　承包方委托集体经济组织或中介机构等流转土地经营权的，承包方和受托方应当签订书面委托协议，委托协议应载明地块、面积、价格、权限、期限等内容，并由承包方和受托方签字或盖章。没有承包方的书面委托，任何组织和个人无权以任何方式决定流转承包方的土地经营权。

第十一条　受让方将流转取得的土地经营权再流转以及向金融机构融资担保的，应当事先取得承包方书面同意，并向发包方备案。

第十二条　土地经营权流转期限为五年以上的，当事人可以向登记机构申请土地经营权登记。未经登记，不得对抗善意第三人。

第三章　流转程序

第十三条　引导土地经营权进入成都农村产权交易所交易，并由成都农村产权交易所出具交易鉴证书。

第十四条 工商企业等社会资本流转土地经营权，原则上应按照签订意向协议、审查审核、签订合同、备案合同、履行合同的一般程序进行。

（一）签订意向协议。按照平等协商原则，承包方与受让方就流转形式、价格、期限等进行协商，协商一致的签订流转意向协议书。

委托集体经济组织流转的，受让方与受托方进行协商，协商一致的，受托方应及时将协商情况告知承包方，征得承包方同意后，受托方与受让方签订流转意向协议书。

涉及未承包到户集体土地等集体资源的，应当按照法定程序经本集体经济组织成员的村民会议三分之二以上成员或者三分之二以上村民代表的同意，并与集体经济组织签订流转意向协议书。

（二）审查审核。受让方按照分级资格审查和项目审核规定，向镇人民政府农村土地承包管理部门或区（市）县人民政府农业农村主管部门提出审查审核申请，提交流转意向协议书、农业经营能力或者资质证明、流转项目规划等材料。区（市）县人民政府或镇人民政府依法组织相关职能部门、农村集体经济组织代表、农民代表、专家等就土地用途、受让主体农业经营能力，以及经营项目是否符合粮食生产等产业规划等进行审查审核，并于受理之日起 20 个工作日内作出审查审核意见。

未按规定提交审查审核申请或者审查审核未通过的，不得开展土地经营权流转活动。

（三）签订合同。审查审核通过后，承包方或受托方与受让方按照确定的流转方式，参照农业农村部土地经营权流转合同示范文本，签订土地经营权流转合同，一式四份。

（四）备案合同。承包方在签订流转合同后 7 个工作日内，向发包方提交土地经营权流转合同原件两份。发包方对流转合同进行备案，并报告镇人民政府农村土地承包管理部门，同时提交土地经营权流转合同原件一份。

（五）履行合同。承包方和受让方按土地经营权流转合同约定行使权利、履行义务。

第十五条 土地经营权流转合同一般包括以下内容：

（一）双方当事人的姓名或者名称、住所、联系方式等；

（二）流转土地的名称、四至、面积、质量等级、土地类型、地块代码等；

（三）流转的期限和起止日期；

（四）流转方式；

（五）流转土地的用途；

（六）双方当事人的权利和义务；

（七）流转价款或者股份分红，以及支付方式和支付时间；

（八）合同到期后地上附着物及相关设施的处理；

（九）土地被依法征收、征用、占用时有关补偿费的归属；

（十）违约责任。

第十六条　土地经营权流转期限不得超过第二轮土地承包期。土地流转双方可以根据"耕地承包期届满后再延长三十年"法律规定，以另行签订协议等符合法律法规和国家政策规定方式，明确第二轮土地承包到期后的土地流转相关事项。

第十七条　承包方不得单方解除土地经营权流转合同，但受让方有下列情形之一的除外：

（一）擅自改变土地的农业用途；

（二）弃耕抛荒连续两年以上；

（三）给土地造成严重损害或者严重破坏土地生态环境；

（四）其他严重违约行为。

有以上情形，承包方在合理期限内不解除土地经营权流转合同的，发包方有权要求终止土地经营权流转合同。

受让方对土地和土地生态环境造成的损害应当依法予以赔偿。

第十八条　对整村（组）土地经营权流转面积较大、涉及农户较多、经营风险较高的项目，流转双方可以协商设立风险保障金或购买土地流转履约保证保险。

第四章　管理服务

第十九条　发包方对承包方流转土地经营权、受让方再流转土地经营权，以及承包方或受让方利用土地经营权融资担保的，应当办理备案，并向镇人民政府农村土地承包管理部门报告有关情况、提交相关资料。

第二十条　发包方对备案的土地经营权流转合同应当妥善保管，发包方为组集体经济组织且不具备保管条件的，应及时交由村集体经济组织或村（居）民委员会代为保管。

第二十一条　发包方对受让方未按合同约定合法合规开展农业经营活动，造成耕地"非农化"、永久基本农田"非粮化"或耕地撂荒的行为，应当及时报告镇人民政府农村土地承包管理部门。

第二十二条　农村集体经济组织为工商企业等社会资本流转土地经营权提供生产管理等服务的，可依法收取适量管理费用并签订管理服务协议，管理费用标准和方式由农村集体经济组织、承包方和工商企业等社会资本三方协商确定。管理费用应当纳入农村集体经济组织会计核算和财务管理，主要用于农田基本建设或者其他公益性支出。

第二十三条　镇人民政府农村土地承包管理部门应当向达成流转意向的流转双方，提供农业农村部土地经营权流转合同示范文本，并指导其规范签订。对流转程序及流转合同中有违反法律法规的，应当及时予以纠正。

第二十四条　镇人民政府农村土地承包管理部门应当建立土地经营权流转台账，及时准确记载流转情况，包括承包方、受让方、流转面积、流转期限、流转费用、经营项目等，并对土地经营权流转合同、委托流转协议、集体决议、公示等资料进行归档并妥善保管。土地经营权流转信息及档案资料应录入市级农村土地承包经营管理系统。

第二十五条　镇人民政府农村土地承包管理部门应引导发包方在承包方自愿前提下，通过委托流转或组建土地股份合作社等方式开展土地经营权流转，实现适度连片规模流转。

第二十六条　区（市）县人民政府农业农村主管部门应当加强土地流转服务，鼓励受让方发展粮食生产；鼓励和引导工商企业等社会资本发展适合企业化经营的现代种养业。

第二十七条　区（市）县人民政府农业农村主管部门、镇人民政府应当利用市级农村土地承包经营管理系统开展土地经营权流转及流转合同管理，提升土地经营权流转规范化、信息化管理水平。探索建立土地经营权流转合同网签制度，推进土地经营权流转全程网络化办理。

第二十八条　区（市）县人民政府对工商企业等社会资本流转土地经

营权的，应当依法建立资格审查、项目审核和风险防范制度，加强事中事后监管，组织农业农村、自然资源、市场监管等部门对土地流转利用情况加强巡查，及时查处纠正违法违规行为。

第二十九条　区（市）县人民政府应当设立农村土地承包仲裁委员会，构建完善农业农村、自然资源、市场监管、司法等多部门参与的大调解机制，探索仲裁员等级评价制度。

镇人民政府应设立农村土地承包经营纠纷调解委员会。

村（居）民委员会应明确专人负责农村土地承包经营纠纷调解工作。

第三十条　土地经营权流转发生争议或纠纷的，当事人可以协商解决，也可以请求村（居）民委员会、镇人民政府等进行调解。当事人不愿意协商、调解或者协商、调解不成的，可以向农村土地承包仲裁机构申请仲裁，也可以直接向人民法院提起诉讼。

第五章　附　则

第三十一条　通过招标、拍卖和公开协商等方式承包荒山、荒沟、荒丘、荒滩等农村土地，经依法登记取得权属证书的，可以流转土地经营权，其流转管理参照本办法执行。

第三十二条　区（市）县人民政府根据本办法，结合本区域实际，制定土地经营权流转管理实施细则，以及工商企业等社会资本通过流转取得土地经营权的资格审查、项目审核和风险防范实施细则。

第三十三条　本办法由成都市农业农村局承担具体解释工作。

第三十四条　本办法自 2023 年 3 月 26 日起施行，有效期 5 年。国家及省上另有规定的，从其规定。

后 记
POSTSCRIPT

本书是在我主持的国家社会科学基金一般项目"工商资本参与农地经营的政府管制研究"（项目批准号：16BJY095）研究报告基础上进一步修改完善形成的。在此，首先要感谢全国哲学社会科学规划办的资助和四川省社科规划办的大力支持，感谢四川省"天府万人计划"天府社科菁英项目和四川省科技计划项目"建设新时代更高水平'天府粮仓'研究"（2023JDR0111）、四川省农业科学院"1＋9"揭榜挂帅科技攻关项目"天府农科发展战略研究基础理论和支撑技术"（1＋9KJGG009）、四川省农业科学院省财政自主创新专项"科技支撑四川农业高质量发展研究"（2022ZZCX037）的支持。本书也是四川省农业科学院天府农科智库和四川省农业科学院农业信息与农村研究所农业农村经济学科建设的成果之一。

当前，我国正处于由传统农业向现代农业转型的关键时期。建设农业强国、促进乡村全面振兴，必须充分发挥社会投资主体的积极作用，有序引导社会投资主体下乡参与现代农业建设和乡村振兴。近年来，在农村土地流转中，社会投资主体参与农地经营呈加快发展态势。社会投资主体参与农地经营，可以带来资金、管理、技术、人才，加快传统农业向现代农业转型和乡村产业振兴；但与此同时，也暴露出耕地"非粮化""非农化"经营、社会投资主体与民争利和盲目投资等诸多现实问题，存在不少风险隐患。因此，需要建立健全社会投资主体参与农地经营的监管和风险防范机制，重塑社会投资主体与农户之间的利益联结机制，完善社会投资主体进入农业的配套服务体系，规范社会投资主体参与农地经营的行为，引导社会投资主体以适宜的方式进入农业的适宜领域，发挥长处、规避风险，实现企业利益与农民利益、社会公共利益的共赢。2023年中央1号文件明确提出要"引导土地经营权有序流转……健全社会资本通过流转取得土地经营权的资格审查、项目审核和风险防范制度"。党的二十届三中全会通过的《中共中央关于进一步全面深化改革、推进中国式现代化的决定》指出，要"深化承包地所有权、承包权、经营权分置改革，发展农业适度规模经营""健全保障耕地用于种植基本农作物管理体系"。期待本研究成果的出版，能为完善社会投资主体参与农地经营的制度体系贡献绵薄之力。

从项目批准立项、全面开展课题研究到形成结题报告，再到持续修改完善形成书稿，课题组成员和团队同事一起付出了辛勤的劳动。四川省农业科学院原党委书记吕火明教授、四川省农业科学院农业信息与农村经济研究所原党委书记李晓研究员给予了深入细致的指导，四川省农业科学院农业信息与农村研究所党委书记何鹏研究员、所长刘宗敏副研究员、党委副书记林正雨研究员给予了大力支持。除我本人外，参与书稿撰写和修改完善的还有郭耀辉、汪君、张海霞、李凤鸣、张越、常洁、况嘉欣、杨万宝、黄东南、杨晓荷、阙若仪、谢蕾、张灵芝、王晓敏等同志，曹旭欣、黄馨湉、刘旭洋、王玥、张海燕、田德文等也参与了课题的相关研究。

本书在撰写过程中，参考和引用了大量的文献，借鉴了众多专家、学者的相关研究成果。这些文献资料和研究成果给了我和课题组极大的启发，也丰富了本书研究的内容，在此致以衷心的感谢。我们尽最大努力将所参考文献陈列于文后，但遗漏可能难以避免，由此造成的不当之处，敬请原作者谅解。

"三农"问题一直都是备受关注的热点问题，在长期的农业农村经济研究中，我一直诚惶诚恐，深感还有太多的问题需要去深入研究，而自己的贡献是如此微小。在本书的研究中，由于学识和水平有限，疏漏和欠缺在所难免，恳请同行谅解并批评指正。

本书的顺利出版，还得益于中国农业出版社的支持和潘洪洋编辑付出的辛苦工作，在此致以真诚的感谢。

杜兴端

2024 年 9 月于成都

图书在版编目（CIP）数据

社会投资主体参与农地经营的政府管制研究 / 杜兴
端等著. -- 北京 ：中国农业出版社，2024. 12.
ISBN 978-7-109-32963-8

Ⅰ. F321.1

中国国家版本馆 CIP 数据核字第 2024UJ5582 号

中国农业出版社出版

地址：北京市朝阳区麦子店街 18 号楼
邮编：100125
责任编辑：潘洪洋
版式设计：王　晨　　责任校对：吴丽婷
印刷：北京中兴印刷有限公司
版次：2024 年 12 月第 1 版
印次：2024 年 12 月北京第 1 次印刷
发行：新华书店北京发行所
开本：700mm×1000mm　1/16
印张：14.75
字数：235 千字
定价：98.00 元